NEGÓCIOS JURÍDICOS PROCESSUAIS
E ANÁLISE ECONÔMICA DO DIREITO

**Coleção
Estudos de Direito**
em homenagem ao Professor
Darci Guimarães Ribeiro

Conselho Editorial da Coleção

Darci Guimarães Ribeiro
Felipe Scalabrin
Guilherme Cardoso Antunes da Cunha
Gustavo Santanna
Miguel do Nascimento Costa

Dados Internacionais de Catalogação na Publicação (CIP)

G433n   Giannakos, Demétrio Beck da Silva.
           Negócios jurídicos processuais e análise econômica / Demétrio Beck da Silva Giannakos. – Porto Alegre : Livraria do Advogado, 2020.
           140 p. ; 23 cm. – (Estudos de Direito ; 6)
           Inclui bibliografia.
           ISBN 978-85-9590-085-1

           1. Direito processual civil - Brasil. 2. Direito e economia. 3. Brasil. Código de Processo Civil (2015). 4. Hermenêutica. I. Título. II. Série.

CDU 347.91/.95:33(81)
CDD 347.8105

Índice para catálogo sistemático:
1. Direito processual civil : Brasil : Economia   347.91/.95:33(81)

(Bibliotecária responsável: Sabrina Leal Araujo – CRB 8/10213)

Demétrio Beck da Silva Giannakos

COLEÇÃO
Estudos de Direito - 6
em homenagem ao Professor
Darci Guimarães Ribeiro

NEGÓCIOS JURÍDICOS PROCESSUAIS E ANÁLISE ECONÔMICA DO DIREITO

livraria
DO ADVOGADO
editora

Porto Alegre, 2020

© Demétrio Beck da Silva Giannakos, 2020

(edição finalizada em julho/2019)

Capa, projeto gráfico e diagramação
Livraria do Advogado Editora

Revisão
Rosane Marques Borba

Direitos desta edição reservados por
Livraria do Advogado Editora
Rua Riachuelo, 1334 s/105
90010-273 Porto Alegre RS
Fone: (51) 3225-3311
editora@doadvogado.com.br
www.doadvogado.com.br

Impresso no Brasil / Printed in Brazil

Agradecimentos

Aos meus pais, Angelo e Isabela, e ao meu irmão Gregório, pelo apoio incondicional e incentivo na elaboração desta obra.

A minha namorada, Luiza Brunelli, pela atenção e compreensão nos momentos de ausência.

Ao amigo e Professor Dr. Darci Guimarães Ribeiro, pela parceria, conselhos e orientação irretocável.

Prefácio

O livro que agora se põe ao leitor é resultado da dissertação de Mestrado realizado pelo autor, Demétrio Beck da Silva Giannakos, junto ao Programa de Pós-Graduação em Direito da Universidade do Vale do Rio dos Sinos (UNISINOS), em 2018. Evidência de um trabalho sério, dedicado e competente, a dissertação foi aprovada, com destacados elogios. O tema enfrentado insere-se no campo da Análise Econômica do Direito (ou "Direito e Economia", como muitos preferem), área de conhecimento que vem obtendo consistente reconhecimento no cenário jurídico brasileiro (academia, doutrina e jurisprudência), bem depois de haver se consolidado como "mainstream" no pensamento norte-americano.

Especialmente naquela que é a sua "versão pragmática" (como bem definido por Bruno SALAMA), a Análise Econômica do Direito vem permitindo trazer para o debate de importantes questões jurídicas o manuseio do instrumental analítico da Economia, enriquecendo a tarefa do intérprete e aplicador das normas, já habituado a valer-se de argumentos extraídos da Filosofia, História, Sociologia e Antropologia, apenas para citar algumas de outras zonas do conhecimento humano com as quais o Direito interage.

Neste trabalho, Demétrio Giannakos toma como ponto de partida as inovações trazidas na legislação processual cível brasileira, com o Código de 2015 e, dentro dessas inovações, dá espaço para os negócios jurídicos processuais, nos quais a autonomia privada ganha importância mesmo no contexto de normas de ordem pública, como são as normas processuais. Para investigar essa categoria, o autor se vale da Análise Econômica do Direito (AED), estimando em que medida as razões extraídas da Economia sustentam a melhor realização da Justiça, com respeito à vontade das partes.

O saldo desta jornada é altamente positivo: um livro que permite conhecer um instituto de direito processual com as lentes da AED, ajudando a cimentar uma nova perspectiva de aplicação do Direito.

Cesar Santolim
Bacharel, mestre e doutor em Direito (UFRGS)
Professor na Faculdade de Direito da UFRGS. Advogado e Economista.

Sumário

Apresentação – *Darci Guimarães Ribeiro*..11
1. Introdução..15
2. Um estudo a partir do novo CPC...21
   2.1. A integridade e a coerência como elementos fundamentais da hermenêutica...27
      2.1.1. Integridade..30
      2.1.2. Coerência..34
      2.1.3. Hermenêutica jurídica como ponto de fusão da integridade e da coerência..36
      2.1.4. A Lei nº 13.655, de 2018 (reforma da LINDB), como forma de coexistência entre a "Law and Economics" e a Crítica Hermenêutica do Direito..................................41
   2.2. Análise econômica: pressupostos...45
      2.2.1. A importância de diminuir os custos de transação nos processos judiciais..58
3. Os negócios jurídicos processuais a partir da Análise Econômica do Direito......63
   3.1. Os negócios jurídicos processuais...63
   3.2. Origem dos negócios jurídicos processuais....................................75
   3.3. Limites entre o público e o privado..80
   3.4. Uma Análise Econômica do Direito aplicada aos negócios jurídicos processuais..83
      3.4.1. Análise econômica: justiça em números....................84
      3.4.2. Análise econômica aplicada aos contratos.................88
      3.4.3. A busca por um processo mais célere e eficiente.......96
      3.4.4. Negócios jurídicos como forma de escolha mais racional......102
4. Autonomia privada e vinculação do juiz...107
   4.1. Deve o juiz respeitar a vontade das partes? Um estudo a partir dos limites da decisão judicial...107
   4.2. A existência de uma resposta correta na aplicação dos negócios jurídicos processuais...116
5. Conclusão..125
Referências..129

Apresentação

Já se passaram alguns anos desde 2014 quando tive o privilégio de poder orientar um jovem e talentoso estudante de direito que havia me procurado para escrever seu trabalho de graduação sobre a efetividade do processo de execução. Filho de um grande amigo, e também Professor, o Desembargador aposentado Ângelo Giannakos.

Seu talento se revelou para mim ao escrever o trabalho de conclusão de curso. Inspirado em seu pai, soube encontrar um caminho próprio. Tanto que o instiguei a continuar desenvolvendo sua vocação para o magistério.

Em 2017 o convidei para se inscrever no Mestrado do Programa de Pós-Graduação em Direito da Unisinos, no qual sou Professor.

Não havia a menor dúvida que Demétrio Giannakos seria aprovado. Não foi nenhuma surpresa, portanto, encontrá-lo no primeiro dia de aula.

Sua dedicação era ímpar. Sua participação sempre foi precisa e cirúrgica. Seus trabalhos eram dotados de um brilhantismo pouco visto. Conseguiu impressionar alguns professores, entre os quais Lenio Streck, ao mesclar a análise econômica do direito e a crítica hermenêutica por ele realizada.

Demétrio Giannakos era intelectualmente irrequieto, como soem ser aqueles para quem a vida profissional reserva um lugar de destaque. Mostra disso foi sua dissertação do curso de Mestrado que acabou virando este impecável livro que tenho a honra de apresentar.

Eis aqui, portanto, o primoroso resultado do seu Mestrado, conquistado em dois anos de intensa pesquisa, aliada à sua incontestável qualidade de advogado. Esta imprescindível conjugação entre teoria e prática, infelizmente pouco vista nas obras de processo, pode ser facilmente percebida ao longo de todo este precioso livro.

Uma das qualidades desta obra, ao menos para mim, é a profundidade e a extensão das notas de rodapé. Qualquer crítica neste sentido deve ser direcionada ao orientador que possui verdadeiro fascínio por elas, já que aprendeu, desde muito cedo, a valorizá-las pela extraordinária capacidade que elas possuem de revelar os mais intrincados caminhos do autêntico conhecimento.

O verdadeiro propósito desta obra está em "justificar as vantagens às partes na utilização dos negócios jurídicos processuais (podendo ser típicos ou atípicos) no que tange a possibilidade de mitigar custos de transação e equívocos judiciais, além das partes pactuarem os termos e limites a serem impostos à lide", como bem disse o autor.

Para atender a este desiderato, Demétrio dividiu a obra em três densos capítulos. Todavia, para não retirar a grandeza do livro, não apresentarei os detalhes reveladores das inúmeras problemáticas que o tema suscita, deixando ao sabor do leitor o divertido trajeto intelectual que o autor percorreu para responder aos inúmeros problemas concretos que nós, operadores do direito, enfrentamos diuturnamente nos mais variados casos.

Não se pode negar que, hoje, o estudo dos negócios jurídicos processuais, ou como preferem alguns, convenções processuais, tem dominado a seara do direito em seus diversos ramos. E sua importância é apontada pela doutrina como absolutamente fundamental para a resolução concreta dos mais distintos e intrincados problemas jurídicos que o processo suscita, basta observar a criação do novo Código de Processo Civil que introduziu no direito brasileiro esse instituto.

Novos tempos se avizinham com a modernidade líquida, onde os vários institutos processuais estão se liquefazendo, nas palavras de Baumann,[1] como por exemplo o binômio interesse privado e interesse público. O Código Civil, de 2002, de natureza privatística, ampliou o interesse público com a função social do contrato, art. 421, rompendo, assim, com o tradicional *pacta sunt servanta*. Em contrapartida, o Código de Processo Civil, de natureza pública, ampliou o interesse privado através dos negócios jurídicos processuais, art. 190. Por isso, podemos legitimamente perguntar se hoje estamos diante da contratualização do processo ou da processualização do contrato. Só o tempo dirá a verdadeira resposta.

O livro está voltado, nas palavras do autor, para "reduzir custos e tempo às partes e, até mesmo, ao Poder Judiciário", pois todo processo precisa, necessariamente, ser "'rápido', 'eficaz' e 'barato'. Rápido, porque retira todas as formas de dilações indevidas; eficaz, porque atende ao princípio da economia processual, isto é, permite obter um máximo de resultado, num mínimo de atividade processual; e barato, porque as partes e o Estado economizarão tempo e dinheiro".[2]

Eis a razão pela qual Demétrio Giannakos dedica todo o capítulo primeiro para perscrutar "o impacto econômico das decisões judiciais (possivelmente denominado de consequencialismo) às partes e até

---

[1] *Modernidade Líquida*. Trad. Plínio Dentzien. Rio de Janeiro: Jorge Zahar, 2001.
[2] *Provas Atípicas*. Porto Alegre: Livraria do Advogado, 1998, p. 48.

mesmo ao Estado, além de socializar os custos para toda a coletividade, incentiva, aos demais, o ajuizamento de ações similares".

Para aprofundar ainda mais o estudo dos negócios jurídicos processuais, o autor buscou auxílio no *Law and Economics*, para fortalecer seus acertados argumentos, valendo-se, assim, dos princípios da celeridade e eficiência, como bem pode ser percebido em seu capítulo segundo.

Fácil é perceber que a autonomia privada hoje reside no processo civil brasileiro. Difícil é compatibilizá-la com a natureza pública do processo. Entra em jogo, aqui, os limites entre a atividade das partes e do juiz. Estes limites vêm sendo estudados a muito tempo por grandes processualistas, entre os quais cabe citar CARNACINI.[3]

Seguindo uma tendência contemporânea e universal de submeter os diversos institutos processuais ao crivo de uma perspectiva assimétrica ou isonômica, como já o fizeram em sua época *Damaska*, *Giuliani* e *Picardi*, Demétrio Giannakos subjugou o instituto dos negócios jurídicos processuais ao pálio destes modelos de organização social, pese tratá-los com nomenclatura e bibliografia distinta. Todavia, este estudo restou indiscutivelmente enriquecido quando entrou neste amálgama o complemento necessário dos modelos autoritário ou garantista de processo. Sua experiência como advogado o obrigou a aplicar todos estes complexos fenômenos teóricos ao novo diploma processual para deles extrair respostas adequadas aos intrincados problemas concretos que todos nós, operadores jurídicos, enfrentamos diuturnamente.

Como certa vez vaticinou Rui Barbosa: "O Direito não jaz na letra morta das leis; vive na tradição judiciária, que as atrofia, ou desenvolve".[4] Por isso, este livro de Demétrio Giannakos indubitavelmente já pertence à tradição judiciária, na medida em que desenvolve extraordinariamente a ciência processual.

Porto Alegre, julho de 2019.

Darci Guimarães Ribeiro
Pós-Doutor em Direito Processual Constitucional
pela Università degli Studi di Firenze
Doutor em Direito pela Universitat de Barcelona
Titular de Dirireito Processual Civil do PPGD – Unisinos
Titular de Direito Processual Civil da PUC/RS
Advogado

---

[3] Tutela Giurisdizionale e Tecnica del Processo. In: *Studi in Onore di Enrico Redenti*. Milano: Giuffrè, 1951, vol. II, p. 695 e ss.

[4] *Obras Completas*. Vol. XXIII, Tomo III. Rio de Janeiro: Ministério da Educação e Cultura, 1976, p. 78.

1. Introdução

O Código de Processo Civil trouxe modificações que desafiam o profissional do direito no seu dia a dia.

A cultura antiga do advogado, de que o processo é um campo hostil, e que a parte contrária seria o grande inimigo, não se faz mais condizente com a realidade e, muito menos, com o intuito no novo CPC.

Os artigos 3º, 5º e 6º do CPC, apenas como forma exemplificativa, demonstram o novo intuito dado pela legislação aos operadores do Direito, exigindo do profissional um novo olhar a respeito do litígio, das partes e do juiz.

Harmonizando com esta nova cultura processual, os Negócios Jurídicos Processuais surgem como forma de permitirem que as partes possam estabelecer regras que sejam mais benéficas para si e, consequentemente, para o processo.

Assim, no momento em que as partes estabelecem regras novas a serem aplicadas ao seu processo, por certo, a racionalidade das partes, bem como a eficiência e o custo-benefício se fazem presentes.

Neste ponto, a Análise Econômica do Direito (*Law and Economics*) surge como teoria que justifica a importância em estudar tais elementos que estão diretamente relacionados à tomada de decisão pelas partes, pelos seus procuradores e, até mesmo, pelo juiz.

Tal viés multidisciplinar pouco foi explorado até agora pelos operadores do Direito, justificando-se, assim, a pertinência do tema abordado na presente obra para os tempos atuais.

A partir desta nova realidade, faz-se, em um primeiro momento, uma abordagem de debate entre a crítica hermenêutica jurídica e Análise Econômica do Direito para conceituar ambas e fundamentar a coexistência destas nas normas processuais e a sua relevância na prática jurídica.

O primeiro capítulo foi subdividido em sete subcapítulos: *2.1. A integridade e a coerência como elementos fundamentais da hermenêutica; 2.1.1. Integridade; 2.1.2. Coerência; 2.1.3. Hermenêutica jurídica como ponto de fusão da integridade e da coerência; 2.1.4. A Lei nº 13.655, de 2018 (reforma da LINDB) como forma de coexistência entre a Law and Economics e a Crítica Hermenêutica do Direito; 2.2. Análise econômica: pressupostos; 2.2.1. A importância de diminuir os custos de transação nos processos judiciais.* Nestes, apresentou-se os conceitos de integridade, coerência, o papel da Hermenêutica Jurídica como ponto de fusão entre ambas, bem como a elucidação da reforma da LINDB como exemplo de coexistência da *Law and Economics* e da Crítica Hermenêutica Jurídica. Em seguida, apresentaram-se os pressupostos da AED, bem como a necessidade de diminuição dos custos de transação nos processos judiciais.

Em um momento posterior, analisar-se-ão os conceitos trazidos pelo estudo da Análise Econômica do Direito a justificar a utilização dos negócios jurídicos processuais, especialmente à luz dos artigos 190[1] e 191[2] do novo Código de Processo Civil, este em vigor em nosso ordenamento jurídico desde março de 2016.

No segundo capítulo, subdividiu-se este em oito subcapítulos: *3.1. Os negócios jurídicos processuais; 3.2. Origem dos negócios jurídicos processuais; 3.3. Limites entre o público e o privado; 3.4. Uma Análise Econômica do Direito aplicada aos negócios jurídicos processuais; 3.4.1. Análise econômica: justiça em números; 3.4.2. Análise econômica aplicada os contratos; 3.4.3. A Busca por um processo mais célere e eficiente; 3.4.4. Negócios jurídicos como forma de escolha mais racional.* Nestes, inicia-se desde a origem e conceito dos Negócios Jurídicos Processuais até, por fim, sobre o que a AED dispõe sobre os contratos e a opção pelos negócios jurídicos processuais como a escolha mais racional e eficiente, no sentido de que, com a possibilidade de deixar o processo mais célere e previsível às partes, estas inclusive seriam beneficiadas economicamente.

Nesse capítulo, apresenta-se a ideia de que, diante da grande litigiosidade no nosso Poder Judiciário (apresentação da justiça em

---

[1] Art. 190. Versando o processo sobre direitos que admitam autocomposição, é lícito às partes plenamente capazes estipular mudanças no procedimento para ajustá-lo às especificidades da causa e convencionar sobre os seus ônus, poderes, faculdades e deveres processuais, antes ou durante o processo. Parágrafo único. De ofício ou a requerimento, o juiz controlará a validade das convenções previstas neste artigo, recusando-lhes aplicação somente nos casos de nulidade ou de inserção abusiva em contrato de adesão ou em que alguma parte se encontre em manifesta situação de vulnerabilidade. BRASIL. *Lei nº 13.105, de 16 de março de 2015.* Código de Processo Civil. Disponível em: <http://www.planalto.gov.br/ccivil_03/_Ato2015-2018/2015/Lei/L13105.htm>. Acesso em: 06 abr. 2018.

[2] Art. 191. De comum acordo, o juiz e as partes podem fixar calendário para a prática dos atos processuais, quando for o caso. § 1o O calendário vincula as partes e o juiz, e os prazos nele previstos somente serão modificados em casos excepcionais, devidamente justificados. § 2o Dispensa-se a intimação das partes para a prática de ato processual ou a realização de audiência cujas datas tiverem sido designadas no calendário. BRASIL. *Lei nº 13.105, de 16 de março de 2015.* Código de Processo Civil. Disponível em: <http://www.planalto.gov.br/ccivil_03/_Ato2015-2018/2015/Lei/L13105.htm>. Acesso em: 06 abr. 2018.

números), os negócios jurídicos processuais surgem como possibilidade de redução do tempo de tramitação dos processos, bem como na diminuição dos custos para as partes.

No terceiro e último capítulo, estudamos a hermenêutica jurídica, a partir da sua teoria da decisão, sendo necessário para fundamentar os limites da decisão judicial no sentido da obrigatoriedade dos juízes em cumprir com os termos pactuados nos negócios jurídicos processuais.

Nesse último capítulo, fezeram-se dois subcapítulos: *4.1. Deve o juiz respeitar a vontade das partes? Um estudo a partir dos limites da decisão judicial; 4.2. A existência de uma resposta correta na aplicação dos negócios jurídicos processuais*, em que, no primeiro, demonstra-se a necessidade do juiz respeitar a vontade das partes e, no segundo, a existência de uma resposta correta para a análise do caso prático, com base na CHD.

O problema que se busca responder é se, por meio das conexões entre a Crítica Hermenêutica do Direito e a Análise Econômica do Direito, se poderia qualificar/limitar a discricionariedade judicial, a partir da utilização da CHD no que se refere à análise dos negócios jurídicos processuais por parte do Poder Judiciário?

A hipótese encontrada foi que sim, a partir da utilização da CHD, a apreciação dos negócios jurídicos processuais, até mesmo pelos limites impostos pelas regras formuladas pelas partes, restringem a atuação do magistrado, no sentido de priorizar, sempre, a vontade das partes.

Os negócios jurídicos processuais possuem como origem uma diminuição do caráter publicista do processo civil (matéria de direito público) com um consequente crescimento do caráter privatista do trazido pelo CPC/2015, em que concedeu às partes maiores poderes para solucionarem os processos judiciais de forma mais cooperativa.

Nas palavras de Leonardo Greco, a concepção publicista do processo relegou a segundo plano a reflexão acadêmica sobre os limites da autonomia da vontade das partes a respeito da multiplicidade de questões que podem ser suscitadas no processo ou, simplesmente, a considerá-la sempre dependente da aprovação ou homologação do juiz, vigilante guardião dos fins sociais e do interesse público a serem atingidos e preponderantemente tutelados.[3]

Para José Carlos Barbosa Moreira, ao analisar o posicionamento de alguns juristas, a concessão de muitos poderes ao órgão judicial exacerba de forma indevida o elemento publicístico do processo e uma intolerável manifestação de autoritarismo. Para os que assim pensam, as

---

[3] GRECO, Leonardo. Os atos de disposição processual – primeiras reflexões. *Revista Eletrônica de Direito Processual*, Rio de Janeiro, p. 7, out./dez. 2007.

coisas andarão tanto melhor quanto mais forem deixadas aos cuidados dos próprios litigantes: nenhum juiz pode saber mais do que os titulares dos interesses em conflito o que convém fazer (ou não fazer) para resolvê-lo.[4]

Para Flávio Luiz Yarshell, ponderáveis opiniões repudiam taxativamente a existência de negócios jurídicos processuais, em síntese, sob o argumento de que não haveria prevalência da vontade para determinar o conteúdo do processo, determinado antes de tudo pela lei. Mas, quando se assevera que o processo não é um contrato, toma-se como premissa a circunstância de que a jurisdição gera estado de sujeição das partes, de tal sorte que ela se impõe de forma inevitável às pessoas, independentemente da sua vontade. Isso quer dizer apenas que a jurisdição é forma de poder, que envolve a capacidade de decidir e de impor decisões. Isso não parece impedir que os sujeitos parciais declarem vontade dirigida à produção de efeitos jurídicos por eles requeridos. Então, na premissa de que o negócio exista, seja válido e eficaz, o que existe é a sujeição do órgão jurisdicional – estatal ou arbitral. Conceitualmente, portanto, é possível admitir negócios jurídicos processuais. Problema diverso consiste em saber se e quando eles existem, são válidos e eficazes.[5]

A iniciativa privada é o aparelho motor de qualquer consciente regulamento recíproco de interesses privados. A iniciativa privada manifesta-se não só pela aspiração de obter determinados escopos práticos, mas também pelo desejo de criar meios correspondentes. Na vida social, antes ainda de qualquer intervenção da ordem jurídica, os participantes procuram, por si mesmos, obter meios mais aptos. Ora, os meios dessa natureza são, por excelência, os negócios jurídicos. Os negócios jurídicos têm em sua génese na vida de relações: surgem como atos por meio dos quais os particulares dispõem, para o futuro, um regulamento obrigatório de interesses das suas recíprocas relações, e desenvolvem-se, espontaneamente, sob o impulso das necessidades, para satisfazer diversíssimas funções econômico-sociais, sem a ingerência de qualquer ordem jurídica.[6]

Sendo os negócios jurídicos processuais um ramo do direito privado dentro do processo civil, o estudo da Análise Econômica do Direito se faz importante, no sentido de apresentar aos operadores do direito

---

[4] BARBOSA MOREIRA, José Carlos. O neoprivatismo no processo civil. *Revista de Processo: RePro*, São Paulo, v. 30, n. 122, p. 9-21, abr. 2005.

[5] YASHELL, Flávio Luiz. Convenção das partes em matéria processual: rumo a uma nova era? In: CABRAL, Antonio do Passo; NOGUEIRA, Pedro Henrique (Coord.). *Negócios processuais*. Salvador: JusPODIVM, 2015. p. 64-65.

[6] BETTI, Emilio. *Teoria geral do negócio jurídico*. Coimbra: Coimbra Editora, 1969. t. 1, p. 88-89.

os negócios jurídicos processuais como forma eficiente para a solução de conflitos.

À luz da Análise Econômica dos Contratos, o intuito do presente é justificar as vantagens às partes na utilização dos negócios jurídicos processuais (podendo ser típicos ou atípicos) no que tange à possibilidade de mitigar custos de transação[7] e equívocos judiciais, além das partes pactuarem os termos e limites a serem impostos à lide, por exemplo, na possibilidade da escolha de um perito judicial específico para a realização de perícia no decorrer da ação; na estipulação de calendário judicial; na renúncia de recursos pelas partes e na delimitação da matéria de direito a ser analisada na demanda.

Para melhor compreender esta relação, é fundamental interpretar os negócios jurídicos processuais como uma forma de contrato que, por sua vez, pela doutrina da análise econômica, em sua negociação, possuem custos de transação que podem ser mais altos ou mais baixos.

Para Fredie Didier Jr., negócio processual é o fato jurídico voluntário, em cujo suporte fático se confere ao sujeito o poder de regular, dentro dos limites fixados no próprio ordenamento jurídico, certas situações jurídicas processuais ou alterar o procedimento.[8]

Negócio Jurídico é geralmente identificado, definido ou qualificado como ato de autonomia privada. A autonomia privada, por sua vez, é, em regra, identificada como autodeterminação, autorregulação, autovinculação e, até mesmo, autarquia, sendo definida como um poder criador ou fonte de direito ou, pelo menos, de produção de efeitos que incidam sobre situações jurídicas. A característica marcante dos negócios jurídicos é a vontade ou a vontade declarada.[9]

Passou-se a defender, então, que o negócio jurídico consistiria numa declaração de vontade voltada a produzir efeitos jurídicos, enquanto o ato jurídico em sentido estrito decorreria de uma mera manifestação de vontade, com vistas a obter efeitos jurídicos já estabelecidos em lei.[10]

No último capítulo, a partir da Crítica Hermenêutica do Direito, utilizando os conceitos de integridade e coerência advindos da dou-

---

[7] Custos de transação, nas palavras de Ronald Coase, podem ser chamados de custos de busca e informação, custos de barganha e decisão, custos de cumprimento. COASE, Ronald Harry. *A firma, o mercado e o direito*. Rio de Janeiro: Forense Universitária, 2016. p. 07.

[8] DIDIER JUNIOR, Fredie. Negócios jurídicos processuais atípicos no código de processo civil de 2015. *Revista Brasileira da Advocacia*, São Paulo, v. 1, abr./jun. 2016.

[9] CUNHA, Leonardo Carneiro da. Negócios jurídicos processuais no processo civil. In: CABRAL, Antonio do Passo; NOGUEIRA, Pedro Henrique (Coord.). *Negócios processuais*. Salvador: JusPodivm, 2015. p. 29.

[10] Ibid., p. 30.

trina apresentada por Dworkin, fundamenta-se como única resposta correta à análise dos negócios jurídicos processuais a necessidade de respeitar a vontade das partes pactuantes, desde que não apresente as exceções do artigo 190 do CPC.

Portanto, o presente livro trata de duas áreas jurídicas distintas, que possuem histórico conturbado, mas que, diante dos exemplos e fundamentos trazidos, podem, em certa medida, atuar de forma conjunta (art. 926 do CPC) e de forma complementar (no caso dos Negócios Jurídicos Processuais).

2. Um estudo a partir do novo CPC

Em 2017, a relação entre a hermenêutica jurídica e a Análise Econômica do Direito, por meio de seus representantes, passou por momentos difíceis e fomentando discussões em nível Nacional com relação à aplicação da análise econômica em nosso ordenamento jurídico,[11] bem como no que diz respeito à insuficiência dos conceitos estudados pela Hermenêutica Jurídica para a solução dos casos práticos que assolam o Poder Judiciário atualmente.[12]

Muito da crítica utilizada pela hermenêutica com relação à Análise Econômica gira em torno da necessidade da autonomia do Direito, no sentido de que a fundamentação de decisões judiciais apenas em critérios econômicos não seria suficiente e adequada.[13]

Por outro lado, muito do que foi fundamentado pelos defensores da análise econômica gira em torno da possibilidade de tal campo jurídico influenciar e determinar a tomada de decisões dos julgadores,

---

[11] STRECK, Lenio Luiz. Livre apreciação da prova é melhor do que dar veneno ao pintinho? *Consultor Jurídico*, São Paulo, 13 jul. 2017. Disponível em: <https://www.conjur.com.br/2017-jul-13/senso-incomum-livre-apreciacao-prova-melhor-dar-veneno-pintinho>. Acesso em: 06 abr. 2018; LOPES, Ziel Ferreira; DIETRICH, William Galle. O debate entre a crítica hermenêutica do direito e AED. *Jota*, [S.l.], 9 set. 2017. Disponível em:<https://jota.info/artigos/o-debate-entre-a-critica-hermeneutica-do-direito-e-aed-13092017>. Acesso em: 06 abr. 2018.

[12] CARVALHO, Cristiano. Crítica à crítica de Lenio Streck sobre a AED. Jota, [S.l.],11 jul. 2017. Disponível em: <https://jota.info/colunas/coluna-da-abde/critica-a-critica-de-lenio-streck-sobre-a-aed-01082017>. Acesso em: 22 nov. 2017; BERGER, Luiz Marcelo. Por que o Brasil precisa de análise econômica do direito Jota, [S.l.], 7 nov. 2018. Disponível em:<https://jota.info/colunas/coluna-da-abde/por-que-o-brasil-precisa-de-analise-economica-do-direito-07112017>. Acesso em: 06 abr. 2018.

[13] Com intuito de exemplificar tal afirmação feita, o Professor Lenio Streck, em sua coluna publicada no Conjur, no dia 13/07/2017, fundamentou o seguinte: "Mas, atenção: isso não quer dizer "decisão jurídica" e tampouco que se possa condenar alguém com base em cálculos de probabilidades. Usam análises para aferir eficiência de (e entre) fins e meios. O erro nas teorias desse tipo é o de pensar que o único critério de controle da ação seria o de analisar como que se "relacionam" fins (vazios) e meios (indeterminados) em busca de um resultado eficiente". STRECK, Lenio Luiz. Livre apreciação da prova é melhor do que dar veneno ao pintinho? *Consultor Jurídico*, São Paulo, 13 jul. 2017. Disponível em: <https://www.conjur.com.br/2017-jul-13/senso-incomum-livre-apreciacao-prova-melhor-dar-veneno-pintinho>. Acesso em: 06 abr. 2018.

especialmente buscando resultados mais eficientes e uma diminuição nos custos de transação.[14]

Lenio Luiz Streck, em sua obra *Verdade e Consenso*, faz crítica à Análise Econômica do Direito, no momento em que divergem sobre a concessão de medicamentos pelos Tribunais.[15] O autor, por sua vez, defende o deferimento da concessão de medicamentos e/ou procedimentos médicos, com base na dignidade da pessoa humana, enquanto a AED fundamenta em argumentos econômicos, no sentido de que o montante do dinheiro despendido pelo Estado, nesses casos, poderia ser utilizado em outro local em benefício de uma coletividade.[16]

Streck questiona se a AED possuiria algum respaldo em um texto compromissório-principiológico, como o da Constituição Federal. Para o autor, a AED fragilizaria a autonomia do Direito, de forma que a inseriria em um conjunto de discursos predadores do Direito.[17]

Alexandre Morais, já há algum tempo, trata sobre a Teoria dos Jogos (teoria esta oriunda da Análise Econômica do Direito) aplicada ao Processo Penal, conforme alguns artigos publicados por ele por via eletrônica,[18] bem como em livro, de sua autoria, que trata especificamente sobre o tema.[19]

Para o autor, "embora o processo penal exija racionalidade dos jogadores, o exercício do jogo mostra que as decisões são tomadas para além da racionalidade. Daí que a metáfora do Teoria dos Jogos pode ser invocada para modelar, de alguma maneira, a matriz teórica de como as decisões podem ser tomadas, partindo-se do estudo dos

---

[14] Utiliza-se trecho retirado da coluna publicada pelo Prof. Cristiano Carvalho no Jota para elucidar o que está sendo analisado no presente trabalho: "A AED é consequencialista e isso significa uma posição positiva, ou seja, de análise das possíveis consequências advindas da escolha racional, e, no caso do Direito, da decisão jurídica. Utilitarismo já implica questão normativa, ou seja, uma escolha que resulta, por exemplo, em políticas públicas". CARVALHO, Cristiano. Crítica à crítica de Lênio Streck sobre a AED. Jota, [S.l.],11 jul. 2017. Disponível em: <https://jota.info/colunas/coluna-da-abde/critica-a-critica-de-lenio-streck-sobre-a-aed-01082017>. Acesso em: 22 nov. 2017.

[15] STRECK, Lenio Luiz. *Verdade e consenso*. 6. ed. São Paulo: Saraiva, 2017. p. 246-247.

[16] Idem.

[17] Ibid., p. 248.

[18] ROSA, Alexandre Morais da. Jogo processual no direito penal tem efeito cativante. *Consultor Jurídico*, São Paulo, 28 set. 2013. Disponível em: <https://www.conjur.com.br/2013-set-28/diario-classe-jogo-processual-direito-penal-efeito-cativante>. Acesso em 06 abr. 2018; ROSA, Alexandre Morais da. Entenda o golpe de mestre de Joesley Batista via teoria dos jogos. *Consultor Jurídico*, São Paulo, 19 maio 2017. Disponível em: <https://www.conjur.com.br/2017-mai-19/limite-penal-entenda-golpe-mestre-joesley-jbs-via-teoria-jogos>. Acesso em: 06 abr. 2018.

[19] ROSA, Alexandre Morais da. *Guia compacto do processo penal conforme a teoria dos jogos*. 3. ed. Florianópolis: Empório do Direito, 2016.

comportamentos dos jogadores, julgadores, estratégias, táticas e recompensas".[20]

O Professor Lenio Streck, em 2015, travou um diálogo com Alexandre Morais da Rosa sobre a forma como ensinar Direito Processual Penal após o início da Operação Lava Jato. Para Streck, Morais assume uma dose de realismo jurídico, porque volta o seu enfoque para "o modo de lidar com isso que está aí". Sua preocupação seria em quem vai decidir, e não em como irá decidir.[21] Na sequência, Aury Lopes Junior, ao analisar o debate entre Streck e Morais, afirma que os dois discursos, tanto a aplicação da Teoria dos Jogos, mais preocupada em quem decidirá e a hermenêutica jurídica de Streck, podem coexistir, de forma que sejam complementares uma a outra.[22]

Para muitos, as críticas feitas à Análise Econômica do Direito seriam justas pelo fato de acharem que esta seria uma forma mais recente do utilitarismo, preconizado antes mesmo de Bentham.[23]

Ronald Dworkin, em sua obra *A justiça de toga*, já fazia críticas diretas a Posner. Em certo ponto, ao mencionar a teoria utilitarista do direito, faz relações diretas com o pragmatismo[24] de Posner. Em outro momento, afirma o seguinte: "É muito difícil considerar como evidente por si mesma a ideia de que o progresso consiste em tornar as pessoas mais felizes na média, ou mesmo, como Posner já sugeriu no passado, mais ricas".[25]

---

[20] ROSA, Alexandre Morais da. Jogo processual no direito penal tem efeito cativante. *Consultor Jurídico*, São Paulo, 28 set. 2013. Disponível em: <https://www.conjur.com.br/2013-set-28/diario-classe-jogo-processual-direito-penal-efeito-cativante>. Acesso em: 06 abr. 2018.

[21] STRECK, Lenio. *Hermenêutica e jurisdição*: diálogos com Lenio Streck. Porto Alegre: Livraria do Advogado, 2017. p. 12.

[22] Idem.

[23] "O que diferencia Bentham dos outros autores percursores do utilitarismo é a sua tenacidade e até mesmo o arrebatamento com que insiste na universalidade dos cálculos de utilidade nas decisões humanas". POSNER, Richard A. *Fronteiras da teoria do direito*. Tradução Evandro Ferreira e Silva e Jefferson Luiz Camargo, Paulo Salles e Pedro Sette-Câmara. São Paulo: WMF Martins Fontes, 2011. p. 37.

[24] Richard Posner, em sua obra *Direito, pragmatismo e democracia*, em sua introdução, já delimitava a sua perspectiva pragmática da democracia: "A teoria democrática que este livro defende é pragmática. Não devemos ter medo do pragmatismo ou confundi-lo com cinismo ou com desdém pela legalidade ou pela democracia. Seu âmago é meramente um tendência em basear ações em fatos e consequências, em vez de em conceitualismos, generalidades, crenças e slogans. Entre as crenças rejeitadas está a ideia de perfectibilidade humana; a concepção pragmatista da natureza humana é desiludida. Entre os conceitualismos rejeitados estão a teoria moral, legal e política quando oferecida para guiar o processo de tomadas de decisão legal e outros processos de tomada de decisão oficiais". POSNER, Richard A. *Direito, pragmatismo e democracia*. Tradução Teresa Dias Carneiro. Rio de Janeiro: Forense, 2010. p. 2.

[25] DWORKIN, Ronald. *A justiça de toga*. Tradução Jefferson Luiz Camargo. São Paulo: WMF Martins Fontes, 2010. p. 90.

As ideias utilitaristas remontam a Aristóteles, e o utilitarismo como princípio ético fundamental fora claramente enunciado no século XVIII (antes de Bentham começar a escrever sua obra) por Hutcheson, Beccaria, Helvetius, Priestley, Godwin e outros como a máxima felicidade do maior número de indivíduos.[26]

Para John Rawls, "uma pessoa age de um modo muito apropriado, pelo menos quando outros não são afetados, com o intuito de conseguir a maximização de seu bem-estar, ao promover seus objetivos racionais o máximo possível".[27]

Se, para um indivíduo, o intuito é que ele, durante a sua vida, construa uma séria de satisfações para alcançar o seu bem-estar, quando se fala em uma sociedade, a lógica é a mesma: o bem-estar da sociedade deve ser construído com a satisfação dos sistemas de desejos de numerosos indivíduos que a ela pertençam. O princípio (da utilidade)[28] para a sociedade, então, é promover ao máximo o bem-estar do grupo, realizar até o mais alto grau o abrangente sistema de desejos ao qual se chega com a soma dos desejos de seus membros.[29]

No entanto, a economia moderna desistiu de utilizar o utilitarismo como base teórica, especialmente por não ser uma fonte de orientação confiável para a formulação de soluções para a sociedade. Para isso, existem três razões fundamentais: 1) poucas pessoas acreditam realmente que maximizar a felicidade, o contentamento, a alegria, a satisfação seja ou deva ser objeto de vida de alguém; 2) ao agregar a utilidade de todas as pessoas em um somatório geral, o utilitarismo trata-as como células de um organismo social, e não como indivíduos. Esta é a origem dos conhecidos barbarismos da ética utilitarista, como o sacrifício proposital de inocentes para maximizar a quantidade total de felicidade da sociedade; 3) pelo fato de que não existem princípios que sirvam de limite ao utilitarismo.[30]

Sendo superadas as amarras do utilitarismo, a Análise Econômica do Direito, com base nos estudos desenvolvidos a partir de Posner,

---

[26] POSNER, Richard A. *Fronteiras da teoria do direito*. Tradução Evandro Ferreira e Silva e Jefferson Luiz Camargo, Paulo Salles e Pedro Sette-Câmara. São Paulo: WMF Martins Fontes, 2011. p. 37.

[27] RAWLS, John. *Uma teoria da justiça*. Tradução Almiro Pisetta e Lenita M. R. Esteves. São Paulo: Martins Fontes, 1997, p. 25.

[28] John Rawls, ao limitar o que entende pelo princípio da utilidade, dispõe o seguinte: "Tomarei o princípio da utilidade na sua forma clássica como aquele que define o bem como a satisfação do desejo, ou talvez melhor, como a satisfação do desejo racional". (Ibid., p. 27).

[29] Ibid., p. 25.

[30] POSNER, Richard A. *Fronteiras da teoria do direito*. Tradução Evandro Ferreira e Silva e Jefferson Luiz Camargo, Paulo Salles e Pedro Sette-Câmara. São Paulo: WMF Martins Fontes, 2011. p. 99-101.

passa a crer no pragmatismo como melhor forma de melhorar o desempenho judicial.[31]

Para Posner, o pragmatismo[32] serviria para encorajar o pensamento de que os juízes devem repensar sua missão de ajudar a sociedade a lidar com seus problemas e, portanto, que as regras que os juízes criam como subproduto da adjudicação devem ser avaliadas por um critério do "que funciona" em vez de por sua correspondência com a verdade, o direito natural ou algum outro princípio validador abstrato.[33]

O "pragmatismo cotidiano", denominado por Posner, seria uma visão prática, do tipo usada nos negócios, desdenhosa da teoria abstrata e da pretensão intelectual, desprezando os moralizadores e sonhadores utópicos. É uma visão enraizada nos usos e atitudes de uma sociedade impetuosa, rápida, competitiva, objetiva, comercial, com o objetivo de trabalhar duro e avançar.[34]

É inegável que a análise econômica partiu do fato de, principalmente, duas conclusões feitas por Bentham, quais sejam: i) que os indivíduos são maximizadores racionais de sua própria satisfação (neste ponto, Bentham lançou as bases da moderna análise econômica do crime e das penas, no sentido de que a pena é um método de impor custos à atividade criminal, por meio do qual se alteram os incentivos para a efetivação do crime); e ii) de que a eficiência econômica possa ser utilizada como conceito ético e científico.[35]

No entanto, o próprio Richard Posner, no capítulo segundo da sua obra *A economia da justiça* (título original: *The economics of justice*), o próprio autor afirma que a ideia do texto é, justamente, despertar no leitor a desconfiança em relação ao utilitarismo.[36]

Bentham, por sua vez, defendia a maior promoção da felicidade para o maior número de pessoas como fato determinante para atestar a solidez de qualquer política pública.[37] Esse pensamento, em alguns

---

[31] POSNER, Richard A. *Direito, pragmatismo e democracia*. Tradução Teresa Dias Carneiro. Rio de Janeiro: Forense, 2010. p. 1.
[32] "The pragmatist perspective is, rather, that interpretation, continuously developed in concrete situations of lived experience, is crucial to the conduct and therefore to the explanation of social action". OWENS, B. Robert. Judicial decision making as knowledge work. *Law & Social Inquiry*, [S.l.], v. 41, n. 2, 502-521, p. 511-512, spring 2016.
[33] POSNER, Richard A. *Direito, pragmatismo e democracia*. Tradução Teresa Dias Carneiro. Rio de Janeiro: Forense, 2010. p. 36-37.
[34] Ibid., p. 38-39.
[35] Ibid., p. 17.
[36] Ibid., p. 17.
[37] Ibid., p. 40.

momentos, produziu o utopismo de seus pensamentos e, em certo modo, até mesmo o radicalismo.[38]

Feita essa contextualização sobre a origem da Análise Econômica do Direito, passa-se, então, a sua análise mais moderna e atual.

É preciso que se diga que a ciência econômica não se aplica somente ao estudo de fenômenos explicitamente econômicos, como a inflação, o desemprego, a produtividade e a compra e venda de produtos e serviços. Desde a publicação das obras de Jeremy Bentham, no Século XVIII, existe uma corrente da ciência econômica que concebe a economia como o estudo de fenômenos "econômicos" particulares, utilizando a racionalidade como modeladora de seu comportamento em face dos incentivos recebidos.[39]

A essência da abordagem da Análise Econômica do Direito é insistir que todos os custos e benefícios, inclusive os não pecuniários, sejam levados em consideração no momento de decidir o que é uma norma, decisão ou prática eficiente.[40] O objetivo dessa teoria é justamente o pressuposto de que cada indivíduo maximize racionalmente a sua satisfação.[41]

Da mesma forma, a Análise Econômica do Direito sustenta e defende que os indivíduos são racionais em todas as suas escolhas, desde a compra de objetos, até a escolha do curso de graduação a ser cursado.

Luciana Yeung, ao ressaltar a diferença entre a análise econômica, a análise dogmática e a doutrinária, dispõe o seguinte:

> A análise econômica se diferencia da análise dogmática e doutrinária, mais tradicionais do Direito, pois: (i) coloca, a todo o momento, sua análise a teste de falseabilidade por fatos e evidências das observações do mundo real, como preconizam os filósofos da ciência, como Karl Popper; (ii) tenta isentar-se da roupagem ideológica, no intuito de, partindo de premissas (hipóteses) testáveis, coletar observações empíricas em quantidade e/ou representatividade significativa do objeto que se quer estudar, para só assim, gerar conclusões; (iii) tem como intenção gerar previsões de eventos futuros com base em observações objetivas de fatos do passado; (iv) não sobrevive a argumentos *argumentum ad verecundiam*, pois pode ser refutada caso a metodologia empregada, ou os dados usados para chegar a determinada conclusão não se sustentarem pela observação de outros autores. Desta forma, a análise econômica pretende gerar conhecimento e conclusões que sejam mais objetivas, de sustentação sólida perante fatos e dados coletados por diferentes autores ao longo do tempo e do espaço, isenta de opiniões e valores pessoais, e com grande poder preditivo do futuro.[42]

---

[38] POSNER, Richard A. *A economia da justiça*. Tradução Evandro Ferreira e Silva. São Paulo: WMF Martins Fontes, 2010. p. 49.
[39] Ibid., p. xii.
[40] Ibid., p. xiv.
[41] Ibid., p. 3.
[42] YEUNG, Luciana Luk-Tai. Análise econômica do direito do trabalho e da reforma trabalhista. *Revista Estudos Institucionais*, Rio de Janeiro, v. 3, n. 2, p. 894, 2017.

Por exemplo, Robert Cooter e Hans-Bernd Schäfer, em sua obra "O Nó de Salomão: Como o Direito pode erradicar a pobreza das Nações", afirma que, quando utilizados o termo *Contrato*, nos referimos a uma promessa atrelada a sanções por seu descumprimento, em especial as sanções legais. Um contrato compromete a pessoa a fazer o que diz que irá fazer quando se aumenta o custo de não fazer.[43] Ou seja, os custos atribuídos a determinada ação (ou a não realização de determinada ação), exigem do agente uma atitude racional.

No entanto, até o presente momento, não se tem conhecimento, ao menos, de nenhum estudo específico e dedicado, essencialmente, na tentativa de estudar e analisar, de forma conjunta, a hermenêutica jurídica e Análise Econômica do Direito.

O objetivo do presente livro é tentar fundamentar e justificar a possibilidade de ambas as áreas jurídicas coexistirem, sem que uma necessariamente tenha que excluir a validade e importância da outra.

O ponto nevrálgico do presente capítulo, então, é unir a Análise Econômica do Direito com a hermenêutica jurídica, no sentido de que ambas sejam utilizadas para orientar a decisão judicial. No caso a ser estudado neste primeiro capítulo, serão os benefícios da utilização do artigo 926 do CPC.

2.1. A integridade e a coerência como elementos fundamentais da hermenêutica

No decorrer dos últimos 50 anos, após muitos países libertarem-se de regimes despóticos e arbitrários, cada vez mais os juízes receberam o poder de controlar o modo pelo qual os dois poderes de governo eleitos exercem a autoridade coercitiva do Estado. Passou a ser da alçada do Poder Judiciário determinar se os políticos e demais autoridades ultrapassaram o limite.[44]

Após uma época de guerras desastrosas, várias nações na Europa, especialmente Alemanha, Itália e Áustria, voltaram-se aos princípios do asseguramento constitucional como uma âncora preventiva contra novas atrocidades. Como primeiro passo, elas adotaram

---

[43] COOTER, Robert Dandridge; SCHÄFER, Hans-Bernd. *O nó de Salomão*: como o direito pode erradicar a pobreza das nações. Organização e tradução: Magnum Koury de Figueiredo. Curitiba: CRV, 2017. p. 107-108.

[44] BEATTY, David M. *A essência do Estado de direito*. Tradução de Ana Aguiar Cotrim. São Paulo: WMS Martins Fontes, 2014. p. 03.

Constituições[45] rígidas e, também, atribuíram *status* constitucional a alguns ideais de administração da Justiça, tais como a independência dos juízes, a garantia do juiz imparcial, cujo poder jurisdicional era predeterminado pela lei, a garantia do defensor e aquela do contraditório.[46]

No entanto, com a criação das Constituições e a assimilação dos países com relação a um Estado Democrático de Direito, tais textos constitucionais, na prática, pouco delimitaram ou mencionaram os limites e formas de como os juízes devem, efetivamente, decidir em determinadas situações.[47]

Para Hernando Nieto, "el Derecho moderno es producto de un acto de la voluntad y de la razón humana y, en ese sentido, se trata precisamente de conocer cuál es el fin y propósito de dicha voluntad".[48]

Para Calmon de Passos, o Direito irá na direção em que for a sociedade, o processo civil do futuro irá na direção em que for o Direito.

---

[45] Dominique Rosseau, ao conceituar o termo *Constituição*, disserta o seguinte: "A Constituição é, de fato, um texto, quer dizer, um conjunto de palavras escritas; palavras que, sem dúvida, manifestam valores – a liberdade, a igualdade... –, palavras que, igualmente sem dúvida, têm a ambição de ser portadoras das normas, mas que são antes de tudo palavras. Essa 'descoberta' conduziu logicamente os constitucionalistas a se abrir a outras disciplinas e em particular às diferentes filosofias da linguagem para compreender os modos de determinação do significado das palavras. Se, quaisquer que sejam os esforços de redação, as palavras são sempre portadoras de diversos sentidos, é preciso, para saber qual a obrigação de comportamento que prescreve este ou aquele enunciado, decidir sobre o significado desse enunciado; é preciso, por meio de uma operação intelectual, atribuir-lhe um sentido que permita ordenar esse comportamento. Em outros termos, é o sentido que faz a norma, não a palavra". (ROSSEAU, Dominique. O Direito Constitucional contínuo: instituições, garantias de direitos e utopias. *Revista de Estudos Constitucionais, Hermenêutica e Teoria do Direito (RECHTD)*, n° 8, p. 261-271, 2016, p. 263).

[46] CAPPELLETTI, Mauro. *Processo, ideologia e sociedade*. Porto Alegre: Sergio Antonio Fabris, 2008. p. 330.

[47] David Beatty, em sua obra "A essência do Estado de direito" disserta de forma contundente o objetiva sobre essa lacuna deixada em boa parte das Constituições: "O problema é que as exortações constitucionais que proclama a inviolabilidade da vida, a liberdade e a igualdade, as quais são as peças nodais de quase todas as declarações de direitos, na realidade dizem muito pouco aos juízes acerca de como solucionar as intricadas disputas da vida real que eles são chamados a decidir. As excelentes e grandiosas expressões características de todos os textos constitucionais fornecem pouca orientação prática sobre as questões polêmicas, tais como o direito das mulheres ao aborto ou o direito de gays e lésbicas a se casarem com pessoas do mesmo sexo. Se as comunidades religiosas têm ou não o direito de fundar escolas separadas e buscar apoio estatal para elas e se essas escolas podem recusar-se a admitir e/ou empregar pessoas cujos costumes e/ou religião sejam diferentes dos seus [...]. Da mesma forma, quando as Constituições encerram garantias positivas como, por exemplo, tratamento médico emergencial ou acesso à moradia adequada, o texto não diz à Corte se uma pessoa que está morrendo de insuficiência renal tem direito a receber tratamento de diálise ou se um sem-teto tem direito a um abrigo contra o frio; pelo menos, não explicitamente". BEATTY, David M. *A essência do Estado de direito*. Tradução de Ana Aguiar Cotrim. São Paulo: WMS Martins Fontes, 2014. p. 7.

[48] ESCOBAR, Freddy; NIETO, Eduardo. ¿Es el análisis económico del derecho una herramienta válida de interpretación del derecho positivo? *Revista de Derecho Themis*, n° 52, 2006, p. 341-354, p. 346.

Ele (o processo) é apenas um elo da corrente e a ela estará irremediavelmente interligado.[49]

Este "processo do futuro", diante da ineficiência[50] do Poder Judiciário, bem como da necessidade de uniformização do Direito a ser aplicado aos casos análogos, originou a criação do artigo 926 do CPC. Tal dispositivo legal tem como objetivo a uniformização da jurisprudência, positivando a preocupação de que os Tribunais mantenham a sua jurisprudência estável, íntegra e coerente, no que diz respeito aos casos que possuem matéria de direito idêntica.[51]

---

[49] CALMON DE PASSOS. José Joaquim. *Revisitando o direito, o poder, a justiça e o processo*. Salvador: JusPodivm. 2013. p. 76.

[50] Para compreender o princípio da eficiência no processo civil brasileiro e aplicado ao Poder Judiciário, ver: JOBIM, Marco Félix. *As funções da eficiência no processo civil brasileiro*. São Paulo: Thomson Reuters Brasil, 2018.

[51] Para comprovar tal problemática, utiliza-se como exemplo dois julgamentos sendo um do Tribunal Regional Federal da 4ª Região e o outro do Tribunal Regional Federal da 2ª Região em que, ao julgaram a possibilidade de indenizarem "invasores" localizados em faixas de domínio em Rodovias Federais, possuem entendimento diverso: ADMINISTRATIVO. APELAÇÃO E REEXAME NECESSÁRIO. AÇÃO DE REINTEGRAÇÃO DE POSSE. VALOR DA CAUSA. ART. 293 DO NCPC. PRECLUSÃO. FAIXA DE DOMÍNIO. RODOVIA BR -392. INOCORRÊNCIA DE ESBULHO. PECULIARIDADE DO CASO CONCRETO. OCUPAÇÃO ANTERIOR À CONSTRUÇÃO DA RODOVIA. INÉRCIA DO PODER PÚBLICO. SENTENÇA MANTIDA. HONORÁRIOS. ART. 85, § 11 DO NCPC. 1. O valor da causa atribuído à ação de reintegração foi de R$ 2.000,00 (dois mil reais). Caso a parte requerida não concordasse com o mesmo, poderia ter impugnado o valor atribuído, nos termos do artigo supra citado, para então vê-lo corrigido ou adequado. Não se pode pretender, a meu ver, em sede de embargos de declaração, discutir-se questão relativa exclusivamente ao valor a eles atribuídos (ainda que seja para o simples cálculos dos honorários advocatícios), quando o ordenamento jurídico disponibiliza ao interessado instrumento para remediar a incongruência, tal qual a Impugnação ao Valor da Causa. Precedente. 2. A prova dos autos não deixa dúvidas de que a edificação é anterior à construção da rodovia e se encontra em posse da família dos apelados desde 1959 (vide escritura pública - EVENTO 11). Muito embora a área tenha sido declarada como de utilidade pública, para fins de desapropriação, o Poder Público restou inerte durante muitos anos, deixando de realizar a desapropriação da área, fato que acarretaria a regularização da área e o direito à indenização do ocupante. 3. Em face da apelação restar desprovida, os honorários devem ser majorados para 15% do valor da condenação, nos termos do art. 85, § 11 do NCPC. juntado aos autos em 23/02/2017. BRASIL. Tribunal Regional Federal (4. Região). *APL 50050126720154047102 RS 5005012-67.2015.404.7102*. Apelante: Departamento Nacional de Infra-Estrutura de Transportes - DNIT. Apelado: Vagner Colzan Denardi. Relator: Friedmann Anderson Wendpap, terceira turma. Brasília, DF. Data de julgamento: 21 de fevereiro de 2017. Disponível em: <encurtador.com.br/fiwSW>. Acesso em: 06 abr. 2018.

APELAÇÃO. DIREITO ADMINISTRATIVO. CONSTRUÇÃO SOBRE FAIXAS DE DOMÍNIO E *NON EDIFICANDI* DE RODOVIA FEDERAL. INDENIZAÇÃO POR BENFEITORIAS. DESCABIMENTO. PROVIMENTO. 1.O cerne da controvérsia versa sobre reintegração de posse e de demolição de imóvel, cuja construção alegadamente situa-se, de forma irregular, dentro de faixa de domínio ou de faixa *non aedificandi*, bem como sobre eventual direito a indenização daí decorrente. 2. A prova pericial, consubstanciada no laudo pericial constante dos autos, assinalou, de modo conclusivo, que as edificações no imóvel em pauta, objeto da demanda, encontram-se localizadas parcialmente dentro das faixas de domínio e não edificante. Ademais, além de não ter sido autorizadas pelos órgãos públicos competentes de então, tais construções apresentam-se irregulares. 3. É de se afastar, por manifesta ilicitude e conforme as conclusões da perícia judicial, eventuais alegações de que o imóvel da propriedade do réu existe há muito tempo; a Administração Pública sempre foi omissa quanto a tal irregularidade; não interfere no uso regular da rodovia, ou que inexiste grave risco gerado por tal edificação. 4. Revela-se descabível pretender indenizar na

2.1.1. Integridade

No caso concreto analisado no presente trabalho (invasores de faixa de domínio), a aplicação de forma indiscriminada gera graves problemas,[52] tanto no que tange à hermenêutica jurídica, quanto com relação à Análise Econômica do Direito, conforme será demonstrado a seguir.

Acaba que o voluntarismo judicial praticado pelos Tribunais, no momento em que não se cria uma escala de decisões coesas e uniformizadas sobre determinadas matérias, deixando apenas ao "decisionismo" judicial a "solução" ao caso concreto.

Tal problemática tem como raiz a utilização da moral pelos julgadores na hora da fundamentação de suas decisões.[53]

Na cultura norte-americana, os originalistas[54] defendem que o método histórico de interpretação[55] é, mais do que todas as outras abor-

---

espécie, porquanto, sendo as faixas de domínio e não edificante em rodovia federal bens público, foge à lógica a Administração Pública ser condenada a indenizar a indenizar os moradores, mesmo a título de benfeitorias realizadas, sobre propriedade de que é titular, onde a construção demonstrou-se ser irregular. Ainda que se cogitasse na espécie de desapropriação indireta, tal pretensão material haveria de ser veiculada em ação própria e não nos estreitos limites de cognição da presente demanda de demolição. 5. O réu ocupa parcialmente terreno de propriedade da União Federal – faixas de domínio e não edificante –, o qual, no passado, já fora objeto de desapropriação, que resultou no pagamento da devida indenização à época, o que constitui óbice a novo pleito indenizatório, sob pena de penalizar duplamente aquele entefederativo.6. Apelações desprovidas. BRASIL. Tribunal Regional Federal (2. Região). *Apelação cível nº0045980-25.2015.4.02.5117*. Apelante: Autopista Fluminense S.A. e outro. Apelado: Maicon Jhonny Teixeira Cardoso. Desembargador Federal Guilherme Calmon Nogueirada Gama. 6ª Turma Especializada. Julgado em: 03 de agosto de 2017. Disponível em: <http://portal.trf2.jus.br/portal/consulta/resconsproc.asp>. Acesso em: 06 abr. 2018.

[52] A problemática específica sobre os invasores das faixas de domínio e o papel do DNIT já foi analisado em artigo científico específico sobre o tema. Ver LIMBERGER, Têmis; GIANNAKOS, Demétrio Beck da Silva. A modalidade das audiências de conciliação como forma eficiente de solucionar os conflitos das ações de desapropriação. *Juris Plenum Direito Administrativo*, Caxias do Sul, ano 5, n. 17, mar. 2018.

[53] Tal problemática sobre a utilização da moral pelos julgadores em suas decisões é debatida, mais especificamente, por Ronald Dworkin, na seguinte obra: DWORKIN, Ronald. *A justiça de toga*. Tradução Jefferson Luiz Camargo. São Paulo: WMF Martins Fontes, 2010.

[54] São denominados "originalistas" àquela primeira geração de juízes que pretende preservar o significado original da Constituição. Estes esperam que os juízes conferissem às palavras do texto o sentido que aqueles que as escreveram e consentiram em ser governados por elas entendiam que elas tinham. Seria a Constituição como um contrato social.

[55] Michele Taruffo, ao analisar a possibilidade de falha na interpretação judicial, dispõe o seguinte: "Na realidade, um processo "garantístico", em que, a saber, as partes tenham podido desenvolver adequadamente todas as suas defesas, pode bem produzir decisões substancialmente injustas, como a experiência mostra quotidianamente, porque o juiz erra ao interpretar ou aplicar a lei ou porque se verificam erros na averiguação dos fatos, ou por uma variedade de outras razões". (TARUFFO, Michele. Verdade Negociada? *Revista Eletrônica de Direito Processual – REDP*. Volume XIII, Periódicos de Pós-Graduação *Stricto Sensu* em Direito Processual da UERJ. p. 634-657. p, 640).

dagens, capaz de restringir o arbítrio judicial e impugnar qualquer tentação que um juiz possa ter de decidir as causas com base em seus próprios valores. A regra de ouro da interpretação originalista é que se um juiz não pode encontrar na Constituição nada que limite o que a maioria democraticamente eleita pode fazer, deve manter-se à parte e deixar que a vontade do povo prevaleça.[56] No entanto, tal posicionamento, mesmo nos EUA, é minoritário.[57]

No Brasil, passou-se a ter a cultura de que, apenas com a intensificação da atividade jurisdicional, potencializada a ponto de que seja necessário inclusive um ativismo judicial,[58] seria necessário para a concretização de direitos. Em síntese, acabou se criando um imaginário jurídico no qual o direito brasileiro fez-se dependente das decisões judiciais, ou melhor, das definições judiciais acerca das questões mais relevantes da sociedade.[59] O Judiciário passou a ser etapa necessária e indispensável para o cumprimento do texto constitucional.[60] [61]

---

[56] BEATTY, David M. *A essência do Estado de direito*. Tradução de Ana Aguiar Cotrim. São Paulo: WMS Martins Fontes, 2014. p. 09-14.

[57] O próprio autor, ao dissertar sobre a falha do originalismo, afirma o seguinte: "O problema do originalismo é que, por melhor que pareça na teoria, na prática ele não pode satisfazer os critérios que estabelece para si mesmo. Orientar os juízes a que resolvam os pontos críticos dos conflitos sociais de suas comunidades tendo por pano de fundo o entendimento das pessoas que viveram há duzentos anos acaba por deixa-los livres para optar por qualquer dos lados de um caso, conforme a consciência lhes indicar o que é certo. Na verdade, não há no originalismo nenhuma neutralidade na derivação, na definição ou mesmo na aplicação da lei". BEATTY, David M. *A essência do Estado de direito*. Tradução de Ana Aguiar Cotrim. São Paulo: WMS Martins Fontes, 2014. p. 15-16.

[58] Georges Abboud e Guilherme Lunelli, ao dissertarem sobre o ativismo judicial, mencionaram o seguinte: "A ideia de ativismo judicial encontra suas raízes no direito estadunidense, relacionando-se as dificuldades hermenêuticas na interpretação e a aplicação da Constituição Americana, sabidamente sintética e abstrata". (ABBOUD, Georges; LUNELLI, Guilherme. Ativismo judicial e instrumentalidade do processo. *Revista de Processo*, São Paulo, v. 242, p. 21, abr. 2015). Da mesma forma, os autores prosseguem com o tema: "E é nesse ponto que desponta o problema da discricionariedade, das convicções pessoais e, por consequência, do ativismo judicial: pode o sentido do texto constitucional (ou mesmo das leis) resumir-se a um mero juízo de conveniência do julgador? Será que o sentido dos textos está à disposição do interprete, para que este "pince" – ou mesmo crie – aquele que, a depender de suas convicções ideológicas, mais lhe agrade? [...] Não por outra razão, a compreensão do ativismo judicial sempre nos remete a discussões sobre a normal e adequada função/atuação dos juízes. Quando falamos em ativismo, obrigatoriamente, falamos em extrapolação de limites na atividade judicante." ABBOUD, Georges; LUNELLI, Guilherme. Ativismo judicial e instrumentalidade do processo. *Revista de Processo*, São Paulo, v. 242, p. 24, abr. 2015.

[59] TASSINARI, Clarissa. *Jurisdição e ativismo judicial*: limites da atuação do judiciário. Porto Alegre: Livraria do Advogado, 2013. p. 26.

[60] Idem.

[61] Há autores, no entanto, que possuem uma perspectiva diversa sobre o papel do Poder Judiciário nas soluções dos conflitos, tendo, inclusive, o processo como representante da própria democracia. Nesse sentido, Darci Guimarães Ribeiro dispõe da seguinte forma: "[...] deve o Estado proporcionar que a, elemento essencial da democracia, seja exercida em sua mais ampla plenitude. Contudo, cidadania cabe ao próprio cidadão ativo pressionar as instituições para concretizar seus interesses. Nessa perspectiva, surge o juiz como ator determinante na efetiva criação do direito e

A atuação ativista do Judiciário, no momento em que foi apresentada como solução, inevitavelmente incentivou um grande número de ações judiciais em todo o país causando, assim, a grande diversidade de decisões prolatadas por diferentes juízos sobre a mesma matéria jurídica.

Lenio Streck critica fortemente a doutrina e a jurisprudência que insistem na tese de que o "produto" desse processo hermenêutico "deve ficar a cargo da convicção do juiz", fenômeno que aparece sob o álibi da arbitrariedade. É como se a Constituição permitisse que ela mesma fosse "complementada" por qualquer aplicador, à revelia do processo legislativo regulamentar.[62]

O Novo Código de Processo Civil, desde o seu anteprojeto, já tinha como objetivo criar estímulos para que a jurisprudência se uniformizasse e se estabilizasse, a pretexto de concretizar plenamente os princípios da legalidade e da isonomia.[63]

Na tentativa de solucionar a falta de parâmetros utilizados pelo Poder Judiciário na sua tomada de decisões, o estudo sobre a uniformização da jurisprudência se faz importante, especialmente pelo que dispõe os artigos 926 do CPC.

Para Dworkin, o direito como integridade, as proposições jurídicas são verdadeiras se constam, ou se derivam, dos princípios de justiça,

---

na solução das legítimas pretensões sociais, de sorte que a própria democracia se realiza quando resolvido o caso apresentado ao Poder Judiciário." (RIBEIRO, Darci Guimarães. *Da tutela jurisdicional às formas de tutela*. Porto Alegre: Livraria do Advogado, 2010. p. 96). Mauro Cappelletti, por sua vez, defende assim um papel mais criativo do juiz: "Encontra-se implícito, em outras palavras, o reconhecimento de que na interpretação judiciária do direito legislativo está ínsito certo grau de criatividade. O ponto, de resto, tornou-se explícito pelo próprio Barwick quando escreve que ainda a melhor arte de redação das leis, e mesmo o uso da mais simples e precisa linguagem legislativa, sempre deixam, de qualquer modo, lacunas que devem ser preenchidas pelo juiz e sempre permitem ambiguidades e incertezas que, em última análise, devem ser resolvidas na via judiciária". (CAPPELLETTI, Mauro. *Juízes legisladores?* Tradução de Carlos Alberto Alvaro de Oliveira. Porto Alegre: Sergio Antonio Fabris, 1999. p. 20-21). O mesmo autor, em determinado momento, faz uma ressalva a este poder criativo do juiz: "Discricionariedade não quer dizer necessariamente arbitrariedade, e o juiz, embora inevitavelmente criador do direito, não é necessariamente um criador completamente livre de vínculos. Na verdade, todo sistema jurídico civilizado procurou estabelecer e aplicar certos limites à liberdade judicial, tanto processuais quanto substanciais". CAPPELLETTI, Mauro. *Juízes legisladores?* Tradução de Carlos Alberto Alvaro de Oliveira. Porto Alegre: Sérgio Antonio Fabris, 1999. p. 23-24.

[62] STRECK, Lenio Luiz. *O que é isso*: decido conforme a minha consciência? 4. ed. Porto Alegre: Livraria do Advogado, 2013. p. 48.

[63] MOTTA, Francisco José Borges; RAMIRES, Maurício. O novo código de processo civil e a decisão jurídica democrática: como e por que aplicar precedentes com coerência e integridade? In: STRECK, Lenio Luiz ALVIM, Eduardo Arruda; SALOMÃO, George (Coord.). *Hermenêutica e jurisprudência no código de processo civil*: coerência e integridade. 2. ed. São Paulo: Saraiva Educação, 2018. p. 88.

equidade e devido processo legal que oferece a melhor interpretação construtiva da prática jurídica da comunidade.[64]

O direito como integridade, portanto, começa no presente e só se volta para o passado na medida em que seu enfoque contemporâneo assim o determine. Não pretende recuperar, mesmo para o direito atual, os ideais ou objetivos práticos dos políticos que primeiro o criaram. Pretende, sim, justificar o que eles fizeram em uma longa história geral digna de ser contada aqui, uma história que traz consigo uma afirmação complexa: a de que a prática atual pode ser organizada e justificada por princípios suficientemente atraentes para oferecer um futuro honrado. O direito como integridade deplora o mecanismo do antigo ponto de vista de que "lei é lei", bem como o cinismo do novo "realismo". Considera esses dois pontos de vista como enraizados na mesma falsa dicotomia entre encontrar e inventar a lei. Quando um juiz declara que um determinado princípio está imbuído no direito, sua opinião não reflete uma afirmação ingênua sobre os motivos dos estadistas do passado, uma afirmação que um bom cínico poderia refutar facilmente, mas sim uma proposta interpretativa: o princípio se ajusta a alguma parte complexa da prática jurídica e a justifica; oferece uma maneira atraente de ver, na estrutura dessa prática, a coerência de princípio que a integridade requer.[65]

Dworkin, nesse sentido, quando relaciona a integridade judicial com a literatura (autor em cadeia), afirma que o trabalho do juiz é, sabendo que outros juízes já decidiram casos semelhantes ao seu, deve considerar as decisões deles como parte de uma longa história que ele tem que interpretar e continuar, de acordo com as suas opiniões sobre o melhor andamento a ser dado à história em questão.[66] A partir dessa concepção, o autor cria o denominado juiz Hércules.[67] Streck, nesse ponto, esclarece o fato de que o juiz Hércules não seria um juiz solipsista.[68]

A reconstrução principiológica do direito é o que torna possível a existência de respostas corretas/adequadas. Contudo, essa aplicação do princípio não se exaure em si mesma. De nada adianta reivindicar a existência do princípio se, no momento de sua aplicação, pudesse haver atividade *ad hoc* do Judiciário ao julgar os casos a ele trazidos.

---

[64] DWORKIN, Ronald. *O império do direito*. Tradução Jefferson Luiz Camargo. São Paulo: Martins Fontes, 1999. p. 272.

[65] Ibid., p. 274.

[66] Ibid., p. 286.

[67] Ibid., p. 287.

[68] STRECK, Lenio Luiz. Um ensayo sobre el problema de la discrecionalidad y la mala comprensión de los precedentes judiciales. *Revista Prolegómenos. Derecho y Valores*, [S.l.], v. 18, n. 35, p. 76, enero/jun. 2015.

Decidir conforme princípios não significa afirmar a ideologia do caso concreto.[69]

De fato, a resolução do caso deve situar-se no contexto do direito como integridade, levando-se em consideração a totalidade do direito para que haja a resolução do caso. A simples arbitrariedade extrapola essa condição, permitindo, através da própria arbitrariedade, a decisão conforme o entendimento do legislador, que por vezes poderá afastar-se da integridade do direito.[70]

A integridade é uma exigência da moralidade política de um Estado que deva garantir, às pessoas sob seu domínio, igual consideração e respeito; neste sentido, a coerência de princípios pela integridade assegurada é uma condição de legitimidade da coerção oficial, uma questão de autoridade moral das decisões coletivas.[71]

2.1.2. Coerência

Ruppert Cross e J. W. Harris já dissertam o seguinte: "É um princípio básico da administração da justiça o de que os casos devem ser decididos de maneira similar".[72]

David M. O'Brian, ao discorrer sobre a importância dos precedentes, afirma o seguinte:

> The importance of precedente ostensibly resides in its instrumental values – values both internal and external to courts. The internal value of precedente, arguably, lies in promoting non-arbitrary judicial decision making. [...] Judges and scholars more often praise the external values or reliance on precedent for promoting certainty, stability, and predictability in the law, as well as the legitimacy of judicial rulings.[73]

O CPC/2015 trouxe a ideia dos "precedentes".[74] Hermes Zaneti Jr. já ressalta sobre a necessidade de percepção e conhecimento dos precedentes por parte do intérprete: "Compreender os precedentes exige a percepção pelo intérprete de que estes são a solução mais racional, que

---

[69] MOTTA, Cristina Reindolff da. *A motivação das decisões cíveis*: como condição de possibilidade para resposta correta/adequada. Porto Alegre: Livraria do Advogado, 2012. p. 92.
[70] Idem.
[71] MOTTA, Francisco José Borges. *Ronald Dworkin e a construção de uma teoria hermeneuticamente adequada da decisão jurídica democrática*. 2014. f. 235. Tese (doutorado em Direito) -- Universidade do Vale do Rio dos Sinos, São Leopoldo, 2014.
[72] CROSS, Ruppert; HARRIS, J. W. *Precedent in English Law*. New York: Oxford University Press, 1991, p. 03.
[73] O'BRIAN, David M. Precedent and Courts. In: *Precedentes judiciais*: diálogos transnacionais. Marco Félix Jobim, Ingo W. Sarlet (org.). Florianópolis: Tirant lo Blanch, 2018, p. 27.
[74] Por mais que essa nomenclatura não seja unânime entre os autores.

o comportamento dos juízes e tribunais deve ser adequado a esta racionalidade e que devem ser compreendidos como vinculantes".[75]

Lenio Luiz Streck, analisando a criação do referido artigo 926 do NCPC, doutrina no sentido de que, a partir da entrada em vigor do referido Código, exige-se dos Tribunais "coerência e integralidade" da jurisprudência. Isto é, de modo simples e direto: em casos semelhantes, deve-se proporcionar a garantia da isonômica aplicação principiológica.[76]

Da mesma forma, dispõe que haverá coerência se os mesmos preceitos e princípios[77] que foram aplicados nas decisões o forem para os casos idênticos; mais do que isso, estará assegurada integralidade do direito a partir da força normativa da Constituição. A coerência assegura a igualdade, isto é, que os diversos casos terão a igual consideração por parte do Poder Judiciário.[78]

A integridade exige que os juízes construam seus argumentos de forma coerente ao conjunto de direitos, constituindo uma garantia contra a arbitrariedade interpretativa; coloca efetivos freios às atitudes solipsistas-voluntaristas. A integridade é antiética ao voluntarismo, do ativismo[79] e da discricionariedade.[80]

---

[75] ZANETI JR, Hermes. O modelo dos precedentes no código de processo civil brasileiro. In: *Precedentes judiciais*: diálogos transnacionais / organização Marco Félix Jobim, Ingo W. Sarlet. Florianópolis: Tirant lo Blanch, 2018, p. 106.

[76] STRECK, Lenio Luiz. *Constituição, sistemas sociais e hermenêutica*: anuário do programa de Pós-Graduação em Direito da UNISINOS. Porto Alegre: Livraria do Advogado; São Leopoldo: UNISINOS, 2014. p. 158.

[77] Para o Professor Lenio Streck, a função dos princípios seria a seguinte: "Por intermédio dos princípios é que se torna possível sustentar a existência de respostas adequadas (corretas para o caso concreto). Portanto, a resposta dada através dos princípios é um problema hermenêutico (compreensão), e não analítico-procedimental (fundamentação). A presença dos princípios na resolução dos assim denominados 'casos difíceis' – embora a evidente inadequação da distinção entre easy e hard cases – tem o condão exatamente de evitar a discricionariedade/arbitrariedade judicial. A resposta não provém de um discurso adjudicador (de fora); ela provém de uma cooriginariedade". STRECK, Lenio Luiz. *Verdade e consenso*. 3. ed. Rio de Janeiro: Lumen Juris, 2009. p. 171.

[78] STRECK, Lenio Luiz. *Constituição, sistemas sociais e hermenêutica*: anuário do programa de Pós-Graduação em Direito da UNISINOS. Porto Alegre: Livraria do Advogado; São Leopoldo: UNISINOS, 2014. p. 158.

[79] Nas palavras de Clarissa Tassinari, ao analisar, brevemente, a origem do debate sobre ativismo judicial: "1988. Brasil. Ápice do denominado processo de redemocratização que rompeu com o período ditatorial no país, é promulgada a Constituição Federal na República Brasileira. O texto constitucional apresenta um numeroso rol de direitos (especialmente de cunho social) garantidos aos cidadãos. Reunindo a forma de controle de constitucionalidade inaugurada por Ruy Barbosa quando da fundação da República (em 1890) com o modelo implantado pela Emenda Constitucional n. 16/65, é prevista, textualmente, a possibilidade de revisão judicial dos atos dos demais Poderes, assumindo o Supremo Tribunal Federal a função de zelar pelo cumprimento da Constituição. A partir disso, começam os primeiros debates sobre ativismo judicial no país". TASSINARI, Clarissa. *Jurisdição e ativismo judicial*: limites da atuação do judiciário. Porto Alegre: Livraria do Advogado, 2013. p. 23-24.

[80] STRECK, Lenio Luiz. *Constituição, sistemas sociais e hermenêutica*: anuário do programa de Pós-Graduação em Direito da UNISINOS. Porto Alegre: Livraria do Advogado; São Leopoldo: UNISINOS, 2014. p. 159.

Dito de outro modo, enquanto a coerência significa dizer que, em casos semelhantes, deve-se proporcionar a garantia da isonomia dos princípios subjacentes nesta cadeia, a integridade exige que os juízes construam seus argumentos de forma a manifestar um direito íntegro, e não algo fragmentado, como um aglomerado de decisões que refletem apenas perspectivas individuais. Trata-se de uma garantia contra as arbitrariedades interpretativas. A integridade é uma forma de virtude política que significa rechaçar a tentação da arbitrariedade.[81]

Desta forma, princípios não são "cláusulas abertas" e, da mesma forma, possuem como finalidade impedir "múltiplas respostas" sobre determinado evento. Assim, a admissão da arbitrariedade judicial e do decisionismo é o próprio paradigma positivista que o constitucionalismo do Estado Democrático, por sua vez, procura superar.[82]

Neste ambiente, coerência e integridade manifestam-se como elementos de igualdade. No caso específico da decisão judicial, isso significa que os diversos casos serão julgados com igual consideração. Analiticamente, pode-se dizer que: a) coerência liga-se à consistência lógica que o julgamento de casos semelhantes deve guardar entre si; e b) integridade é a exigência de que os juízes construam seus argumentos de forma integrada ao conjunto do Direito, numa perspectiva de ajuste de substância. A integridade traz em si um aspecto mais valorativo/moral enquanto a coerência seria um *modus operandi*, a forma de alcançá-la.[83]

A Constituição passa a ser, em toda a sua substancialidade, o ápice hermenêutico que ditará o horizonte da interpretação do restante do sistema jurídico.[84] É claro que, dentro do sistema jurídico, está a construção jurisprudencial e a necessidade, assim, de uniformizar a jurisprudência.

2.1.3. Hermenêutica jurídica como ponto de fusão da integridade e da coerência

A hermenêutica jurídica é, em nosso ordenamento jurídico, a responsável pela unificação da integridade e a coerência. A partir disso,

---

[81] STRECK, Lenio Luiz. *Constituição, sistemas sociais e hermenêutica*: anuário do programa de Pós-Graduação em Direito da UNISINOS. Porto Alegre: Livraria do Advogado; São Leopoldo: UNISINOS, 2014. p. 159.

[82] STRECK, Lenio Luiz. *Verdade e consenso*. 6. ed. São Paulo: Saraiva, 2017. p. 255-256.

[83] STRECK, Lenio Luiz. *Dicionário de hermenêutica*: quarenta temas fundamentais da teoria do direito à luz da crítica hermenêutica do direito. Belo Horizonte: Letramento: Casa do Direito, 2017. p. 34.

[84] STRECK, Lenio Luiz. *Hermenêutica jurídica e(m) crise*: uma exploração hermenêutica da construção do direito. 11. ed. Porto Alegre: Livraria do Advogado, 2014. p. 345.

na criação do Código de Processo Civil de 2015, a doutrina especializada insistiu pela inserção do artigo 926 do CPC como forma de exigir do julgador a coerência e a integridade.

Tal dispositivo criado no Novo CPC tem como objetivo combater a discricionariedade[85]/ativismo judicial que transforma juízes em legisladores. Para Lenio Streck, tal poder discricionário propicia a criação do próprio objeto de conhecimento. Ou seja, a razão humana passa a ser a "fonte iluminadora" do significado de tudo o que pode ser enunciado sobre a realidade.[86]

O mesmo autor ainda disserta exigir coerência e integridade. Quer dizer que o aplicador não pode se esquivar hermeneuticamente da causa ou do recurso, afirmando "seguindo minha consciência, decido de outro modo". O julgador não poderá utilizar-se de argumentos que não estejam coerentemente sustentados, o que inclui, como ponto de partida, uma autovinculação com aquilo que antes se decidiu.[87]

Lenio Streck continua dissertando sobre o tema:

> De todo o modo, vale a pergunta: qual seria a validade (ou o sentido) de uma hermenêutica jurídica que admitisse qualquer resposta, enfim, de uma hermenêutica que admitisse, como Kelsen, que a interpretação judicial é um ato de vontade? Qual seria a utilidade de uma hermenêutica que admitisse até mesmo múltiplas respostas para um mesmo caso concreto? Qual seria a razão de ser uma teoria hermenêutica que admitisse que o direito é aquilo que o intérprete autorizado diz que é? Sem medo de errar, nada mais, nada menos, a vontade do poder. E, em consequência, estar-se-ia a admitir um grau zero na significação e, consequentemente, um constante estado de exceção hermenêutico. A hermenêutica seria, pois, pré-linguística. Mas, já então, não seria mais hermenêutica! Por isso, a necessidade de existir respostas corretas em Direito.[88]

Neste sentido, pode-se dizer que no Novo CPC não há espaço para decisões personalistas com que estivesse criando o direito a partir

---

[85] Diferentemente do que aduz Lenio Luiz Streck, entende-se que a discricionariedade é inerente ao juiz, tendo em vista que a norma jurídica é sempre interpretada. Paulo Trindade Santos, nesse sentido, dispõe o seguinte: "Desvendado o conceito de discricionariedade, viu-se que a norma jurídica é sempre interpretada, não se tratando a discricionariedade de uma mera metodologia. Por sempre haver interpretação, podemos dizer que a discricionariedade ocasiona a flexibilização da congruência processual, pois modifica o objeto do processo. [...] A arbitrariedade, por sua vez, é compreendida tradicionalmente em seu sentido negativo frente ao Judiciário, como ausência de motivação e de suporte legal na decisão". (SANTOS, Paulo Trindade. *Filosofia do Direito Processual*: fenômeno conflitológico de interesses como gênese do Direito. Tese Doutorado. Unisinos, PPGD, São Leopoldo, RS, 2018, p. 693).

[86] STRECK, Lenio Luiz. *O que é isto – decido conforme a minha consciência?* 4. ed. Porto Alegre: Livraria do Advogado, 2013. p. 95-96.

[87] STRECK, Lenio Luiz. *Constituição, sistemas sociais e hermenêutica*: anuário do programa de Pós-Graduação em Direito da UNISINOS. Porto Alegre: Livraria do Advogado; São Leopoldo: UNISINOS, 2014. p. 160.

[88] STRECK, Lenio Luiz. *Hermenêutica jurídica e(m) crise*: uma exploração hermenêutica da construção do direito. 11. ed. Porto Alegre: Livraria do Advogado, 2014. p. 429.

de um grau zero. Estamos livres do convencimento. Seja do ponto de vista normativo, seja do ponto de vista performativo, o "livre convencimento"[89] não é o mesmo que decisão fundamentada. Isso porque da perspectiva normativa do princípio que exige a fundamentação das decisões, o juiz não tem a opção para se convencer por qualquer motivo, uma espécie de discricionariedade em sentido fraco que seja, mas deve explicar com base em que razões, que devem ser sustentáveis, o porquê ele decidiu desta ou não daquela maneira. Certamente que nenhuma decisão se dá no vácuo, mas num contexto histórico-institucional. Todavia, na sua fundamentação, o juiz deve posicionar-se explicitamente em relação a este contexto institucional.[90]

A segurança jurídica e a proteção da confiança e da isonomia somente fazem sentido se as decisões obedecerem à coerência e à integridade. Ou seja: sem atentar para a integridade, por exemplo, a principiologia e a Constituição poderiam ser violadas, mesmo preservando a isonomia ou a confiança. Uma cadeia sucessiva de erros somente é contida com o apelo à integridade que deverá ser coerentemente (re)construída por intermédio de uma explícita fundamentação.[91] [92]

Decidir em coerência e integridade é um dever, e não uma opção ou escolha: o direito não aconselha meramente os juízes e outras autoridades sobre as decisões que devem tomar; diferentemente, determina que eles têm um dever de reconhecer e fazer vigorar certos padrões.[93]

No momento em que determinada decisão for proferida em sentido favorável ou contrário a determinado indivíduo, ela deverá

---

[89] Para Rodolfo Wild, o princípio do livre convencimento é característica de um modelo no qual o juiz é o protagonista que exerce amplos poderes ativos na estrutura processual. No CPC/2015, o artigo 371 teve modificações, atenuando o livre convencimento do juiz. WILD, Rodolfo. *O princípio do livre convencimento no CPC/2015*. Porto Alegre: Livraria do Advogado, 2018. p. 122-130.

[90] STRECK, Lenio Luiz. *Constituição, sistemas sociais e hermenêutica*: anuário do programa de Pós-Graduação em Direito da UNISINOS. Porto Alegre: Livraria do Advogado; São Leopoldo: UNISINOS, 2014. p. 160.

[91] Ibid., p. 163.

[92] Com relação ao dever de fundamentação, Piero Calamandrei dissertou sobre o assunto: "A motivação, na maior parte dos casos, reflete, mais que um estudo prévio realizado pelo juiz para decidir corretamente, um exame de consciência sucessivo, realizado pelo juiz para persuadir-se de haver bem julgado. A motivação é uma comprovação lógica para controlar, à luz da razão, a bondade de uma decisão resultante do sentimento. É a "racionalização" do sentido de justiça; é a demonstração, que o juiz que dar a si mesmo antes que às partes, da ratio scripta que convalida a descoberta do nascimento de sua intuição". CALAMANDREI, Piero. *Processo e democracia*: conferências realizadas na Faculdade de Direito da Universidade Nacional Autônoma do México. Tradução Mauro Fonseca Andrade – Porto Alegre: Livraria do Advogado, 2017. p. 72.

[93] DWORKIN, Ronald. *Levando os direitos a sério*. São Paulo: Martins Fontes, 2011. p. 78.

necessariamente ser proferida da mesma maneira para outros indivíduos que se encontrem na mesma situação.[94]

Por fim, com intuito de finalizar esta análise hermenêutica sobre o artigo 926 do CPC, fundamental trazer à baila trecho proferido por José Joaquim Calmon de Passos:

> Esquecemo-nos, nós, juristas, que não trabalhamos com assertivas controláveis mediante a contraprova empírica. Nosso saber só se legitima pela fundamentação racional (técnica, política e ética) de nossas conclusões. Porque impossível o controle experimental da correção do resultado, exige-se sua convincente fundamentação e compatibilidade sistêmica. Somos sempre produtores do direito que editamos ou aplicamos. Se não nos submetermos à disciplina de ciência do Direito e aos limites que o sistema jurídico positivo impõe, estaremos nos tornando criadores originais do direito que editamos ou aplicamos; consequentemente, nos deslegitimamos por nos atribuirmos o que numa democracia é inaceitável – a condição de deuses – ou nos tornarmos traidores de nosso compromisso democrático.[95]

É claro que o simples fato de que determinadas decisões são "coerentes", por si só, não é o suficiente. Elas podem, pois, ser coerentes no erro. Para evitar a utilização equivocada do artigo 926 do CPC, que, por sua vez, pode resultar em uma vasta escala de decisões "coerentes", mas erradas, exige-se, ainda, a integridade das decisões.

Para evitar tais equívocos, torna-se necessário, além de coerentes, que as decisões sejam íntegras. Como já analisado anteriormente, a integridade é a construção dos argumentos e fundamentação do juiz em consonância ao Direito.

Por isso que a fundamentação[96] das decisões possui papel fundamental. Nas palavras de Teresa Arruda Alvim Wambier:

> A exigência de que as decisões judiciais sejam fundamentadas, hoje em dia, responde a duas necessidades. Uma delas é prestar contas à sociedade, nos Estados de Direito. Esta necessidade absorve a possível subjetividade da decisão e é um meio de se evitar

---

[94] Michele Taruffo, ao dissertar sobre a necessidade de fundamentação das decisões, traz a possibilidade do Juízo julgar de forma diversa à jurisprudência, mas desde que dentro dos limites aceitáveis: "Em outros termos, pode ocorrer que o juiz escolha um dos significados da norma já consolidada (na doutrina ou na jurisprudência, ou em ambas), mas pode também acontecer que o juiz determine um significado 'novo' da norma se – entre os limites dos significados aceitáveis – este significado permitir aplicar aquela norma àquele fato". TARUFFO, Michele. *Ensaio sobre o processo civil*: escritos sobre processo e justiça civil. Organizador e revisor das traduções Darci Guimarães Ribeiro. Porto Alegre: Livraria do Advogado, 2017. p. 89.

[95] CALMON DE PASSOS. José Joaquim. *Revisitando o direito, o poder, a justiça e o processo*. Salvador: JusPodivm. 2013. p. 61.

[96] Paulo Trindade Santos, ao dissertar sobre diferença entre motivação e fundamentação, dispõe que a motivação seria decorrente da simples incidência da norma aos fatos, atrelado à estática do direito, enquanto a fundamentação judicial seria o reflexo de um espaço de dinamicidade processual e acaba rompendo com o rigorismo metodológico processual. (SANTOS, Paulo Trindade. *Filosofia do Direito Processual*: fenômeno conflitológico de interesses como gênese do Direito. Tese Doutorado. Unisinos, PPGD, São Leopoldo, RS, 2018, p. 31).

a arbitrariedade. A outra é técnica: possibilita-se que a decisão se recorre. No recurso, ataca-se justamente a fundamentação.[97]

A exigência de fundamentação das decisões judiciais representa um avanço civilizatório, no sentido de que ao órgão julgador não basta simplesmente proferir o resultado da decisão, mas também expor justificadamente as razões pelas quais se chegou àquele resultado. Efetivamente, a necessária fundamentação das decisões judiciais é condição intrínseca de um regime democrático participativo.[98] Fundamentar significa expor, lógica e coerentemente, as razões pelas quais determinada decisão foi proferida. Significa, pois, uma justificação. Deve-se ressaltar, porém, que ela não se apresenta como algo meramente formal na decisão judicial. Ela tem implicação substancial, ou seja, o juiz deve analisar as questões postas a seu julgamento, exteriorizando a base fundamental de sua decisão.[99]

Para Michele Taruffo, a função fundamental da decisão judicial consiste em resolver uma controvérsia segundo critérios legais e racionais controláveis, que tal função se realiza quando o juiz faz uma escolha entre diversas soluções hipoteticamente possíveis no conflito. Deve-se considerar que o juiz é obrigado a motivar, ou seja, a sua decisão, uma vez que dessa forma opera princípios constitucionais e normas processuais ordinárias e que, ao configurar este "discurso justificativo", o juiz constrói a sua narrativa relativa aos aspectos fáticos e jurídicos da decisão que tomou.[100]

A fundamentação (consequentemente também a integridade) possui papel tão importante que, determinado caso for diverso aos anteriormente analisados, só através da fundamentação passa a ser possível realizar a distinção entre ambos e, assim, consequentemente, não aplicar o que dispõe o artigo 926 do CPC.

Assim, diante do exposto até o presente momento, em uma perspectiva a partir da hermenêutica jurídica, justifica-se o dever do Poder Judiciário de uniformizar a jurisprudência a partir da coerência e integridade principiológica da Constituição.

---

[97] WAMBIER, Teresa Arruda Alvim. Peculiaridades da fundamentação das decisões judiciais no Brasil – a nova regra nem é assim tão nova... GUIMARÃES, Darci; DIDIER, Fredie RIBEIRO, Marco Félix JOBIM (Org.). *Desvendando o novo CPC*. Porto Alegre: Livraria do Advogado, 2015. p. 157.

[98] SILVA, Geocarlos Augusto Cavalcante da. Fundamentação como forma democrática de controle das decisões judiciais. *Revista de Processo*, São Paulo, v. 276, p. 26, fev. 2018.

[99] NERY JUNIOR, Nelson. *Princípios do processo na Constituição Federal*. 12. ed. São Paulo: Revista dos Tribunais, 2016. p. 327.

[100] TARUFFO, Michele. *Ensaios sobre o processo civil*: escritos sobre processo e justiça civil. Organizador e revisor das traduções Darci Guimarães Ribeiro. Porto Alegre: Livraria do Advogado, 2017. p. 101-102.

No próximo capítulo, fundamentar-se-ão, em uma perspectiva a partir da Análise Econômica do Direito, os benefícios econômicos de uma uniformização da jurisprudência.

2.1.4. A Lei nº 13.655, de 2018 (reforma da LINDB), como forma de coexistência entre a "Law and Economics" e a Crítica Hermenêutica do Direito

Recentemente, em promulgação da Lei nº 13.655, de 2018, foram acrescentados novos dispositivos legais na Lei de Introdução ao Direito Brasileiro (do artigo 20 ao 30), com intuito de aprimorar as decisões judiciais que envolvam a Administração Pública.

Desde o seu projeto, a presente lei já gerou alguns debates entre instituições do Poder Público, como o Ministério Público Federal, que expediu Ofício ao Presidente da República tecendo algumas críticas à lei.[101] Neste Ofício, a Procuradora-Geral da República demonstrou sua preocupação especialmente com os reflexos desta alteração na Lei de Improbidade Administrativa.[102]

A Consultoria Jurídica do Tribunal de Contas da União, por sua vez, questionou a validade e legalidade de alguns dispositivos da lei e a constitucionalidade de outros. O TCU vê no projeto tentativa de supressão de competências constitucionais do próprio Legislativo e das Cortes de Contas.[103]

Todavia, em parecer proferido por um grupo de dezesseis especialistas em Direito Público, foram apresentados argumentos que defendem a lei ora em vigor.[104] Afirmam que as mudanças ocorridas

---

[101] DODGE, Raquel Elias Ferreira. *Encaminha nota técnica conjunta nº 01/2018*. Brasília, DF, 13 abr. 2018. Disponível em: <https://www.conjur.com.br/dl/oficio-raquel-dodge-veto-pl-7448.pdf>. Acesso em: 27 jun. 2018.

[102] A Procuradora-Geral da República, em suas palavras, demonstrou a seguinte preocupação: "Acrescento que a alteração da Lei de Introdução ao Código Civil proposta neste Projeto de Lei afetará a adequada aplicação da Lei de Improbidade Administrativa, Lei 8.429/92, que representa importante instrumento jurídico na aplicação dos princípios constitucionais insertos no *caput* do artigo 37 da Constituição Federal, pois confere instrumentos jurídicos efetivos para que os entes legitimados adotem as medidas adequadas para evitar dano ao erário, para ressarcir dano já causado e buscar a devida punição do agente público responsável por atos de improbidade administrativa". DODGE, Raquel Elias Ferreira. *Encaminha nota técnica conjunta nº 01/2018*. Brasília, DF,13 abr. 2018. Disponível em: <https://www.conjur.com.br/dl/oficio-raquel-dodge-veto-pl-7448.pdf>. Acesso em: 27 jun. 2018.

[103] POMPEU, Ana. Polêmicas, mudanças na LINDB só aguardam análise presidencial. *Consultor Jurídico*, São Paulo, 15 abr. 2018. Disponível em: <https://www.conjur.com.br/2018-abr-15/polemicas-mudancas-lindb-aguardam-analise-presidencial>. Acesso em: 27 jun. 2018.

[104] MARQUES NETO, Floriano de Azevedo et al. Resposta aos comentários tecidos pela Consultoria Jurídica do TCU ao PL nº 7.448/2017. *Consultor Jurídico*, São Paulo, 2017. Disponível em: <https://www.conjur.com.br/dl/parecer-juristas-rebatem-criticas.pdf>. Acesso em: 27 jun. 2018.

permitem uma maior transparência e segurança jurídica à aplicação do direito público em nosso ordenamento jurídico.[105]

O artigo 20 da LINDB[106] é emblemático sobre o tema, necessitando a análise das consequências práticas da decisão judicial.

A partir da entrada em vigor da nova legislação, cabe ao Magistrado analisar e prever os prejuízos possíveis em sua tomada de decisão, como os reflexos práticos dessa decisão para as partes envolvidas no processo judicial.

Não sendo o bastante, o artigo 21 da LINDB[107] mantém o mesmo sentido demonstrado pelo seu artigo anterior, no sentido de indicar e expressar em sua decisão todas as consequências jurídicas e administrativas de sua decisão. Ou seja, deverá esclarecer todas as consequências da sua decisão para o erário público, seus servidores e, inclusive, para a população diretamente afetada àquele órgão.

O artigo 22, § 2º, da LINDB[108] dispõe sobre a necessidade de mensuração por parte do Juízo à aplicação da sanção no que diz respeito ao

---

[105] "Ao longo dos 4 anos em que tramitou pelo Congresso Nacional, o PL nº 7.448/2017 recebeu amplo apoio de economistas, juristas, administradores públicos e formadores de opinião dos mais variados matizes. A avaliação tem sido a de que o PL dá passo importante ao pretender transpor para norma geral parâmetros de interpretação e aplicação do direito público bastante consensuais, que na prática já vêm sendo observados e adotados no cotidiano das esferas administrativa, controladora e judicial, porém de forma fragmentada, assistemática. O diagnóstico generalizado tem sido o de que o PL, ao incorporar normas de direito público na LINDB, trará transparência e segurança jurídica à criação e aplicação do direito público no Brasil". MARQUES NETO, Floriano de Azevedo et al. Resposta aos comentários tecidos pela Consultoria Jurídica do TCU ao PL nº 7.448/2017. *Consultor Jurídico*, São Paulo, 2017. Disponível em: <https://www.conjur.com.br/dl/parecer-juristas-rebatem-criticas.pdf>. Acesso em: 27 jun. 2018.

[106] Art. 20. Nas esferas administrativa, controladora e judicial, não se decidirá com base em valores jurídicos abstratos sem que sejam consideradas as consequências práticas da decisão. BRASIL. *Decreto-lei nº 4.657, de 4 de setembro de 1942*. Lei de Introdução às normas do Direito Brasileiro. Disponível em: <http://www.planalto.gov.br/ccivil_03/decreto-lei/del4657compilado.htm>. Acesso em: 27 jun. 2018.

[107] Art. 21. A decisão que, nas esferas administrativa, controladora ou judicial, decretar a invalidação de ato, contrato, ajuste, processo ou norma administrativa deverá indicar de modo expresso suas consequências jurídicas e administrativas. Parágrafo único. A decisão a que se refere o *caput* deste artigo deverá, quando for o caso, indicar as condições para que a regularização ocorra de modo proporcional e equânime e sem prejuízo aos interesses gerais, não se podendo impor aos sujeitos atingidos ônus ou perdas que, em função das peculiaridades do caso, sejam anormais ou excessivos. BRASIL. *Decreto-lei nº 4.657, de 4 de setembro de 1942*. Lei de Introdução às normas do Direito Brasileiro. Disponível em: <http://www.planalto.gov.br/ccivil_03/decreto-lei/del-4657compilado.htm>. Acesso em: 27 jun. 2018.

[108] Art. 22. Na interpretação de normas sobre gestão pública, serão considerados os obstáculos e as dificuldades reais do gestor e as exigências das políticas públicas a seu cargo, sem prejuízo dos direitos dos administrados. § 1º Em decisão sobre regularidade de conduta ou validade de ato, contrato, ajuste, processo ou norma administrativa, serão consideradas as circunstâncias práticas que houverem imposto, limitado ou condicionado a ação do agente. § 2º Na aplicação de sanções, serão consideradas a natureza e a gravidade da infração cometida, os danos que dela provierem para a administração pública, as circunstâncias agravantes ou atenuantes e os antecedentes do agente. § 3º As sanções aplicadas ao agente serão levadas em conta na dosimetria das demais san-

ato praticado pelo cidadão. Neste ponto, os pareceristas enfatizaram de forma objetiva a necessidade das decisões estarem de acordo com a realidade do órgão objeto da ação.[109]

O artigo 28 da LINDB,[110] por fim, dispõe sobre a necessidade de comprovação de dolo ou erro grosseiro nas decisões ou opiniões técnicas tomadas pelo agente público.[111]

A partir da promulgação da lei que modificou a LINDB, alguns autores[112] debateram a possibilidade de tais alterações serem um exemplo de aplicação da AED na legislação brasileira.

Os artigos acrescidos na lei trariam um certo consequencialismo[113] jurídico (exigência dos órgãos judiciais de apresentar, em suas decisões, as consequências e ônus às partes envolvidas na demanda).

ções de mesma natureza e relativas ao mesmo fato. BRASIL. *Decreto-lei nº 4.657, de 4 de setembro de 1942.* Lei de Introdução às normas do Direito Brasileiro. Disponível em: <http://www.planalto.gov.br/ccivil_03/decreto-lei/del4657compilado.htm>. Acesso em: 27 jun. 2018.

[109] "A premissa é a de que as decisões na gestão pública não são tomadas em um mundo abstrato de sonhos, mas de forma concreta, para resolver problemas e necessidades reais. Mais do que isso, a norma em questão reconhece que os diversos órgãos de cada ente da Federação possuem realidades próprias que não podem ser ignoradas. A realidade de gestor da União evidentemente é distinta da realidade de gestor em um pequeno e remoto município. A gestão pública envolve especificidades que têm de ser consideradas pelo julgador para a produção de decisões justas, corretas. As condicionantes envolvem considerar (i) os obstáculos e a realidade fática do gestor, (ii) as políticas públicas acaso existentes e (iii) o direito dos administrados envolvidos. Seria pouco razoável admitir que as normas pudessem ser ignoradas ou lidas em descompasso com o contexto fático em que a gestão pública a ela submetida se insere". MARQUES NETO, Floriano de Azevedo et al. Resposta aos comentários tecidos pela Consultoria Jurídica do TCU ao PL nº 7.448/2017. *Consultor Jurídico*, São Paulo, 2017. Disponível em: <https://www.conjur.com.br/dl/parecer-juristas-rebatem-criticas.pdf>. Acesso em: 27 jun. 2018.

[110] Art. 28. O agente público responderá pessoalmente por suas decisões ou opiniões técnicas em caso de dolo ou erro grosseiro. BRASIL. *Decreto-lei nº 4.657, de 4 de setembro de 1942.* Lei de Introdução às normas do Direito Brasileiro. Disponível em: <http://www.planalto.gov.br/ccivil_03/decreto-lei/del4657compilado.htm>. Acesso em: 27 jun. 2018.

[111] Os pareceristas, neste caso, dispuseram o seguinte: "O objetivo do dispositivo é garantir a devida segurança para que o agente público possa desempenhar suas funções de forma adequada. Por isso determina que ele só responderá pessoalmente por suas decisões ou opiniões em caso de dolo ou erro grosseiro, o que inclui obviamente situações de negligência grave, imprudência grave ou imperícia grave". BRASIL. *Decreto-lei nº 4.657, de 4 de setembro de 1942.* Lei de Introdução às normas do Direito Brasileiro. Disponível em: <http://www.planalto.gov.br/ccivil_03/decreto-lei/del4657compilado.htmcc>. Acesso em: 27 jun. 2018.

[112] Os Professores Luciano Benetti Timm e Cristiano Carvalho, em colunas publicadas no site Jota, analisaram o tema: TIMM, Luciano Benetti. Direito e economia desmistificado. *Jota*, [S.l.], 11 set. 2018. Disponível em: <https://www.jota.info/opiniao-e-analise/colunas/coluna-da-abde/direito-e-economia-desmistificado-11092018>. Acesso em: 24 jun. 2018; CARVALHO, Cristiano. A nova lei de introdução é análise econômica do direito? *Jota*, [S.l.], 5 jun. 2018. Disponível em: <https://www.jota.info/opiniao-e-analise/colunas/coluna-da-abde/introducao-analise-economica-direito-05062018>. Acesso em: 24 jun. 2018.

[113] Nas palavras de Luis Fernando Schuartz, consequencialismo jurídico pode ser denominado como "qualquer programa teórico que se proponha a condicionar, ou qualquer atitude que condicione explícita ou implicitamente a adequação jurídica de uma determinada decisão judicante à valoração das consequências associadas à mesma e às suas alternativas". SCHUARTZ, Luis

Nas palavras de Luciano Benetti Timm:

> O consequencialismo não é estranho ao sistema jurídico. Nesse sentido, parece evidentemente pressupor um raciocínio consequencialista a aplicação dos artigos 20 e 21 da LINDB – que exigem a ponderação das consequências pelos órgãos judiciais que anulam determinado ato administrativa –, assim como consequencialista são os famosos princípios da economia processual e também de que não existe decretação de nulidade sem prejuízo. Ou mesmo pense-se na concessão de uma medida cautelar, em que se ponderam os danos da concessão ou não de uma decisão liminar para cada uma das partes envolvidas (autor e réu).

Cristiano Carvalho, por sua vez, analisou, em sua opinião, se as alterações feitas na Lei de Introdução são Análise Econômica do Direito:[114]

> Alguns poderiam alegar que a nova lei prestigia ou mesmo incorpora e positiva a Análise Econômica do Direito, uma vez que exige do decisor a análise das consequências. Trata-se, todavia, de uma concepção equivocada de AED. O utilitarismo é uma posição normativa, muitas vezes necessária em decisões que inevitavelmente implicam alocação de recursos. Decidir quem tem direito em um litígio implica alocar recursos, porém tal preocupação, ainda que importante, tampouco pode violar direitos individuais, o alicerce de todo Estado Democrático de Direito. A AED não é utilitarista,[115] mas sim consequencialista, o que significa avaliar, de forma neutra, todas as consequências possíveis advindas das escolhas dos decisores.[116]

Luis Fernando Schuartz prevê duas medidas do consequencialisto: i) forte; e o ii) fraco. O consequencialismo forte se configura quando determinada decisão X é correta somente se não se encontra, com relação a ela, alguma decisão alternativa a que se associem consequências preferíveis àquelas associadas a X. O consequencialismo fraco (este caracterizado no caso brasileiro pela alteração da LINDB) é aquela que se propõe a defender a valoração das consequências como elementos constitutivos da fundamentação da decisão judicial com peso no máximo igual ao peso conferido a argumentos não consequencialistas.[117]

Fernando. Consequencialismo jurídico, racionalidade decisória e malandragem. *Revista de Direito Administrativo*, Rio de Janeiro, v. 248, p. 130-158, maio 2008. Disponível em: <http:// biblioteca Zdigital.fgv.br/ojs/index.php/rda/article/view/41531>. Acesso em: 30 out. 2018.

[114] CARVALHO, Cristiano. Crítica à crítica de Lenio Streck sobre a AED. *Jota*, [S.l.], 11 jul. 2017. Disponível em: <https://jota.info/colunas/coluna-da-abde/critica-a-critica-de-lenio-streck-sobre-a-aed-01082017>. Acesso em: 24 nov. 2017.

[115] Neste ponto, conforme já demonstrado anteriormente, o próprio Richard Posner já afasto utilitarismo como forma de Análise Econômica do Direito.

[116] CARVALHO, Cristiano. A nova lei de introdução é análise econômica do direito? *Jota*, [S.l.], 5 jun. 2018. Disponível em: <https://www.jota.info/opiniao-e-analise/colunas/coluna-da-abde/introducao-analise-economica-direito-05062018>. Acesso em: 2 jul. 2018.

[117] SCHUARTZ, Luis Fernando. Consequencialismo jurídico, racionalidade decisória e malandragem. *Revista de Direito Administrativo*, Rio de Janeiro, v. 248, p. 130-158, maio 2008. Disponível em: <http:// biblioteca Zdigital.fgv.br/ojs/index.php/rda/article/view/41531>. Acesso em: 30 out. 2018.

É difícil afirmar se as alterações da LINDB são, efetivamente, AED. Todavia, é certo que a necessidade de fundamentação e mensuração das consequências das decisões, por certo, aumenta a responsabilidade dos julgadores e, assim, tende a melhorar a qualidade das mesmas.

Cristiano Carvalho, em seu texto já referido, traz uma preocupação, mesmo que não dito de forma expressa, com a possibilidade de que decisões consequencialistas sejam utilizadas de forma equivocada, podendo subtrair ou violar direitos fundamentais.[118] Para ajudar a combater o ativismo judicial, faz-se necessária uma análise mais ampla do que da mera AED, podendo-se fazer bom uso da Crítica Hermenêutica Jurídica.

Portanto, a forma como será feita a uniformização dessas decisões (utilizando a terminologia do artigo 926 do CPC) pode ser analisada de forma mais específica e profunda pela Crítica Hermenêutica Jurídica.

Conforme já analisado anteriormente, a CHJ, através do artigo 926 do CPC, exige do julgador dois requisitos fundamentais: coerência (necessidade de aplicar decisões iguais a casos análogos) e integridade (mesma aplicação principiológica aos casos resultando, assim, a igualdade/isonomia entre os casos).

Assim, mesmo que de forma breve (tendo em vista que o objeto do presente trabalho não é analisar, propriamente dita, a reforma da LINDB), em uma perspectiva a partir da hermenêutica jurídica, justifica-se o dever de o Poder Judiciário utilizar tanto dos benefícios trazidos pela AED, como da CHJ, para que, assim, crie contra incentivos ao ajuizamento de ações que, pela uniformização da jurisprudência, já possui precedente definido.

2.2. Análise econômica: pressupostos

A economia está em todo lugar. O debate econômico invade o senso comum, a política e os meios de comunicação. Todos acabam sendo

---

[118] "Esse tipo de racional decisório por um lado é positivo: acarreta maior responsabilidade aos julgadores. Por outro, é negativo: pode descambar para decisões que, por exemplo, protejam sempre o Estado, ou que descambem em um Utilitarismo grosseiro, violando direitos individuais. Em decisões tributárias, o perigo é que os julgadores decidam reiteradamente em favor do Fisco, alegando que, se o contribuinte ganhar a causa, isso pode levar a uma reação em cadeia que quebraria os cofres públicos". CARVALHO, Cristiano. A nova lei de introdução é análise econômica do direito? *Jota*, [S.l.], 5 jun. 2018. Disponível em: <https://www.jota.info/opiniao-e-analise/colunas/coluna-da-abde/ introducao-analise-economica-direito-05062018>. Acesso em: 2 jul. 2018.

um pouco economistas, num discurso, nem sempre aprofundado, sobre questões tidas como as mais importantes do país.[119]

Em todos os lugares do mundo, o conflito faz parte da vida quotidiana e, se Darwin estiver certo, as coisas sempre foram assim e sempre serão assim. Porém, se o conflito faz parte da condição humana, sua solução (ou, ao menos, o seu controle) é essencial para o progresso e avanço da sociedade.[120]

Calmon de Passos já analisava o fato de que política, economia e direito são indissociáveis, interagindo entre si, determinando uma realidade única: a da conveniência humana politicamente organizada. Ainda, já ressaltava sobre os aspectos econômicos do processo judicial.[121]

No mesmo sentido, o autor afirma que o que falta nos profissionais de Direito, no Século XXI, é a disposição de comprometimento interdisciplinar, análise crítica da realidade brasileira sociopolítico-econômica no contexto do chamado mundo globalizado.[122]

Julio Guilherme Müller, da mesma forma, sustenta que o processo civil não deve se fechar hermeticamente em sua própria disciplina. A ciência processual não pode fechar os olhos para a realidade e problemas atinentes à prestação jurisdicional, devendo trabalhar sobre hipóteses e buscar provar teses que possam verdadeiramente contribuir e ter alguma utilidade ou capacidade de minimamente melhorar o processo.[123] Este é o caso da Análise Econômica do Direito.[124]

Toda e qualquer inovação no campo do direito processual civil, sejam aquelas disruptivas – capazes de mudar toda a dinâmica social e jurídica de resolução de conflitos -, como aquelas mais simples – que

---

[119] CYRINO, André. Análise econômica da Constituição econômica e interpretação institucional. *Revista Estudos Institucionais*, Rio de Janeiro, v. 3, 2, p. 961, 2017.

[120] BEATTY, David M. *A essência do Estado de direito*. Tradução de Ana Aguiar Cotrim. São Paulo: WMS Martins Fontes, 2014. p. 1.

[121] PASSOS, José Joaquim Calmon de. Processo e democracia. GRINOVER, Ada Pellegrini; DINAMARCO, Cândido Rangel; WATANABE, Kazuo (Coord.). *Participação e processo*. São Paulo: Revista dos Tribunais, 1988. p. 87.

[122] PASSOS, José Joaquim Calmon de. *Revisitando o direito, o poder, a justiça e o processo*. Salvador: JusPodivm, 2013. p. 77.

[123] MÜLLER, Julio Guilherme. *Negócios processuais e desjudicialização da produção da prova*. São Paulo: Revista dos Tribunais, 2017. p. 321.

[124] A Análise Econômica do Direito pode ser aplicada em todas as áreas jurídicas, desde as iminentemente empresariais, como, por exemplo, as *Startups* (para compreender melhor sobre o tema, ver: PORTO, Éderson Garin. *Manual jurídico da startup*: como desenvolver projetos inovadores com segurança. Porto Alegre: Livraria do Advogado, 2018), até o direito de família (ver: FERREIRA, Cristiana Sanchez Gomes. *Análise econômica do divórcio*: contributos da economia ao direito de família. Porto Alegre: Livraria do Advogado, 2015).

melhoram a situação de alguém sem piorar a das outras –, justificam o empreendimento científico.[125]

Assim, o litígio e o processo judicial são fenômenos jurídicos que podem ser analisados não só jurídica, mas também economicamente.[126]

O objetivo do presente livro não é, de forma alguma, tentar fundamentar que a Análise Econômica do Direito e a hermenêutica jurídica são áreas de pesquisa próximas,[127] mas apenas demonstrar que, em determinadas situações, podem usufruir uma da outra para corroborar suas conclusões e fundamentações.

Com efeito, a doutrina especializada acentua que o movimento de Direito e Economia "é mais útil ao Direito, na medida em que oferece um instrumental teórico maduro que auxilia a compreensão dos fatos sociais e, principalmente, como os agentes sociais responderão a potenciais alterações em suas estruturas de incentivos".[128]

Neste, optou-se pela análise do artigo 926 do CPC, como forma de diminuição dos custos de transação.[129]

---

[125] MÜLLER, Julio Guilherme. *Negócios processuais e desjudicialização da produção da prova*. São Paulo: Revista dos Tribunais, 2017. p. 321.

[126] Ibid., p. 322.

[127] Como forma de demonstrar esta diferença básica entre ambas as áreas de estudo, importante trazer à baila trecho de obra escrita por Richard Posner: "O positivismo jurídico estrito e a livre interpretação constitucional representam os dois extremos na antiga controvérsia sobre a discricionariedade judicial. A teoria econômica, representa uma posição intermediária. De acordo com ela, os juízes exercem e devem exercer a discricionariedade. Esta, porém, deve seguir os ditames de uma teoria econômica aplicada ao direito: a chamada análise econômica do direito ou direito e economia. [...] Até agora, sugeri que a análise econômica seja usada para orientar a decisão judicial – para instruir os juízes quanto ao melhor modo de decidir causas cujo resultado não é determinado diretamente pelos textos da Constituição ou da legislação infraconstitucional, ou seja, causas situadas naquele campo aberto em que os juízes podem exercer sua discricionariedade". POSNER, Richard A. *A economia da justiça*. Tradução Evandro Ferreira e Silva. São Paulo: WMF Martins Fontes, 2010. p. 12-15.

[128] LUPION, Ricardo; FAGANELLO, Tiago. O movimento de direito e economia e a concretização dos direitos fundamentais. *Revista Jurídica Luso Brasileira*, Lisboa, ano 3, n. 3, p. 1032, 2017.

[129] O Ministro Luiz Fux e Bruno Bodart, em artigo escrito sobre o tema, analisaram a uniformização da jurisprudência a partir de uma perspectiva da Análise Econômica do Direito: "Sob a perspectiva da Análise Econômica do Direito, o respeito aos precedentes é extremamente valioso, seja porque elabora um arcabouço informativo destinado a diminuir a possibilidade de erros judiciários, reduzindo ônus ligados a limitações de tempo e de expertise dos aplicadores do direito, seja porque os agentes econômicos valorizam a segurança jurídica decorrente de um sistema de precedentes vinculantes. Ao passo que esses agentes são estimulados a se dedicarem a atividades mais produtivas quando seus direitos estão bem delineados e seguros, tem-se ainda o efeito desejável de redução do número de litígios. Tudo isso apenas é possível à medida que as decisões judiciais sejam motivadas em conformidade com o ordenamento jurídico, conferida primazia de incidência à jurisprudência já firmada em detrimento das impressões pessoais dos julgadores em casos subsequentes". FUX, Luiz; BRODART, Bruno. Notas sobre o princípio da motivação e a uniformização da jurisprudência no novo código de processo civil à luz da análise econômica do direito. *Revista de Processo*, Rio de Janeiro, v. 269, p. 421-432, jun. 2017

Mas, será que tal dispositivo jurídico, efetivamente, funcionará? E, ainda, será que se pode justificar a sua utilização e aplicação a partir da Análise Econômica do Direito?

Toda e qualquer ação judicial (ressalvadas as que tramitam com o benefício da assistência judiciária gratuita[130]) ajuizada em território brasileiro possui custas[131] judiciais a serem recolhidas pela parte autora, em seu ajuizamento, e pagas no final da ação pela parte sucumbente (regra da causalidade).[132] Não sendo o bastante, os litígios contenciosos trazem custos, além dos judiciais, extrajudiciais. Ainda antes do processo judicial, outros custos podem ser contabilizados, como reuniões e tentativas de conciliação promovidas entre os advogados. Não obstante, todas essas custosas atividades para evitar o litígio ou solucionar antes de ir ao Judiciário podem, mesmo assim, resultar em um conflito judicial.[133]

Utilizando como exemplo as ações ajuizadas pleiteando direitos à saúde, Luciano Timm já alertou que, no Brasil, provavelmente, gasta-se mais com o processo judicial (considerando que existem, em média, 700 mil processos desta natureza tramitando no Brasil) do que com o medicamento concedido.[134] Seja por qual motivo for, por ineficiência do Estado que não concede medicamentos que deveria aos necessitados, ou por criação judicial para além das obrigações que o orçamento público comportaria, o fato é que se está gastando muito dinheiro com disputas judiciais. E isso é irracional em um país em desenvolvimento.[135]

Diante disto, a uniformização da jurisprudência, como forma de incentivar a tomada de decisões corretas (por exemplo, o não ajuizamento de ação quando a jurisprudência for uníssona em sentido

---

[130] Para compreender melhor o tema, ver: GIANNAKOS, Angelo Maraninchi. *Assistência judiciária no direito brasileiro*. Porto Alegre: Livraria do Advogado, 2008.

[131] Nas palavras do próprio Antonio do Passo Cabral, "as custas correspondem às verbas vertidas aos cofres públicos pela prática de atos processuais conforme tabela legal ou regulamentação. Custas são tributos (taxas), representativos de remuneração por serviço público, em contrapartida da atividade de serventias cartorárias judiciais calculadas a partir do custo fixo que o Estado tem pela estruturação e pela manutenção das instalações judiciárias, bem assim como os vencimentos de magistrados e serventuários. Claro que as taxas não são suficientes para fazer frente a todo o gasto com o Judiciário e, para esses fins, utiliza-se o Estado também de receitas oriundas de impostos. Mas se compreende que as partes que efetivamente utilizam o Judiciário devem ser chamadas a contribuir especificamente por meio de taxas". CABRAL, Antonio do Passo. Convenções sobre os custos da litigância (i): admissibilidade, objeto e limites. *Revista de Processo*, Rio de Janeiro, v. 276, p. 61-62, fev. 2018.

[132] CABRAL, Antonio do Passo. Convenções sobre os custos da litigância (i): admissibilidade, objeto e limites. *Revista de Processo*, Rio de Janeiro, v. 276, p. 61-62, fev. 2018.

[133] Ibid., p. 65, fev. 2018.

[134] TIMM, Luciano Benetti. *Artigos e ensaios de direito e economia*. Rio de Janeiro: Lumen Juris, 2018. p. 107.

[135] Ibid., p. 108.

contrário ao pleito do autor), pode ser útil, necessária e, inclusive, poderá diminuir o número de ações no Poder Judiciário.

A segunda tradição central à disciplina de Direito e Economia, o realismo jurídico, surge nas faculdades de Direito norte-americanas e escandinavas na primeira metade do Século XX. O projeto acadêmico do realismo jurídico era estudar as leis como elas de fato funcionavam, em vez das leis conforme previstas nos Códigos e livros. Do realismo jurídico advém a tradição de aplicar as ciências sociais ao Direito, de modo a procurar entender as motivações dos diversos entes e indivíduos envolvidos na prestação jurisdicional e os fatores que de fato condicionam a formulação e aplicação do Direito.[136]

A economia, assim, serviria como forma de prever as consequências das diversas regras jurídicas. Trata-se de tentar identificar os prováveis efeitos das regras jurídicas sobre o comportamento dos atores sociais relevantes em cada caso. Busca-se modelar o comportamento humano de modo que seja possível ao profissional do Direito entender os prováveis efeitos que advirão como consequências das diferentes posturas legais.[137]

Luciano Benetti Timm, ao conceituar a AED, dispõe o seguinte:

> [...] pode-se então afirmar que o Direito e Economia ou (a AED) é um método de análise do Direito. Ela se vale de ferramentas da Ciência Econômica – fundamentalmente, mas não apenas, da Microeconomia – para explicar o Direito e resolver problemas jurídicos. Ou mais especificamente, para descrever o comportamento dos tomadores de decisão frente a dilemas jurídicos, bem como para proposição de uma regulação ou mesmo de interpretação de um princípio em um determinado caso.[138]

A Análise Econômica do Direito, usando conceitos de ciência econômica, atualiza uma racionalidade subjacente das normas jurídicas e os principais efeitos previsíveis de suas mudanças. Propõe leitura das regras jurídicas que as avalie pelos seus efeitos de estímulo e pelas mudanças de comportamento das pessoas em resposta aos mesmos.[139]

Nas palavras de Gabriel Doménech Pascual, "El AED consiste en estudiar –bien con una finalidad práctica, bien con una finalidad puramente cognoscitiva– las normas jurídicas aplicando los conocimientos y métodos proporcionados por la economía".[140]

---

[136] SALAMA, Bruno Meyerhof. *Direito e economia*: textos escolhidos. São Paulo: Saraiva, 2010. p. 13.

[137] Ibid., p. 19.

[138] TIMM, Luciano Benetti. Direito e economia desmistificado. *Jota*, [S.l.], 11 set. 2018. Disponível em: <https://www.jota.info/opiniao-e-analise/colunas/coluna-da-abde/direito-e-economia-desmistificado-11092018>. Acesso em: 23 out. 2018.

[139] FRIEDMAN, David D. *Law´s order*: what economics has to do with law and why it matters. Princeton: Princeton University Press, 2000. p. 11.

[140] PASCUAL, Gabriel Doménech. Por qué y cómo hacer análisis económico del derecho. *Revista de Administración Pública*. n° 195, Madrid, 2014, p. 99-133, p. 101.

Guido Alpa, por sua vez, ao dissertar sobre o assunto:

> El análisis económico del derecho hace referencia a una nueva metodología de estudio de los fenómenos jurídicos, que permite determinar la correspondência que exiite entre a exigência económica; y los instrumentos jurídicos, así como establecer el costo de los instrumentos jurídicos y los efectos jurídicos que inducen a determinar el comportamiento del mercado.[141]

A Economia é a ciência que estuda a gestão da escassez, a tomada de decisões humanas em situações em que os recursos possuem diversos usos alternativos e são escassos.[142]

Oferece elementos para julgamento mais esclarecido sobre as instituições jurídicas e das reformas propostas. É, por isso, ferramenta preciosa para o legislador, para o juiz e para a doutrina convidada a exercer a nobre missão de trazer à luz fundamentos do direito e mostrar os caminhos para a sua adaptação às novas realidades. Ao mesmo tempo oferece aos economistas uma ferramenta para compreender o direito.[143]

Um exemplo singelo demonstra a importância e interferência da economia no direito cotidiano. Quais são os efeitos do aborto? Para as pessoas com mais recursos econômicos, o aborto sempre foi e sempre será acessível e realizado em condições médicas seguras mediante o respectivo pagamento. No entanto, para os pobres, a única saída passa a ser utilizar meios e "profissionais" (muitas vezes denominadas "parteiras") que colocam em risco a vida da mulher. O efeito da proibição, então, não coibe a realização dos abortos, mas sim o acesso à saúde por parte das mulheres com menos condições financeiras, resultando, inclusive, um efeito discriminatório social.[144]

A partir dessa perspectiva, a Análise Econômica do Direito tem ganho muitos adeptos no Brasil nos últimos anos, aumentando, assim, o número de profissionais do ramo do direito e da economia que se dedicam a estudar e analisar o Poder Judiciário a partir de um viés econômico.[145]

---

[141] ALPA, Guido. La interpretación económica del derecho. *Revista de Derecho Themis*, n° 42, 2001, p. 300-314, p. 301.

[142] PASCUAL, Gabriel Doménech. Por qué y cómo hacer análisis económico del derecho. *Revista de Administración Pública*. n° 195, Madrid, 2014, p. 99-133, p. 102.

[143] MACKAAY, Ejan; ROUSSEAU, Stéphane. *Análise econômica do direito*. Tradução Rachel Sztajn. 2. ed. São Paulo: Atlas, 2015. p. 665.

[144] Ibid., p. 667.

[145] A Corte Suprema Argentina, por sua vez, também faz uso de dados econômicos e financeiros em suas decisões, conforme dispõe Jorge Reinaldo Vanossi: "No es superfluo rescatar que en innumerables sentencias, la Corte Suprema de Justicia de la nación ha hecho uso –en sus fundamentos– de líneas argumentales que han abarcado la debida ponderación de los datos provenientes de la situación económica y financiera reinante en cada momento histórico, sin incurrir por ello

Em 2015, o Superior Tribunal de Justiça, em decisão proferida pelo Ministro Luis Felipe Salomão,[146] utilizou a doutrina especializada no tema da Análise Econômica do Direito para demonstrar a importância institucional do contrato para o mercado, como forma de assegurar segurança à previsibilidade nas operações econômicas e sociais.

Da mesma forma, o Tribunal Regional Federal da Quarta Região, no ano de 2018, em decisão que analisava caso de lavagem de dinheiro, fundamentou sua decisão justamente analisando os incentivos que levam os agentes a manterem relações ilícitas.[147]

en exageraciones de ningún tipo. Tales fallos pudieron ser pasibles de crítica o discrepancia, en su tiempo y aún ahora, al cabo de muchos ciclos de evolución o involución económica, de crisis y estados emergenciales, de acudimiento a la protección de sectores sufrientes de fuerte riesgo, etc. El lenguaje ha variado según las circunstancias; lo que no impide reconocer un 'hilo conductor' que luce a través de expresiones tomadas del próprio articulado de la Constitución Nacional, de su Preámbulo enunciativo de fines permanentes, de doctrinas o jurisprudencia de otros tribunales (como la Suprema Corte de USA), o de creación propia del intelecto y el talento de los mismos componentes de la Corte argentina" (VANOSSI, Jorge Reinaldo. La aplicación constitucional de "el enálisis económico del derecho (AED)": Nada menos y nada más que en "enfoque"? Buenos Aires: *Academia Nacional de Ciencias Morales y Políticas*, 2008, p. 49).

[146] RECURSO ESPECIAL. PROCESSUAL CIVIL. CONTRATOS DE FINANCIAMENTO IMOBILIÁRIO. SISTEMA FINANCEIRO DE HABITAÇÃO. LEI N. 10.931/2004. INOVAÇÃO. REQUISITOS PARA PETIÇÃO INICIAL. APLICAÇÃO A TODOS OS CONTRATOS DE FINANCIAMENTO. 1. A análise econômica da função social do contrato, realizada a partir da doutrina da análise econômica do direito, permite reconhecer o papel institucional e social que o direito contratual pode oferecer ao mercado, qual seja a segurança e previsibilidade nas operações econômicas e sociais capazes de proteger as expectativas dos agentes econômicos, por meio de instituições mais sólidas, que reforcem, ao contrário de minar, a estrutura do mercado. 2. Todo contrato de financiamento imobiliário, ainda que pactuado nos moldes do Sistema Financeiro da Habitação, é negócio jurídico de cunho eminentemente patrimonial e, por isso, solo fértil para a aplicação da análise econômica do direito. 3. A Lei n. 10.931/2004, especialmente seu art. 50, inspirou-se na efetividade, celeridade e boa-fé perseguidos pelo processo civil moderno, cujo entendimento é de que todo litígio a ser composto, dentre eles os de cunho econômico, deve apresentar pedido objetivo e apontar precisa e claramente a espécie e o alcance do abuso contratual que fundamenta a ação de revisão do contrato. 4. As regras expressas no art. 50 e seus parágrafos têm a clara intenção de garantir o cumprimento dos contratos de financiamento de imóveis tal como pactuados, gerando segurança para os contratantes. O objetivo maior da norma é garantir que, quando a execução do contrato se tornar controvertida e necessária for a intervenção judicial, a discussão seja eficiente, porque somente o ponto conflitante será discutido e a discussão da controvérsia não impedirá a execução de tudo aquilo com o qual concordam as partes. 5. Aplicam-se aos contratos de financiamento imobiliário do Sistema Financeiro Habitacional as disposições da Lei n. 10.931/2004, mormente as referentes aos requisitos da petição inicial da ação de revisão de cláusulas contratuais, constantes do art. 50 da Lei n. 10.931/2004. 6. Recurso especial provido. BRASIL. Superior Tribunal de Justiça. *REsp nº 1163283 / RS*. Recorrente: Banco do Estado do Rio Grande do Sul AS. Recorrido :Ignez Ivone Alovisi Galo e outro. Relatorio: Ministro Luis Felipe Salomão, Quarta Turma. Brasília, DF, julgado em 07 de abril de 2015. Disponível em: <https://ww2.stj.jus.br/processo/pesquisa/?tipoPesquisa=tipoPesquisaNumeroRegistro&termo=200902066576&totalRegistrosPorPagina=40&aplicacao=processos.ea>. Acesso em: 2 jul. 2018.

[147] PROCESSO PENAL. EMBARGOS INFRINGENTES E DE NULIDADE. OPERAÇÃO LAVA-JATO. CRIMES CONTRA A ADMINISTRAÇÃO PÚBLICA. LAVAGEM DE ATIVOS. COMPORTAMENTO INSTITUCIONALIZADO. REGRAS DO JOGO. RELAÇÃO ILÍCITA FIDELIZADA. ANALISE ECONOMICA DO DIREITO. LAVAGEM DE DINHEIRO. DIVERSAS CONDUTAS CRIMINOSAS EM CONCURSO. 1. Comprovada a existência do cartel de empresas da construção civil denominado O Clube, a operar com "regras do jogo" pré-definidas, cujo *modus operandi*

O Tribunal de Justiça do Rio Grande do Sul, também, ao analisar questão de responsabilidade civil, aplicou os conhecimentos da *Fórmula de Hand*.[148] Tal fórmula dispõe o seguinte: "Consiste num parâ-

---

compreendia a participação de representantes das empresas em reuniões de divisão de futuras obras que seriam licitadas; o encaminhamento, a agentes corrompidos lotados na Petrobras, das listagens de distribuição dessas obras; a adesão formal a certames licitatórios, inclusive com propostas simuladas, e a adjudicação de contratos públicos com cartas marcadas e sem concorrência real, tudo assegurado pelo pagamento de propinas. 2. Há incentivos que levam os agentes a manter relação ilícita estável e fidelizada, com a finalidade de praticar fraude a licitação e corrupção, por vezes desatrelando o pagamento do favorecimento visado, conduta que enseja compreensão jurídica diversa da transação isolada (*one shot exchange*) como sugerem os estudos da Análise Econômica do Direito. 3. A lavagem de dinheiro divide-se em três etapas independentes – colocação (*placement*), dissimulação (*layering*) e integração (*integration*). A estruturação (*smurfing*) refere-e à primeira fase, visando a *colocação* do dinheiro sujo no mercado, para que possa, assim, ser dissimulado e integrado. Consiste na fragmentação das transações, realizadas em nome de múltiplos titulares e/ou em variadas instituições financeiras, de molde a driblar os requisitos de apresentação de relatórios ou a aplicação de controles (R$ 10.000,00 no Brasil, conforme Circular nº 3.461/09 do BACEN). As condutas perpetradas pelos embargantes não caracterizaram pulverização do capital para sua inserção disfarçada no sistema, porém à dissimulação e integração. 4. Os métodos utilizados para a lavagem de dinheiro consistiram, dentre outros, na celebração de contratos de prestação de serviços ideologicamente falsos, especialmente de serviços de consultoria, e emissão de notas fiscais "frias", por intermédio de empresas de fachada, especificamente Empreiteira Rigidez, MO Consultoria, GFD Investimentos e Costa Global Consultoria, demonstradas ao menos 31 transferências no período de 2009 a 2013, configurando plúrimos atos de lavagem de dinheiro. 5. Dada a diversidade e multiplicidade de operações financeiras tendentes a dissimulação e integração do capital, que perduraram por longo período de tempo e envolveram diversos agentes e empresas de fachada, reveladoras da opção por branquear o dinheiro em episódios autônomos e estanques, nacionais e esatrangeiros, mediante *modus operandi* distintos, e considerada a autonomia típica relativamente ao delito antecedente, acertado o reconhecimento da continuidade delitiva ao invés de crime único. 6. Juros incidentes sobre o valor mínimo indenizatório, conforme precedente da 4a. Seção. Ressalva de entendimento pessoal. 7. Mantida a sentença no que tange à determinação contida no art. 33, § 4º, do Código Penal. BRASIL. Tribunal Regional Federal (4. Região). *ENUL 5083351-89.2014.4.04.7000*. Embargante: Gerson de Mello Almada. Embargado: Ministério Público Federal. Interessado: Alberto Youssef. Relatora: Maria de Fátima Freitas Labarrère - Secretaria de Recursos, Quarta Seção. Porto Alegre, juntado aos autos em 30 de janeiro de 2018. Disponível em: <encurtador.com.br/fHKL1>. Acesso em: 2 jul. 2018.

[148] APELAÇÃO CÍVEL. SUBCLASSE RESPONSABILIDADE CIVIL. AÇÃO DE INDENIZAÇÃO. SECAGEM DE FUMO. INTERRUPÇÃO DO FORNECIMENTO DE ENERGIA ELÉTRICA. DEVER DO FUMICULTOR DE ADOTAR PROVIDÊNCIA PARA EVITAR O DANO. ESPECIFICIDADE DE SUA CULTURA AGRÍCOLA. NECESSIDADE DE INSTALAÇÃO DE GERADOR PRÓPRIO. DUTY TO MITIGATE THE LOSS. HAND FORMULA. CHEAPEST COST AVOIDER. ENCARGO DE EVITAR O PRÓPRIO DANO. REPARTIÇÃO DOS RISCOS. ALTERAÇÃO DO ENTENDIMENTO JURISPRUDENCIAL. Contam-se aos milhares os processos judiciais ajuizados por fumicultores de nosso Estado, pretendendo a responsabilização civil das concessionárias de energia elétrica, em razão de perdas de produção do fumo devidas à interrupção do fornecimento de energia elétrica durante o processo de secagem. Diante do aumento do número de processos judiciais e da elevação das pretensões indenizatórias, esta Câmara passou a entender ser razoável exigir-se dos fumicultores que estejam preparados para as inevitáveis e previsíveis intempéries climáticas anuais em nosso Estado, adquirindo geradores de energia que possam ser ativados em caso de interrupção da luz. DUTY TO MITIGATE THE LOSS. Constatando-se que os custos para instalação de um gerador não é elevado, ficando abaixo de boa parte das pretensões indenizatórias apresentadas, é razoável, econômica e juridicamente, exigir-se que os fumicultores adotem providências para evitar os danos. Como fundamento para tal exigência, invoca-se a doutrina do *duty to mitigate the loss*, que vem tendo boa acolhida doutrinária e jurisprudencial em nosso país, além de ser bastante conhecida no direito comparado, inclusive com consagração normativa internacional. À míngua de legislação específica, tal doutrina coaduna-se perfeitamente como uma das

metro para a caracterização das condutas culposas. Segundo Hand, o potencial causador A de um dano terá agido com culpa se não houver adotado determinada medida de precaução cujos custos marginais de adoção sejam menores que a consequente redução do dano marginal esperado".[149]

Por outro lado, existem ainda julgadores que não reconhecem a Análise Econômica do Direito como uma área jurídica fértil e útil. O

---

aplicações do princípio (ou cláusula geral) da boa-fé objetiva, dentro de uma visão cooperativa de relacionamento contratual e dentro da função de criação de deveres instrumentais, laterais ou anexos, inerentes à boa-fé objetiva. *CHEAPEST COST AVOIDER*. Caso se examine a questão sob a ótica da análise econômica do direito, pode-se invocar a doutrina do *cheapest cost avoider*. Esta doutrina defende a idéia de que um critério objetivo para minimizar perdas e evitar custos consiste em tentar identificar quem pode evitar o dano a um menor custo. No caso em tela, diante da inevitabilidade da ocorrência de interrupções de energia elétrica, mesmo que por curtos períodos, o cultivador de tabaco pode evitar os danos a um custo menor, com a aquisição de gerador no-break. Igualmente é possível a invocação da conhecida FÓRMULA DE HAND (Hand Formula), segundo a qual pode-se identificar uma negligência quando o custo para se evitar o dano é inferior ao valor do potencial prejuízo, multiplicado pela probabilidade de que ele venha a ocorrer. No caso dos fumicultores, tal custo é relativamente reduzido (instalação de gerador *no-break*), comparando-se com a previsível ocorrência de prejuízos derivados mesmo de curta interrupção do fornecimento de energia elétrica durante o processo de secagem. ENCARGO DE EVITAR O PRÓPRIO DANO. Ao não adequar sua conduta de modo a evitar o próprio dano ou o seu agravamento, isto é, ao não observar o encargo de afastamento do dano ou minimização de sua extensão, a vítima pode perder, total ou parcialmente, o direito à indenização pelo respectivo dano que poderia ter evitado sofrer. Esse efeito pode ser extraído da análise dos arts. 402, 403 e 945 do CC. Doutrina a respeito. A questão em tela não pode ser analisada exclusivamente do ponto de vista individual (justiça corretiva), já que ela necessariamente tem implicações sociais (justiça distributiva), pois o repasse dos custos dos danos do fumicultor individual para a concessionária de energia elétrica, num primeiro momento, acaba repercutindo sobre toda a sociedade, já que no regime capitalista todo e qualquer custo ou prejuízo transforma-se em preço ou tarifa. Consequentemente, cedo ou tarde, o valor das indenizações redundará em aumento da tarifa a ser paga por toda a sociedade. Assim, resta esclarecido que não se trata de um posicionamento que desconsidera os interesses do consumidor específico (o fumicultor), pregando-se a volta do lamentável caveat emptor. Trata-se, isso sim, de um posicionamento que procura proteger os interesses da generalidade dos consumidores (todos os usuários de energia elétrica, que, ao fim e ao cabo, pagarão a conta), ao mesmo tempo em que procura demonstrar que, do ponto de vista da racionalidade econômica, é mais vantajoso para os próprios fumicultores evitarem os danos do que posteriormente demandarem para obter sua reparação. O novo entendimento desta Câmara restringe-se às hipóteses em que os danos sofridos pelo demandante derivam da interrupção do fornecimento de energia elétrica durante tempo inferior a 24 horas ininterruptas. Nessa hipótese, os prejuízos sofridos pelo fumicultor serão por ele suportados à razão de 2/3, imputando-se à concessionária de energia elétrica o restante 1/3. Nas hipóteses de interrupção por período superior a 24h, a responsabilidade é integralmente da concessionária, ressalvadas as hipóteses de força maior e a orientação jurisprudencial da Câmara. Caso concreto em que a interrupção do fornecimento de energia elétrica ocorreu por três períodos distintos. No primeiro e segundo períodos, a interrupção do serviço foi acima de 24h e não houve comprovação de alguma das excludentes de responsabilidade, devendo a ré arcar com a integralidade do dano sofrido pelo autor. Já no terceiro período, a interrupção do serviço foi por poucas horas, aplicando-se, portanto, o entendimento unificado firmado, no sentido de o autor ser indenizado na proporção de 1/3 dos danos comprovados. Apelação do autor provida em parte. RIO GRANDE DO SUL. Tribunal de Justiça. *Apelação cível nº 70076807817*. Apelado: Rio Grande Energia S A. Apelante: Verginio Chiesa. Relator: Eugênio Facchini Neto, Nona Câmara Cível. Porto Alegre, Julgado em 25 de abril 2018. Disponível em: <https://www.tjrs.jus.br/busca/? tb=proc>. Acesso em: 2 jul. 2018.

[149] PORTO, Antônio José Maristrello. Análise econômica da responsabilidade civil. In: TIMM, Luciano Benetti (Org.). *Direito e Economia no Brasil*. 2. ed. São Paulo: Atlas, 2014. p. 183-184.

Ministro Ricardo Lewandowski, em maio de 2018, afirmou que a Análise Econômica do Direto seria "coisa de direita".[150] O Ministro Luís Roberto Barroso, que é adepto às pesquisas empíricas e utilização de dados, gráficos e números em suas decisões, retrucou o seguinte: "A aritmética não é de direita nem de esquerda, ministro. Para bem e para mal, a matemática é indiferente a escolhas ideológicas. 2 + 2 são 4 nos EUA, na China e na Venezuela". Ora, tal exemplificação demonstra como este ramo do direito que, em outros países já é disseminado na prática jurídica (como nos EUA), já encontra adeptos e, por outro lado, opositores no Poder Judiciário.

Não sendo o bastante, André Cyrino informa a influência da economia nas interpretações constitucionais:

> A economia tem um papel na interpretação constitucional e o Supremo Tribunal Federal vem usando argumentos da economia para interpretar a Constituição. Há casos em que a compreensão e a aplicação apropriada de uma norma constitucional se dará com o uso do raciocínio econômico (*economic reasoning*), o que terá destaque na análise da Constituição econômica e na judicialização das intervenções do Estado na economia (regulação). É, em certos casos, investigando as razões econômicas de uma determinada atuação estatal na economia que o intervencionismo poderá ser devidamente compreendido e justificado em face da Constituição econômica.[151]

Por exemplo, o STF, ao regular os contratos de locação, determinou que o fiador não teria a proteção de impenhorabilidade do seu bem de família (Lei n° 8.009, art. 3°, VII, incluído pela Lei n° 8.245/91).[152]

O mesmo autor, ao comentar o julgamento do Ministro Cezar Peluso dispôs da seguinte forma:

> [...] a inexistência de proteção ao bem do fiador teria por escopo exatamente a proteção do direito à moradia, eis que é notória a circunstância de que a grande maioria dos brasileiros exerce o seu direito de morar através de contratos de locação, os quais se tornariam ainda mais difíceis (e caros), caso não se garantisse ao proprietário a possibilidade de penhora do bem do fiador. Veja-se: a análise de fundo das razões econômicas justificadoras da regulação foi fundamental para que se lhe compreendesse e se lhe aplicasse corretamente. A justificativa normativa (fundada genericamente no art. 174, CF) era insuficiente.[153]

---

[150] GOIS, Ancelmo. *Associação Brasileira de Direito e Economia rebate afirmações do Ministro Lewandowski que a análise econômica do direito era coisa da direita*. [S.l.], 11 maio 2018. Disponível em: <http://felipevieira.com.br/site/associacao-brasileira-de-direito-e-economia-abde-divulga-nota-sobre-afirmacoes-do-ministro-lewandowski/>. Acesso em: 16 maio 2018.

[151] CYRINO, André. Análise econômica da Constituição econômica e interpretação institucional. *Revista Estudos Institucionais*, Rio de Janeiro, v. 3, n. 2, p. 962, 2017.

[152] BRASIL. Superior Tribunal Federal. *RE 407.688/SP*. Recorrente: Michel Jacques Peron. Recorrido: Antonio Pecci. Min. Rel. Cezar Peluso. Brasília, DF, Julgamento em: 08 de fevereiro de 2006. Disponível em: <http://redir.stf.jus.br/paginadorpub/paginador.jsp?docTP=AC&docID=261768>. Acesso em: 2 jul. 2018.

[153] CYRINO, André. Análise econômica da Constituição econômica e interpretação institucional. *Revista Estudos Institucionais*, Rio de Janeiro, v. 3, n. 2, p. 963, 2017.

No entanto, o conhecimento acadêmico sobre Direito e Economia no Brasil começou fora dos Tribunais, mais comum assim entre os advogados e professores de algumas universidades brasileiras.

Em 2017, no entanto, a análise econômica, conforme já dito, entrou em rota de colisão com a hermenêutica jurídica. Representantes de ambas as áreas de estudo dedicaram-se a publicação de artigos justificando seus posicionamentos acadêmicos sobre tal polêmica.

Thomas Ulen, ao dissertar sobre a importância do surgimento do Direito e Economia, chegou a afirmar que esta área liberou a análise jurídica de um longo e restrito compromisso com a Filosofia como única fonte extralegal de conhecimento para discussão do Direito. Para esse autor, a Filosofia é uma parte essencial do esforço acadêmico em praticamente qualquer atividade humana, mas não é a única ou mesmo a mais importante disciplina acadêmica para orientar a análise jurídica.[154]

Bruno Salama, da mesma forma, ressalta a preocupação de ir além da filosofia prática e especulativa, visando à compreensão do mundo tal qual ele se apresenta.[155]

Para Nicholas Georgakopoulos, possui entendimento de que o sistema legal, para a Análise Econômica do Direito, tem como papel o de promover bem-estar social[156] que, para ele, seria a maximização da satisfação pessoal individual.[157]

O mesmo autor, ainda, critica a filosofia moral (grande crítica da análise econômica), no sentido de que quem acredita na moralidade provavelmente rejeita o fato de que os indivíduos buscam sempre os seus interesses pessoais.[158] Essencialmente, para a análise econômica,

---

[154] ULEN, Thomas S. Direito e economia para todos. In: POMPEU, Ivan Guimarães; BENTO, Lucas Fulanete; POMPEU, Gonçalves Renata Guimarães (Coord.). *Estudos sobre negócios e contratos*: uma perspectiva internacional a partir da análise econômica do direito. São Paulo: Almedina, 2017. p. 17.

[155] SALAMA, Bruno Meyerhof. *Direito e economia: textos escolhidos*. São Paulo: Saraiva, 2010. p. 21.

[156] William Mitchell e Randy Simmons, em seu livro denominado *"Para além da política"*, ao dissertarem sobre os economistas do bem-estar social, discorreram o seguinte: "Quando os economistas do bem-estar social destronaram os mercados, eles também promoveram a coroação do governo. Mesmo os textos econômicos modernos mais elementares informam o leitor rotineiramente que os mercados – livres ou não – sofrem de imperfeições graves e inerentes. Quando os mercados falham, sustenta esse argumento, temos de buscar solução e nos apoiar na política e na administração do governo. Rejeitamos essa visão política simplista e sustentamos que o fracasso do mercado é seriamente mal compreendido". MITCHELL, William C; SIMMONS, Randy T. *Para além da política*: mercados, bem-estar social e o fracasso da burocracia. Rio de Janeiro: Topbooks, 2003. p. 33-34.

[157] GEORGAKOPOULOS, Nicholas L. *Principles and methods of law and economics*: basic tools for normative reasoning. Cambridge University Press, 2005. p. 21.

[158] Idem.

os indivíduos agem para satisfazer as suas preferências e, para tal satisfação, a ética está incluída.[159]

Tais concepções se aplicam, de forma direta, em um ramo muito específico da Análise Econômica do Direito (apenas de forma exemplificativa), chamada de *public choice*.[160]

A ideia central da análise econômica é de que a economia pode ser usada tanto para explicar a lógica subjacente do Direito quanto para avaliar se o regime jurídico em vigor é desejável do ponto de vista do custo-benefício.[161]

Este método propõe a análise do direito sob a perspectiva econômica.[162] É uma tentativa de estudo interdisciplinar visando à aplicação da teoria microeconômica do bem-estar para analisar e reformular tanto instituições particulares como do sistema jurídico em sua totalidade.[163]

Como hipótese inicial, é importante ressaltar que os indivíduos seriam racionais.[164] Esta hipótese apenas afirma que os indivíduos

---

[159] GEORGAKOPOULOS, Nicholas L. *Principles and methods of law and economics*: basic tools for normative reasoning. Cambridge University Press, 2005. p. 21.

[160] Para melhor compreender o conceito de *public choice*, recomenda-se a leitura dos seguintes trabalhos: GIANNAKOS, Demétrio Beck da Silva. O princípio da eficiência e a public choice. *Revista Jurídica Luso Brasileira*, ano 3, n. 5, 2017; MONTEIRO, Jorge Vianna. *Lições de economia constitucional brasileira*. Rio de Janeiro: Editora FGV, 2004; MONTEIRO, Jorge Vianna. *Como funciona o governo*: escolhas públicas na democracia representativa. Rio de Janeiro: Editora FGV, 2007; MITCHELL, William C; SIMMONS, Randy T. *Para além da política*: mercados, bem-estar social e o fracasso da burocracia. Rio de Janeiro: Topbooks, 2003. Nesta área de pesquisa, por exemplo, os políticos buscam, de forma constante, os seus interesses pessoais: A racionalidade do político é, em última instância, definida pelo critério de que eles têm interesse privado no resultado das escolhas públicas e, assim, atuam levando em conta o máximo de votos (ou apoio político) que tal resultado lhes possa trazer; as regras em sua decisão derivam-se de qualificações feitas à vigência de regras da maioria; sua escolha de estratégias leva em conta os impactos distributivos das políticas públicas numa complexa "conexão eleitoral": as estratégias de cada político são diferenciadas segunda a visibilidade do benefício líquido das políticas nos respectivos redutos eleitorais. Tal busca pelos seus próprios interesses por parte dos políticos caracteriza o que a literatura define como *moral hazard* (risco moral). GIANNAKOS, Demétrio Beck da Silva. O princípio da eficiência e a public choice. *Revista Jurídica Luso Brasileira*, Lisboa, ano 3, n. 5, p. 590, 2017.

[161] PARGENDLER, Mariana; SALAMA, Bruno. Direito e economia no direito civil: o caso dos tribunais brasileiros. In: POMPEU, Ivan Guimarães; BENTO, Lucas Fulanete; POMPEU, Gonçalves Renata Guimarães (Coord.). *Estudos sobre negócios e contratos*: uma perspectiva internacional a partir da análise econômica do direito. São Paulo: Almedina, 2017. p. 46.

[162] PACHECO, Pedro Mercado. *El análisis económico del derecho*: uma reconstrucción teórica. Madrid: Centro de Estudios Constitucionales, 1994. p. 25.

[163] Idem

[164] Para os economistas, o adjetivo "recional" corresponderia à "habilidade e a inclinação" de se utilizar a racionalidade instrumental na condução da vida cotidiana. A racionalidade, dessa forma, significaria pouco mais do que a disposição para a escolha, consciente ou inconsciente, de um meio apto para alcançar um fim qualquer eleito pelo agente". WYKROTA, Leonardo Martins; CRUZ, Alvaro Ricardo de Souza; OLIVERIA, André Matos de Almeida. Considerações sobre a AED de Richard Posner, seus antagonismos e críticas. *Economic Analysis of Law Review*, [S.l.], v. 9, n. 1, p. 306-307, jan./abr, 2018.

possuem um entendimento amplo dos fenômenos econômicos e usam toda a informação disponível para tomar suas decisões. Em outras palavras, diante de várias possíveis opções de ação, indivíduos ponderam o custo e o benefício de cada uma, optando pela que lhes fornece o maior benefício líquido. No entanto, os problemas de assimetria de informações,[165] por exemplo, podem levar a equívocos.[166]

O modelo de escolha racional permite generalizações quanto ao comportamento humano. Atribui aos humanos uma linha de conduta previsível; supõe que os humanos escolherão, sempre, entre as opções disponíveis, aquela que lhe ofereça a maior satisfação. Isso implica, por exemplo, que se o custo de uma opção (preço de um bem que se quer adquirir, sacrifício para empreender uma ação) aumenta, as pessoas afetadas escolherão menos frequentemente essa opção (lei da demanda).[167]

Todas as pessoas, nessa perspectiva, seriam maximizadoras de bem-estar (priorizariam escolhas que atendam os seus interesses), e também de que a maximização se dá em todas as suas atividades. Esse comportamento maximizador é, portanto, tomado como abrangendo uma enorme gama de ações, que vão desde a decisão de consumir ou produzir um bem até a decisão de contratar com alguém, de pagar impostos, de aceitar ou não um acordo em um litígio, bem como, no caso concreto, de ajuizar ou não determinada ação mesmo existindo uma uniformização de jurisprudência favorável ou desfavorável, nos termos do artigo 926 do CPC.[168] Claro que no cálculo de maximização entram os custos e benefícios monetários e também os não monetários (tais como poder, prestígio, sensação de dever moral cumprido etc.).[169]

A presunção de racionalidade trabalhada pela AED não é estranha ao sistema jurídico. Ao contrário, é o que está por trás da personalidade e da responsabilidade civil, assim como na culpabilidade penal. Vale dizer, celebrar atos e negócios civis e responder por suas escolhas, presume uma escolha racional ou pelo menos supõe a racionalidade

---

[165] A assimetria informacional, neste sentido, é a impossibilidade de acesso à informação. Nesse sentido, apoia-se no reconhecimento de um *déficit* informativo de uma parte a respeito de circunstâncias pertinentes ao objeto do contrato, pressupondo uma situação em que a informação é acessível e conhecida apenas a um dos contratantes. PETERSEN, Luiza Moreira. *O risco no contrato de seguro*. São Paulo: Editora Roncarati, 2018. p. 123-124.

[166] ARAUJO JR. Ari Francisco de; SHIKIDA, Cláudio Djissey. Microeconomia. In: TIMM, Luciano Benetti (Org.). *Direito e economia no Brasil*. 2. ed. São Paulo: Atlas, 2014. p. 34.

[167] MACKAAY, Ejan; ROUSSEAU, Stéphane. *Análise econômica do direito*. Tradução Rachel Sztajn. 2. ed. São Paulo: Atlas, 2015. p. 31.

[168] SALAMA, Bruno Meyerhof. *Direito e economia*: textos escolhidos. São Paulo: Saraiva, 2010. p. 22-23.

[169] Ibid., p. 23.

humana como capaz de tomar decisões. E justamente a ausência disso implicará incapacidade.[170]

O movimento *law and economics* pode ser entendido como uma forma de encarar o direito partindo da premissa de que cada indivíduo agirá de modo a maximizar os seus interesses. As escolhas feitas por cada pessoa, nesse sentido, terão por escopo uma maior utilidade (mesmo que não se tenha cunho financeiro) em cada situação que puderem alcançar.[171]

O Direito, por sua vez, ao estabelecer regras de conduta que modelam as relações entre pessoas, deverá levar em conta os impactos econômicos que delas derivarão, os efeitos sobre a distribuição ou alocação de recursos e os incentivos que influenciam o comportamento dos agentes econômicos privados.[172]

A disciplina de Direito e Economia origina-se a partir de duas tradições intelectuais: a economia política e o realismo jurídico.[173] Enquanto a economia política surge com Adam Smith, que analisa a importância do Direito para os mercados, o realismo jurídico estuda as leis como elas de fato funcionam, em vez das leis conforme previstas nos Códigos e livros. Do realismo jurídico advém a tradição de aplicar as ciências sociais ao Direito, de modo a procurar entender as motivações dos diversos entes e indivíduos envolvidos na prestação jurisdicional e os fatos que de fato condicionam a formulação e aplicação do Direito.[174]

2.2.1. A importância de diminuir os custos de transação nos processos judiciais

Para a Análise Econômica do Direito, os indivíduos são criaturas racionais que se comportam tentando maximizar seus interesses em todos os âmbitos e facetas da vida, razão por que na perspectiva

---

[170] TIMM, Luciano Benetti. Direito e economia desmistificado. *Jota*, [S.l.], 11 set. 2018. Disponível em: <https://www.jota.info/opiniao-e-analise/colunas/coluna-da-abde/direito-e-economia-desmistificado-11092018>. Acesso em: 23 jun. 2018.

[171] CYRINO, André. Análise econômica da Constituição econômica e interpretação institucional. *Revista Estudos Institucionais*, Rio de Janeiro, v. 3, n. 2, p. 963, 2017.

[172] ZYLBERSZTAJN, Decio; SZTAJN, Rachel. *Direito e economia*. Rio de Janeiro: Elsevier, 2005. p. 3.

[173] KITCH, Edmund W. The intellectual foundations of law and economics. Journal of Legal Education, v. 33, 1983, p. 184 apud SALAMA, Bruno Meyerhof. *Direito e economia*: textos escolhidos. São Paulo: Saraiva, 2010, página 12.

[174] SALAMA, Bruno Meyerhof. *Direito e economia*: textos escolhidos. São Paulo: Saraiva, 2010. p. 13.

econômica o direito é um conjunto de incentivos que premia as condutas eficientes e penaliza as ineficientes.[175]

Jahir Alexander Gutiérrez Ossa, ao tratar da racionalidade dos indivíduos, afirma o seguinte: "Si es certo que el hombre es un ser racional maximizador de su proprio interés y que la gente responde a ellos, se puede deducir predicciones sobre lo que harán los hombres; esto es, las leyes. Además, se puede establecer que cambiando los incentivos se pueden cambiar las conductas".[176]

Tomando a economia como poderosa ferramenta para analisar normas jurídicas, em face da premissa de que as pessoas agem racionalmente, conclui-se que elas responderão melhor a incentivos externos que induzam certos comportamentos mediante sistema de prêmios e punições.[177] Ora, se a legislação é um desses estímulos externos, quanto mais forem as normas positivadas aderentes às instituições sociais, mais eficiente será o sistema.[178]

Neste ponto, as sanções[179] são mecanismos fundamentais para estimular as partes a cumprir ou exercer determinada obrigação, seja ela legal, seja ela contratual.[180]

Darci Guimarães Ribeiro, ao dissertar sobre o assunto, aduz o seguinte:

> Este mecanismo criado pelo ordenamento jurídico para assegurar eficácia prática a um preceito normativo pode ser visto desde um prisma repressivo, em virtude da inobservância da norma, ou premial, como estímulo para a realização voluntária do mesmo. Constatamos que tanto as sanções repressivas como as sanções premiais podem possuir alta ou baixa intensidade.[181]

Há, portanto, uma correspondência direta entre sanção e norma jurídica, pois para a eficácia desta a intensidade daquela é um elemento fundamental, isto é, a maior ou menor eficácia de uma norma jurídica está diretamente relacionada à maior ou menor intensidade da sanção.

---

[175] ALVAREZ, Alejandro Bugallo. Análise econômica do direito: contribuições e desmistificações. *Revista de Direito, Estado e Sociedade*, Rio de Janeiro, v. 9, n. 29, p. 51, jul./dez. 2006.

[176] OSSA, Jahir Alexander Gutiérrez. Análisis económico del derecho. Revisión al caso colombiano. *Revista de Derecho y Economía*. N° 24, 2008, p,18.

[177] GIANNAKOS, Demétrio Beck da Silva. Análise econômica dos negócios jurídicos processuais. *Revista de Processo*, São Paulo, v. 278, p. 512, abr. 2018.

[178] ZYLBERSZTAJN, Decio; SZTAJN, Rachel. *Direito e economia*. Rio de Janeiro: Elsevier, 2005. p. 75.

[179] Nas palavras de Castanheira Neves, sanção representa *"o modo juridicamente adequado de converter a intenção normativa em efeitos práticos ou de garantir aos efeitos normativos a sua eficácia prática"* (NEVES, Castanheira. *Curso de introdução ao estudo do direito*. Coimbra: Coimbra, 1976, p. 29-30).

[180] RIBEIRO, Darci Guimarães. *Da tutela jurisdicional às formas de tutela*. Porto Alegre: Livraria do Advogado, 2010, p. 47.

[181] Idem.

Do mesmo modo que uma norma jurídica ligada a uma sanção de baixa intensidade cria condições para o seu descumprimento, uma norma jurídica ligada a uma sanção de alta intensidade contribui para o seu cumprimento, tanto no caso de ela ser repressiva quanto no caso de ela ser premial.[182]

Para Cesar Santolim, ao dissertar sobre a racionalidade dos indivíduos em suas escolhas, afirma que estes escolhem a conduta que, dentre as possíveis, apresenta maior diferença entre benefícios e custos. Ou seja, o indivíduo buscará sempre o maior benefício para si, com o menor custo possível (otimização).[183] Desta forma, a Análise Econômica do Direito, ao analisar os contratos, reconhece sempre a capacidade dos indivíduos de reagir a determinados incentivos (ou desincentivos), o que presume um comportamento "racional".[184]

No presente caso, o fato de ter uma jurisprudência uniformizada é, sem sombra de dúvidas, um redutor de custos de transação.

Hermes Zaneti Jr, por sua vez, dispõe que a racionalidade dos precedentes está ligada ao fato de que tratar de maneira semelhante os casos similares é uma premissa da vida comum das pessoas.[185]

A escolha mais racional na maior parte dos casos já decididos será decidir da mesma maneira, permitindo uma série de vantagens do ponto de vista prático e de confiabilidade do sistema da justiça e do ordenamento jurídico.[186]

Importante, então, trazer de forma clara o conceito de custos de transação. Carl Dahlman, ao trazer o seu conceito de custos de transação, conceituou como sendo "custos de busca e informação, custos de barganha e decisão, custos de monitoramento e cumprimento".[187] Por óbvio, a existência de custos de transação[188] impulsionará aqueles

---

[182] RIBEIRO, Darci Guimarães. *Da tutela jurisdicional às formas de tutela*. Porto Alegre: Livraria do Advogado, 2010, p. 51.
[183] SANTOLIM, Cesar. Behavioral law and economics e a teoria dos contratos. *RJLB*, [S.l.], ano 1, n. 3, p. 409, 2015.
[184] Idem.
[185] ZANETI JR, Hermes. O modelo dos precedentes no código de processo civil brasileiro. In: *Precedentes judiciais*: diálogos transnacionais / organização Marco Félix Jobim, Ingo W. Sarlet. Florianópolis: Tirant lo Blanch, 2018, p. 107.
[186] Iden.
[187] DAHLMAN, Carl J. The problem of externality. The Journal of Law and Economics, [S.l.]. n. 1, p. 148, April 1979 apud COASE, Ronald Harry. *A firma, o mercado e o direito*. Tradução Heloisa Gonçalves Barbosa. Rio de Janeiro: Forense Universitária, 2016. p. 7.
[188] Ao analisar as Cláusulas *Hardship* como forma redutora de custos de transação, foi ensinado o seguinte: "Para e economia dos custos de transação, os problemas contratuais futuros são praticamente uma certeza. Desta forma, os agentes antecipam o seu acontecimento na forma de criar arranjos institucionais no contrato. Na dificuldade de desenhar contratos completos, as lacunas são inevitáveis. Desta forma, a cláusula de *hardship*, conforme aqui se propõe, é mecanismo

que desejam realizar trocas a se envolverem em práticas que ocasionam uma redução dos custos de transação sempre que a perda sofrida de outras maneiras pela adoção de tais práticas seja menor do que os custos de transação economizados.[189]

Ora, no caso da análise econômica a partir do art. 926 do CPC, a ausência de uma uniformização da jurisprudência causa, sem sombra de dúvidas, maiores custos de busca e informação (custos de transação).

Por exemplo, peguemos os casos trazidos à baila no capítulo anterior (referentes às indenizações aos "invasores" das faixas de domínio). Se a jurisprudência fosse pacífica neste caso (no que se refere ao posicionamento definitivo dos Tribunais Superiores sobre o tema), no sentido de não[190] conceder as indenizações aos "invasores". Ora, neste caso, por certo que, no momento em que estas pessoas fossem procurar seus advogados para ajuizarem a ação, os custos de transação em busca pela informação (referente à jurisprudência) nestes casos seria menor, pois teria um posicionamento dominante dos Tribunais Superiores e, ainda, não incentivaria o ajuizamento de tal ação, diante do quase inevitável insucesso da demanda.

Não sendo o bastante, neste caso, poderia o magistrado, ao receber determinada ação desta mesma matéria tratando da possibilidade ou não de indenizar os "invasores" das faixas de domínio, julgar, de forma liminar, improcedente o pedido, com base no artigo 332 do CPC.[191]

Com a criação pelos Tribunais de uma jurisprudência uniformizada, torna-se possível para as partes realizarem um prognóstico de suas

---

eficiente para diminuir tais lacunas." RODRIGUES, Gabriela Wallau; GIANNAKOS, Demétrio Beck da Silva. A Cláusula de Hardship como forma de Mitigação da Assimetria de Informação nos Contratos Internacionais. *Revista Electrónica de Direito da Faculdade de Direito da Universidade do Porto*, Porto, n. 2, p. 11, jun. 2017.

[189] COASE, Ronald Harry. *A firma, o mercado e o direito*. Tradução Heloisa Gonçalves Barbosa. Rio de Janeiro: Forense Universitária, 2016. p. 7.

[190] Fundamental ressaltar que este não é o posicionamento do autor do presente trabalho. Está-se utilizando apenas uma hipótese.

[191] Art. 332. Nas causas que dispensem a fase instrutória, o juiz, independentemente da citação do réu, julgará liminarmente improcedente o pedido que contrariar: I - enunciado de súmula do Supremo Tribunal Federal ou do Superior Tribunal de Justiça; II - acórdão proferido pelo Supremo Tribunal Federal ou pelo Superior Tribunal de Justiça em julgamento de recursos repetitivos; III - entendimento firmado em incidente de resolução de demandas repetitivas ou de assunção de competência; IV - enunciado de súmula de tribunal de justiça sobre direito local. § 1º O juiz também poderá julgar liminarmente improcedente o pedido se verificar, desde logo, a ocorrência de decadência ou de prescrição. § 2º Não interposta a apelação, o réu será intimado do trânsito em julgado da sentença, nos termos do art. 241. § 3º Interposta a apelação, o juiz poderá retratar-se em 5 (cinco) dias. § 4º Se houver retratação, o juiz determinará o prosseguimento do processo, com a citação do réu, e, se não houver retratação, determinará a citação do réu para apresentar contrarrazões, no prazo de 15 (quinze) dias.

chances em juízo. Assim, dependendo do posicionamento jurisprudencial, tendem a solucionar suas desavenças consensualmente – ou as desavenças podem sequer ocorrer.[192]

Robert Cooter e Thomas Ulen, ao estudarem os conceitos básicos da Análise Econômica do Direito, concluem que as pessoas respondem aos "preços". Ou seja, as pessoas consomem menos produtos que possuem preços mais altos.[193] No caso aqui estudado, considerando as custas judiciais para o ajuizamento e honorários sucumbenciais a serem pagos no final da ação, se a jurisprudência for devidamente uniformizada e possuir posicionamento contrário ao pleito da parte demandante, com estes altos custos, certamente a parte autora evitará o ajuizamento da ação.

Ou seja, o processo seria mais eficiente e célere (atentando ainda para o artigo 5º, inciso LXXVIII, da Constituição Federal), trazendo uma maior segurança jurídica a todos os litigantes em ações que já possuírem uma jurisprudência uniformizada, bem como trazer uma diminuição nos custos de transação às partes.

Fica claro, portanto, que a utilização do artigo 926, do CPC pelos juízes e Tribunais traria benefícios a partir de uma perspectiva da hermenêutica jurídica, quanto a partir da Análise Econômica do Direito.

---

[192] FUX, Luiz; BRODART, Bruno. Notas sobre o princípio da motivação e a uniformização da jurisprudência no novo Código de Processo Civil à luz da análise econômica do Direito. *Revista de Processo*, Rio de Janeiro, v. 269, p. 421-432, jun. 2017.

[193] COOTER, Robert; ULEN, Thomas. *Law and economics*. 6th ed. [S.l.]: Addison-Wesley, 2016. p. 3.

3. Os negócios jurídicos processuais a partir da Análise Econômica do Direito

Neste capítulo, será tratada a relação direta dos *negócios jurídicos processuais e da Análise Econômica do Direito*, buscando justificar a utilização mesmos com base em uma fundamentação jurídica que traga argumentos vinculados à economia, diante dos custos exacerbados do processo judicial.

3.1. Os negócios jurídicos processuais

A ideia de processo origina-se em confronto à possibilidade de solucionar os problemas com as próprias mãos.[194]

É sabido e notório que o processo judicial brasileiro passa por momentos delicados, em que a litigância se faz como regra e, assim, os direitos pleiteados não são conferidos pelo Poder Judiciário em tempo hábil.

Nas palavras de Luciano Timm, Manoel Trindade e Rafael Machado, "torna-se pertinente, por exemplo, entender de que forma a configuração do processo civil influencia as estratégias adotadas pelas partes e por seus advogados, aliás, tanto antes quanto durante e no final da tramitação das ações judiciais".[195]

Busca-se trazer à tona o conceito, propriamente dito, dos Negócios Jurídicos Processuais, bem como uma análise da restrita jurisprudência no que cerne à sua aplicação pelos Tribunais brasileiros.

Os Negócios Jurídicos Processuais são tipos de fatos jurídicos, torna-se, primeiramente, necessário definir o que seja "fato jurídico", em razão das diferentes concepções erigidas em torno do tema.[196]

---

[194] COUTURE, Eduardo J. *Fundamentos del derecho procesal civil*. Tercera edición. Buenos Aires: Roque Depalma Editor, 1958, p. 09.
[195] TIMM, Luciano Benetti; TRINDADE, Manoel Gustavo Neubarth; MACHADO, Rafael Bicca. O problema da morosidade e do congestionamento judicial no âmbito do processo civil brasileiro: uma abordagem da *law and economics*. *Revista de Processo*. Rio de Janeiro, v. 290, p. 441-469, abril 2019.
[196] NOGUEIRA, Pedro Henrique. *Negócios jurídicos processuais*. Salvador: JusPodivm, 2016. p. 23.

O conceito de fato jurídico é uma temática não exclusiva do Direito Civil, pois está-se tratando de um conceito jurídico fundamental.[197]

Não temos aqui a pretensão de discorrer sobre todas as teorias existentes sobre fato jurídico. No entanto, pelo amor ao debate, podemos trazer à tona ao menos dois sentidos, que são: fato jurídico ora significando aquilo a que uma norma jurídica correlaciona a um efeito jurídico, ora para significar o evento não identificado como "ato", isto é, todos os fenômenos temporais não configurados como atividade humana voluntária.[198]

Para Pontes de Miranda, o conceito de fato jurídico é o seguinte:

> [...] o fato ou conjunto de fatos previstos abstratamente, dá-se o nome de "suporte fático". Quando o que está previsto na norma acontece, no plano da existência, dá-se a "incidência", de modo que o fato passa a ser considerado "jurídico". Composto o fato jurídico, surgem, no mundo jurídico, os efeitos previstos em abstrato na norma. Os elementos do suporte fático são pressupostos do fato jurídico; o fato jurídico é o que entra, do suporte fático, no mundo jurídico, mediante incidência da regra jurídica sobre o suporte.[199]

Ao conceituar-se norma (jurídica), este apresenta-se, em sua estrutura lógica, a descrição hipotética de um fato, ou conjunto de fatos (suporte fático), e a imputação de consequências (preceito), para quando vier(em) a se concretizar aquele(s) fato(s) abstratamente contemplado(s).[200]

O fato jurídico, por sua vez, é a qualidade atribuída pelo homem pelas normas jurídicas, em razão da relevância dos fatos escolhidos (valorados) no meio social.[201]

Desta forma, fato jurídico é a causa dos efeitos jurídicos dada pela norma ao fato praticado pelo agente. Nas palavras de Leonardo Carneiro da Cunha, os fatos tornam-se jurídicos pela incidência das normas jurídicas que assim o assinalam.[202]

É tradicional a classificação que divide os fatos jurídicos em (a) fatos jurídicos em sentido estrito, constituídos por eventos da natureza,

---

[197] Pontes de Miranda já lecionava: "a noção fundamental do direito é a de fato jurídico". MIRANDA, Pontes de. *Tratado de direito privado, I*. Rio de Janeiro: Borsói, 1954. Prefácio. p. 16.

[198] FALZEA, Angelo. Fatto giuridico. In: *Enciclopedia del Diritto*. Milano: Giuffrè 1967, v. 16, p. 942 apud NOGUEIRA, Pedro Henrique. *Negócios jurídicos processuais*. Salvador: JusPodivm, 2016. p. 24.

[199] MIRANDA, Pontes de. *Tratado das ações, I*. Campinas: Bookseller, 1998. p. 21.

[200] VILANOVA, Lourival. *As estruturas lógicas e o sistema de direito positivo*. São Paulo: Max Limonad, 1997. p. 103-104.

[201] MELLO, Marcos Bernardes de. *Teoria do fato jurídico*: plano da eficiência. São Paulo: Saraiva, 2003. p. 6.

[202] CUNHA, Leonardo Carneiro da. Negócios jurídicos processuais no processo civil. In: CABRAL, Antonio do Passo; NOGUEIRA, Pedro Henrique (Coord.). *Negócios processuais*. Salvador: JusPodivm, 2015. p. 28.

(b) atos jurídicos constituídos por manifestação da vontade humana, subdivididos, por sua vez, em atos jurídicos em sentido estrito, e negócios jurídicos.[203]

Pontes de Miranda, por sua vez, possui classificação dos fatos jurídicos como: (a) lícitos: (a.1) fato jurídico *stricto sensu*; (a.2) ato-fato jurídico; (a.3) ato jurídico *lato sensu*, por sua vez subdividido em (a.3.1) ato jurídico *stricto sensu*; (a.3.2) negócios jurídicos; (b) ilícitos: (b.1) fatos ilícitos *stricto sensu*; (b.2) atos-fatos ilícitos; (b.3) atos ilícitos.[204]

O mundo do Direito, composto pelos fatos jurídicos, divide-se em três planos: existência, validade e eficácia. Todos os fatos jurídicos em sentido lato (aí incluídos os fatos jurídicos *stricto sensu*, os atos jurídicos (ato com vontade humana em que incide a norma), os negócios jurídicos (relaciona-se com a autonomia da vontade e com a escolha do interessado pela estruturação do conteúdo), os atos ilícitos (contrários ao direito) e os atos-fatos (quando a vontade humana presente nos atos jurídicos *stricto sensu* e nos negócios jurídicos é desprezada, tem-se o ato-fato)) devem passar pelo plano da existência: basta a composição do suporte fático, a partir da incidência da norma, para que o fato passe a existir juridicamente, ingressando no mundo do Direito. Os fatos jurídicos *stricto sensu* (fatos da natureza que ingressão no mundo jurídico pela incidência da norma) não passam pelo plano da validade. De igual modo, os atos-fatos não passam pelo plano da validade. Por ele, apenas passam os atos jurídicos *stricto sensu* e os negócios jurídicos, nos quais é relevante a vontade humana. Será inválido o ato em que for identificado vício de vontade. Com relação ao plano da eficácia, este diz respeito à produção de efeitos pelos fatos jurídicos.[205]

A concepção publicista do processo relegou por muito tempo a segundo plano a reflexão acadêmica sobre os limites da autonomia da vontade das partes a respeito da multiplicidade de questões que podem ser suscitadas no processo ou, apenas, a considerá-la sempre vinculada à homologação do magistrado, este como representante do interesse público.[206]

O conceito de negócios jurídicos (espécie de ato jurídico) torna-se essencial, tendo em vista que os negócios jurídicos processuais são apenas uma derivação deste, legalmente positivados no CPC/2015.

---

[203] GOMES, Orlando. *Introdução ao direito civil*. 18. ed. Rio de Janeiro: Forense, 2002. p. 239-240.
[204] MIRANDA, Pontes de. *Tratado de direito privado, II*. São Paulo: RT, 1974. p. 184.
[205] CUNHA, Leonardo Carneiro da. Negócios jurídicos processuais no processo civil. In: CABRAL, Antonio do Passo; NOGUEIRA, Pedro Henrique (Coord.). *Negócios processuais*. Salvador: JusPodivm, 2015. p. 28-29.
[206] GRECO, Leonardo. Os atos de disposição processual – primeiras reflexões. *Revista Eletrônica de Direito Processual*, Rio de Janeiro, 1. ed., p. 7, out./dez. 2007.

Na democracia vigente, requer-se dos cidadãos e, na perspectiva jurídica, das partes, um espírito participativo de cada indivíduo na concretização da democracia contemporânea.[207]

A ideia contratualista (Barbosa Moreira, inclusive, utilizou a expressão *Privatização do Processo*)[208] trazida pelo novo CPC busca possibilitar às partes a liberdade de dispor sobre a estrutura procedimental de seu litígio; de facultar que estabeleçam parcela do percurso a que o "acertamento do seu caso" estaria submetido; em síntese, é a possibilidade de que sejam derrogadas regras relacionadas ao desenvolvimento do processo, alterando a sua tramitação a critério das partes.[209]

Esta concepção negociada do processo civil pode ter, inclusive, um caráter ideológico para alguns autores.[210]

Negócio jurídico é geralmente identificado, definido ou qualificado como ato de autonomia privada.[211] A autonomia privada, por sua vez, é, em regra, identificada como autodeterminação, autorregulação, autovinculação e, até mesmo, autarquia, sendo definida como um poder criador ou fonte de direito ou, pelo menos, de produção de efeitos

---

[207] RIBEIRO, Darci Guimarães; SCALABRIN, Felipe. O Papel do Processo na Construção da Democracia: para uma Nova Definição da Democracia Participativa. *Justitia*, São Paulo, 66 (200), jan/jun. 2009, p. 222.

[208] A expressão *privatização do processo* tem conexão com a extensão do papel confiado aos particulares na atividade realizada em juízo para compor a lide. (BARBOSA MOREIRA, José Carlos. Privatização do Processo? *Revista da EMERJ*, v.1, n.3, 1998. p. 14).

[209] ARENHART, Sérgio Cruz; OSNA, Gustavo. Os "acordos processuais" no projeto do CPC – aproximações preliminares. In: RIBEIRO, Darci Guimarães; JOBIM, Marco Félix (Org.). *Desvendando o novo CPC*. Porto Alegre: Livraria do Advogado, 2015. p. 140.

[210] O fator de caráter ideológico, que é evidentemente subjacente à concepção negocial da verdade processual, deriva da bem conhecida concepção do processo civil segundo a qual este seria somente uma "coisa privada das partes" [...]Trata-se, substancialmente, de uma concepção negocial segundo a qual competiria exclusivamente às partes, através da alegação e da contestação ou nã contestação dos fatos, o poder de estabelecer que coisa deve ou não deve ser tida por verdadeira para os fins da decisão. (TARUFFO, Michele. Justiça Negociada? *Revista Eletrônica de Direito Processual – REDP*. Volume XIII. Periódico da Pós-Graduação Stricto Sensu em Direito Processual da UERJ. Patrono: José Carlos Barbosa Moreira www.redp.com.br ISSN 1982-7636. p. 634-657).

[211] José Leyva Saavedra, ao dissertar sobre a autonomia privada, dispõe o seguinte: "En el ámbito de las relaciones jurídicas privadas, la pieza maestra que pone en movimiento a las otras piezas es la denominada «autonomía privada, la que, como soporte principal del mundo jurídico, traduce naturalmente el reconocimiento de los ordenamientos jurídicos a la libertad de los particulares de regular sus propias relaciones jurídicas, de la forma y manera querida por ellas, pero dentro de ciertos límites. El derecho, se ha dicho, recorta la superficie de la libertad existencial y devuelve, como recompensa, la libertad jurídica de las personas de manera organizada, precisada y recortada. Devuelve a los sujetos, pues, un poder normativo propio, no un poder de dictar normas. Autónoma es, por ende, la persona que puede decidir libremente como proyectar, perseguir y alcanzar sus propios objetivos, pero dentro de los límites señalados por cada ordenamiento jurídico." (SAAVEDRA, José Leyva. Autonomía Privada y Contrato. *Revista Oficial del Poder Judicial*. N°6 e 7. 2010-2011, p. 267-290, p. 268).

que incidam sobre situações jurídicas. A característica marcante dos negócios jurídicos é a vontade ou a vontade declarada.[212]

O Direito Processual Civil[213] brasileiro, a partir do CPC/2015, exprime uma nova filosofia, voltada à solução consensual dos conflitos, com uma manifesta tendência a maior participação dos sujeitos processuais para com a composição da lide. A autocomposição denota uma ampliação da abertura do diálogo e da manifestação subjetiva dos litigantes, expressão de ampliação do princípio dispositivo, transformando-o em um princípio dispositivo amplamente negocial devido ao objeto litigioso negociável pelo processo.[214]

Passou-se a defender, então, que o negócio jurídico consistiria numa declaração de vontade voltada a produzir efeitos jurídicos, enquanto o ato jurídico em sentido estrito decorreria de uma mera manifestação de vontade, com vistas a obter efeitos jurídicos já estabelecidos em lei.[215]

Negócio jurídico é aquela espécie de ato jurídico que, além de se originar de um ato de vontade, implica a declaração expressa da vontade, instauradora de uma relação entre dois ou mais sujeitos tendo em vista um objetivo protegido pelo ordenamento jurídico. Todavia, tais atos não se confundem com os atos jurídicos em sentido estrito, nos quais não há acordo de vontade.[216]

Desta forma, a vontade humana, nesta premissa, produziria efeitos jurídicos tanto de direito material, quando processual. A causa, assim, do negócio jurídico é a contextualização da manifestação de vontade.[217]

---

[212] CUNHA, Leonardo Carneiro da. Negócios jurídicos processuais no processo civil. In: CABRAL, Antonio do Passo; NOGUEIRA, Pedro Henrique (Coord.). *Negócios processuais*. Salvador: JusPodivm, 2015. p. 29.

[213] Eduardo Couture, ao fazer breve conceituação do que seja, efetivamente, o processo civil, dispõe o seguinte: "El derecho procesal civil es la rama de la ciência jurídica que estudia la naturaliza, desenvolvimento y eficácia del conjunto de relaciones jurídicas denominado processo civil". (COUTURE, Eduardo J. *Fundamentos del derecho procesal civil*. Tercera edición. Buenos Aires: Roque Depalma Editor, 1958, p. 03).

[214] MOTTA, Cristina Reindolff da; MÖLLER, Gabriela Samrsla. A abertura hermenêutica das convenções processuais à execução: pela busca da satisfatividade da tutela do direito material. In: MARCATO Ana *et al*. (Coord.). *Negócios processuais* Salvador: JusPodivm, 2017. p. 85.

[215] CUNHA, Leonardo Carneiro da. Negócios jurídicos processuais no processo civil. In: CABRAL, Antonio do Passo; NOGUEIRA, Pedro Henrique (Coord.). *Negócios processuais*. Salvador: JusPodivm, 2015. p. 30.

[216] CUNHA, Leonardo Carneiro da. *Negócios jurídicos processuais no processo civil brasileiro*. [S.l.], 2014. Disponível em: <www.academia.edu/10270224/Neg%C3%B3cios_jur%C3%ADdicos_processuais_no_processo_civil_brasileiro>. Acesso em: 05 set. 2018.

[217] MILAGRES, Marcelo de Oliveira. A causa do contrato. *Revista de Direito Civil Contemporâneo*, São Paulo, v. 14, p. 160, jan./mar. 2018.

Os negócios jurídicos derivam do direito fundamental à liberdade, nos termos do artigo 5º, *caput*, da CF. Dentro do direito à liberdade, está ao do autorregramento. A autonomia privada ou autorregramento da vontade é um dos pilares da liberdade e dimensão inafastável da dignidade da pessoa humana.[218]

A sistemática negocial e subjetiva apoia-se na utilização da autocomposição, baseada no diálogo, como maneira de satisfazer o direito material e pôr termo ao litígio, o que denota uma nova técnica processual eficiente.[219]

Pode-se localizar o poder de autorregramento da vontade em quatro zonas de liberdade: a) liberdade de negociação (zona das negociações preliminares, antes da consumação do negócio); b) liberdade de criação (possibilidade de criar novos modelos negociais atípicos que mais bem sirvam aos interesses dos indivíduos); c) liberdade de estipulação (faculdade de estabelecer o conteúdo do negócio); d) liberdade de vinculação (faculdade de celebrar ou não o negócio.[220]

A partir desta compreensão de liberalismo, o processo (anteriormente conhecido apenas um ramo do Direito Público) começa a tomar contornos de direito privado, trazendo à baila noções de Direito Civil e de autonomia privada das partes.

O Direito Processual Civil, embora ramo do Direito Público,[221] ou talvez exatamente por isso, também é regido por essa dimensão da liberdade. O princípio da liberdade também atua no processo, produzindo um subprincípio: o princípio do respeito ao autorregramento da vontade no processo.[222]

---

[218] DIDIER JR. Fredie. Princípio do respeito ao autorregramento da vontade no processo civil. In: CABRAL, Antonio do Passo; NOGUEIRA, Pedro Henrique (Coord.). *Negócios processuais*. Salvador: JusPodivm, 2015. p. 20.

[219] MOTTA, Cristina Reindolff da; MÖLLER, Gabriela Samrsla. A abertura hermenêutica das convenções processuais à execução: pela busca da satisfatividade da tutela do direito material. In: MARCATO Ana *et al*. (Coord.). *Negócios processuais*. Salvador: JusPodivm, 2017. p. 88.

[220] ASCENSÃO, Jóse de Oliveira. Direito civil – teoria geral. Coimbra: Coimbra, 1990, p. 78-80, v. II apud DIDIER JR. Fredie. Princípio do respeito ao autorregramento da vontade no processo civil. In: CABRAL, Antonio do Passo; NOGUEIRA, Pedro Henrique (Coord.). *Negócios processuais*. Salvador: JusPodivm, 2015. p. 20.

[221] O Professor Joan Picó i Junoy, em seu livro *"O Juiz e a Prova"*, defende o processo com uma visão mais "publicista", que o concebe como instrumento necessário para o exercício da função jurisdicional do Estado. Tal entendimento é contrário à doutrina que sustenta que o processo civil seria um negócio particular e com um fim privado: a defesa dos interesses pessoas. PICÓ I JUNOY, Joan. *O juiz e a prova*: estudo da errônea recepção do brocardo iudex iudicare debet secundum allegata et probata, non secundum conscientizam e sua repercussão atual. Tradução Darci Guimarães Ribeiro. 2. ed. Porto Alegre: Livraria do Advogado, 2017. p. 98.

[222] GAJARDONI, Fernando Fonseca. *Flexibilização procedimental*. São Paulo: Atlas, 2008. p. 215.

Resumindo, a partir do reconhecimento do princípio do autorregramento como fundamental, também, no âmbito do processo civil, fez com que o processo se tornasse um espaço propício para o exercício da liberdade individual das partes.

Este direito constitucional à liberdade deu origem à flexibilização judicial das regras de procedimento como solução para casos específicos e excepcionais.[223] Assim, a rigidez procedimental não mais se coaduna com os anseios atuais e a flexibilização não é incompatível com a previsibilidade, a segurança jurídica e o devido processo legal.[224]

Portanto, feita essa análise da origem dos negócios jurídicos, a partir do fato jurídico, bem como de seus conceitos, passa-se, então, no próximo capítulo, à conceituação, propriamente dita, dos negócios jurídicos processuais.

Os Negócios Jurídicos Processuais, no CPC/2015, são oriundos do direito fundamental à liberdade.[225]

Desta forma, não se pode esquecer que os titulares dos interesses em conflito são pessoas reais, cujas vias serão afetadas pelo resultado do processo e que, por isso mesmo, têm o direito de estabelecer duas estratégias processuais de acordo com aquilo que lhes pareça melhor para suas próprias vidas.[226] Assim, as partes devem ser livres para pactuarem regras e condições que as beneficiem. Esta é a ideia básica dos negócios jurídicos processuais.

As partes de um acordo processual são aqueles que se vinculam voluntariamente, em razão de sua capacidade negocial, pelas disposições contidas no instrumento convencional.[227]

Os Negócios Jurídicos Processuais possuem como base fundamental o princípio da cooperação,[228] elencado no artigo 6º do CPC/2015.[229]

---

[223] OLIVEIRA, Paulo Mendes de. *Segurança jurídica e processo*: da rigidez à flexibilização processual. São Paulo: Thomson Reuters Brasil, 2018. p. 75.

[224] Idem.

[225] "Liberdade. Ao que nos parece, esta é a palavra de ordem do novo Código de processo Civil (CPC), tendo dois eixos principais de sustentação: celebração de negócios processuais típicos pelas partes e estímulo à utilização dos métodos alternativos de solução de controvérsias." LIPIANI, Júlia; SIQUEIRA, Marília. Negócios Jurídicos processuais sobre mediação e conciliação. ZANETI JR., Hermes; CABRAL, Trícia Navarro Xavier (Coord.). *Justiça multiportas*: mediação, conciliação, arbitragem e outros meios de solução adequada de conflitos. Salvador: Juspodivm, 2017. p. 141.

[226] CÂMARA, Alexandre Freitas. *O novo processo civil brasileiro*. 3 ed. São Paulo: Atlas, 2017. p. 15.

[227] CABRAL, Antonio do Passo. *Convenções processuais*. Salvador: JusPodivm, 2016. p. 218.

[228] Tal ideia de cooperação, autorregramento e autonomia das partes vem em decorrência de uma modificação do poder, antes hierárquico, para uma horizontalidade atual, em que as partes surgem como protagonistas para participarem, dialogarem, e estipularem o melhor para si próprias. Paulo Trindade Santos, sobre este tema, dispõe da seguinte forma: "O poder antes polarizado hierarquicamente desvanece ao poder em horizontalidade posto pela colaboração reativa das partes e é incidente de uma função jurisdicional reenquadrada pela administração da justiça, despola-

A partir desta mudança principiológica trazida pelo CPC/2015, o processo passa a ter um modelo cooperativo, em busca de uma divisão equilibrada de trabalho entre o juiz e as partes, no qual todos trabalham em conjunto, sem o protagonismo de apenas um dos autores.[230]

O CPC/2015 possibilita, então, uma maior participação das partes no processo, com maior valorização da autonomia privada das partes, viabilizando, assim, os negócios jurídicos processuais.

Por certo que tais mudanças paradigmáticas do CPC/73 para o CPC/2015 possuem relação direta com o que dispõe o seu artigo 1º,[231] em que, conforme *caput* do dispositivo legal, no Código de Processo Civil, será ordenado, disciplinado e interpretado com base nos valores e normas fundamentais estabelecidas na Constituição Federal.[232] Este, portanto, é o Processo Civil no Estado Democrático de Direito.[233]

A doutrina passou, então, a defender a comparticipação dos sujeitos processuais – aí incluídas as partes – na construção da decisão que deva solucionar os casos submetidos ao crivo judicial.[234]

---

riza-se o poder de cima e é manifesto o poder político pelos cidadãos ativos de uma democracia plural e aberta. Depreende-se em um ius facere pela legitimidade democrática processual concretizando-se pelo direito objetivo processual garantido pela fundamentação da decisão. A dinâmica processual estabelece uma dialética e um diálogo profícuo em uma governança das partes por uma colaboração reativa, apresentando um desvelamento do fenômeno e desmarcando uma nova gênese ao direito pelo Processo – o direito acertado pela função jurisdicional na compreensão hermenêutica revela o direito como adaptação existencial". (SANTOS, Paulo Trindade. *Filosofia do Direito Processual*: fenômeno conflitológico de interesses como gênese do Direito. Tese Doutorado. Unisinos, PPGD, São Leopoldo, RS, 2018, p. 31).

[229] Art. 6º Todos os sujeitos do processo devem cooperar entre si para que se obtenha, em tempo razoável, decisão de mérito justa e efetiva. BRASIL. *Lei nº 13.105, de 16 de março de 2015*. Código de Processo Civil. Disponível em: <http://www.planalto.gov.br/ccivil_03/_Ato2015-2018/2015/Lei/L13105.htm>. Acesso em: 06 abr. 2018.

[230] ABREU, Rafael Sirangelo de. "Customização processual compartilhada": o sistema de adaptabilidade do novo CPC. *Revista de Processo*, Rio de Janeiro, v. 257, p. 5, jul. 2016.

[231] Art. 1º O processo civil será ordenado, disciplinado e interpretado conforme os valores e as normas fundamentais estabelecidas na Constituição da República Federativa do Brasil, observando-se as disposições deste Código. BRASIL. *Lei nº 13.105, de 16 de março de 2015*. Código de Processo Civil. Disponível em: <http://www.planalto.gov.br/ccivil_03/_Ato2015-2018/2015/Lei/L13105.htm>. Acesso em: 06 abr. 2018.

[232] O processo civil é estruturado a partir dos direitos fundamentais que compõem o direito fundamental ao processo justo, o que significa dizer que o legislador infraconstitucional tem o dever de desenhá-lo a partir do seu conteúdo. Em outras palavras, o processo civil é ordenado e disciplinado pela Constituição, sendo o Código de Processo Civil uma tentativa do legislador infraconstitucional de adimplir com o seu dever de organizar um processo justo. Vale dizer: o Código de Processo Civil constitui direito constitucional aplicado." MARINONI, Luiz Guilherme; ARENHART, Sérgio Cruz; MITIDIERO, Daniel. *Novo código de processo civil comentado*. 3. ed. São Paulo: Revista dos Tribunais, 2017. p. 153.

[233] Para melhor compreender o processo no Estado Democrático de Direito, ver: RIBEIRO, Darci Guimarães. *Da tutela jurisdicional às formas de tutela*. Porto Alegre: Livraria do Advogado, 2010.

[234] NUNES, Dierle José Coelho. *Processo jurisdicional democrático*. Curitiba: Juruá, 2008 *apud* CUNHA, Leonardo Carneiro da. Negócios jurídicos processuais no processo civil. In: CABRAL,

Ou seja, o CPC adota um modelo cooperativo de processo, com valorização da vontade das partes e equilíbrio nas funções dos sujeitos processuais. Diante disto, todos os sujeitos do processo devem cooperar entre si, cabendo ao juiz zelar pelo efetivo contraditório.[235]

Com relação ao princípio do contraditório, fundamental tecer algumas considerações. Nas palavras de Darci Guimarães Ribeiro:

> El contradictorio, en mi opinión, puede ser más bien comprehendido levándose en consideración su desarrollo a través de los tiempos, vale decir, a lo largo de tres fases distintas. La primera, que denomino formal y está caracterizada por la necesidad de informar; la segunda, material que caracterizase por la posibilidad de participación y la tercera, constitucional, identificada por el derecho de influenciar.[236]

Ou seja, a ideia é que o indivíduo não só deve ser objeto da decisão do juiz, como deve ser ouvido antes de uma decisão que envolva os seus direitos, a fim de poder ter influência sobre o processo o seu resultado.[237] Assim, o processo hoje só pode ser compreendido dentro de uma dimensão democrática, como um espaço público para os debates.[238]

Uma das grandes inovações do CPC/2015 foi a implementação das convenções/contratos processuais, em seu artigo 190, que permite a conformação do procedimento e posições processuais por meio da autonomia da vontade. Tal previsão legal, portanto, possibilita uma customização do processo e maior adequação do mesmo à vontade das partes.[239]

É possibilitado às partes estipularem mudanças no procedimento e convencionarem sobre seus ônus, poderes, faculdades, calendário processual, direito material e deveres processuais. Pode ser considerado um desdobramento do modelo cooperativo, posto que acaba por concretizar essa possibilidade de maior atuação das partes na condução do processo.[240]

Antonio do Passo; NOGUEIRA, Pedro Henrique (Coord.). *Negócios processuais*. Salvador: JusPodivm, 2015. p. 45.

[235] Ao tratar do princípio do contraditório, o Professor Darci Guimarães Ribeiro doutrinou o seguinte: "Porém não se pode negar que desde muito tempo este princípio tem insistentemente cedido lugar a uma nova exigência legal surgida com a modernidade: a efetividade da prestação jurisdicional". Ver: RIBEIRO, Darci Guimarães. A dimensão constitucional do contraditório e seus reflexos no projeto do novo CPC. *Revista de Processo*, São Paulo, ano 39, p.15, jun. 2014.

[236] RIBEIRO, Darci Guimarães. La Dimensión Constitucional del Principio de Contradicción y sus Reflejos en el Derecho Probatorio Brasileño. *Revista del Instituto Colombiano de Derecho Procesal*, 2014, Bogotá, p.101-120.

[237] RIBEIRO, Darci Guimarães. A dimensão constitucional do contraditório e seus reflexos no projeto do novo CPC. *Revista de Processo*, São Paulo, ano 39, p.15, jun. 2014, p. 22.

[238] Ibid., p. 23.

[239] JOBIM, Marco Félix; MEDEIROS, Bruna Bessa de. O impacto das convenções processuais sobre a limitação de meios de prova. *Revista de Direito Processual - REDP*. Rio de Janeiro, ano 11, v. 18, n 1, p. 330, jan./abr. 2017.

[240] Idem.

Os negócios jurídicos processuais, por sua vez, nas palavras de Benedito Mário Vitiritto, possuem características estritamente relacionadas à vontade das partes. Assim, dispõe da seguinte forma: "Negócio jurídico processual é o resultante de declaração dispositiva de vontade da parte, ou das partes, com o fim de constituir, modificar ou extinguir a relação processual".[241]

Diogo Assunção Rezende de Almeida, ao trazer o seu conceito, afirma o seguinte:

> [...] são os pactos firmados entre duas ou mais pessoas, com a finalidade de fixação de regras entre elas e que servirão para normatizar – de forma distinta daquela prevista em lei – algum aspecto processual ou procedimental da solução de eventual litígio que venha a surgir, podem ser chamados de acordos, contratos ou convenções processuais.[242]

Adriano C. Cordeiro, ao dispor sobre os negócios jurídicos processuais, afirma o seguinte: "O negócio processual é uma manifestação ou expressão da autonomia privada, uma vez que é por meio dos negócios que regulam os interesses processuais".[243]

Fredie Didier Jr., ao dissertar sobre o assunto, dispõe o seguinte conceito: "Negócio processual é o fato jurídico voluntário, em cujo suporte fático se confere ao sujeito o poder de regular, dentro dos limites fixados no próprio ordenamento jurídico, certas situações jurídicas processuais ou alterar o procedimento".[244]

Os negócios jurídicos podem ser típicos ou atípicos. São típicos aqueles que se encontram, além de referidos expressamente, também disciplinados na legislação. Atípicos, por sua vez, são os negócios processuais cujo regime não se encontra previsto em lei. O CPC/2015 refere-se, textualmente, à possibilidade de as partes realizarem acordo sobre procedimentos, ônus, poderes, faculdades e deveres processuais.[245]

Podem, ainda, os Negócios Jurídicos Processuais estar previstos dentro de outro contrato (ex: contrato de locação). Neste caso, terão o nome de *cláusulas de diferendo*,[246] que são disposições contratuais que

---

[241] VITIRITTO, Benedito Mário. Reflexões sobre o negócio jurídico processual. In: VITIRITTO, Benedito Mário. *O julgamento antecipado da lide e outros estudos*. Belo Horizonte: Lemi, 1999. p. 112.

[242] ALMEIDA, Diogo Assumpção Rezende de. *A contratualização do processo das convenções processuais no processo civil*. São Paulo: LTr, 2015. p. 112.

[243] CORDEIRO, Adriano C. *Negócios jurídicos processuais no novo CPC*: das consequências do seu descumprimento. Curitiba: Juruá, 2017. p. 31.

[244] DIDIER JR., Fredie. Negócios jurídicos processuais atípicos no CPC-2015. In: DIDIER JR., Fredie. *Ensaios sobre os negócios jurídicos processuais*. Salvador: JusPodivm, 2018. p. 25.

[245] MEDINA, José Miguel Garcia. *Novo código de processo civil comentado*: com remissões e notas comparativas ao CPC/1973. 4. ed. São Paulo: Revista dos Tribunais, 2016. p. 337.

[246] ALMEIDA, Diogo Assumpção Rezende de. *A contratualização do processo das convenções processuais no processo civil*. São Paulo: LTr, 2015. p. 112.

disciplinam eventual disputa processual para execução ou renegociação do contrato.

No Forum Permanente de Processualistas Civis, ocorrido em novembro de 2013, em Salvador/BA, ficou estabelecido, no Enunciado 19, rol de negócios jurídicos possíveis dentro de outros (por exemplo: contrato de locação).[247]

Da mesma forma, o mesmo Forum Permanente, em seu Enunciado 20, dispôs sobre os negócios jurídicos que não podem ser realizados.[248]

Claro que, para que os Negócios Jurídicos Processuais prosperem, é fundamental que haja confiança entre os advogados e juízes.[249]

Como forma de exemplo de confiança da população para com os juízes, importante analisar a estrutura do *common law*, especialmente nos limites encontrados pelo parlamento inglês no prestígio do tribunal.[250]

A confiança recíproca é, em todos os campos das relações humanas, uma força simplificadora. Confiança quer dizer solidariedade,

---

[247] "São admissíveis os seguintes negócios processuais, dentre outros: pacto de impenhorabilidade, acordo de ampliação de prazos das partes de qualquer natureza, acordo de rateio de despesas processuais, dispensa consensual de assistente técnico, acordo para retirar o efeito suspensivo de recurso, acordo para não promover execução provisória; pacto de mediação ou conciliação extrajudicial prévia obrigatória, inclusive com a correlata previsão de exclusão da audiência de conciliação ou de mediação prevista no art. 334; pacto de exclusão contratual da audiência de conciliação ou de mediação prevista no art. 334; pacto de disponibilização prévia de documentação (pacto de disclosure), inclusive com estipulação de sanção negocial, sem prejuízo de medidas coercitivas, mandamentais, sub-rogatórias ou indutivas; previsão de meios alternativos de comunicação das partes entre si; acordo de produção antecipada de prova; a escolha consensual de depositário-administrador no caso do art. 866; convenção que permita a presença da parte contrária no decorrer da colheita de depoimento pessoal". ENUNCIADOS do Fórum Permanente de Processualistas Civis. Florianópolis, mar. 2017. Disponível em: <http://www.novocpcbrasileiro.com.br/enunciados-interpretativos-sobre-o-novo-cpc-do-fppc/>. Acesso em: 07 jun. 2017.

[248] "Não são admissíveis os seguintes negócios bilaterais, dentre outros: acordo para modificação da competência absoluta, acordo para supressão da primeira instância, acordo para afastar motivos de impedimento do juiz, acordo para criação de novas espécies recursais, acordo para ampliação das hipóteses de cabimento de recursos". ENUNCIADOS do Fórum Permanente de Processualistas Civis. Florianópolis, mar. 2017. Disponível em: <http://www.novocpcbrasileiro.com.br/enunciados-interpretativos-sobre-o-novo-cpc-do-fppc/>. Acesso em: 07 jun. 2017.

[249] Para melhor compreender a relação de confiança entre advogados e juízes, ver: CALAMANDREI, Piero. *Processo e democracia*: Conferências realizadas na Faculdade de Direito da Universidade Nacional Autônoma do México. Porto Alegre: Livraria do Advogado, 2017. p. 83-96.

[250] Gustav Radbruch, ao analisar a competência do parlamento inglês, dispôs o seguinte: "*A Rule of Law* (autonomia legislativa do magistrado) se apresenta de forma concorrente à soberania do parlamento. O grande jurista Coke esforçou-se durante um tempo para vincular o parlamento e a legislação à Common Law, para declarar como ilegais leis que violassem o Direito e a razão, mas mais tarde ele abandonou essa ideia a favor da soberania do parlamento. O parlamento inglês era capaz de tudo, só não de transformar uma mulher em um homem e vice-versa. Assim, pôde o parlamento anular ou modificar princípios jurídicos que a Common Law desenvolvera na forma de precedentes. A competência ilimitada do parlamento encontra seus limites, em parte, no poder da opinião pública e no prestígio do tribunal, e em parte na sábia autolimitação do parlamento". RADBRUCH, Gustav. *O espírito do direito inglês e a jurisprudência Anglo-Americana*. Rio de Janeiro: Lumen Juris, 2010. p. 50.

sociabilidade, compreensão. Também nos processos, a astúcia, tão prestigiada pelos causídicos de menor envergadura, é responsável pelas complicações e pelos retardos no andar do processo.[251]

Com relação à aplicação dos Negócios Jurídicos Processuais, importante mencionar que o tema, ainda, é muito pouco tratado pelos Tribunais brasileiros.

No entanto, o TJ/SP, por sua vez, já possui algumas decisões sobre o tema.[252]

O mesmo Tribunal já se posicionou sobre a impossibilidade de os Negócios Jurídicos Processuais suprimirem garantias constitucionais.[253]

---

[251] CALAMANDREI, Piero. *Processo e democracia*: Conferências realizadas na Faculdade de Direito da Universidade Nacional Autônoma do México. Porto Alegre: Livraria do Advogado, 2017. 92.

[252] NEGÓCIO JURÍDICO PROCESSUAL – Existência de limites prescritos explícita e implicitamente pelo próprio modelo de atuação estatal jurisdicional – Necessidade de observância da disciplina constitucional de distribuição de competência legislativa, da força normativa dos princípios e dos requisitos de validade dos negócios jurídicos em geral – Impossibilidade de convenção relacionada a normas de ordem pública e de aplicação cogente, a exemplo de pressupostos de existência e validade do processo – Autorização para convenção sobre os ônus, os poderes, as faculdades e os deveres processuais das partes – Vedada extensão a atos, poderes e deveres do julgador – Admissível controle judicial das convenções – Invalidade da estipulação que difere o contraditório e altera o momento de formação do processo com a citação da parte contrária, bem como faz aplicar tutela provisória de urgência de natureza cautelar – Decisão mantida. Agravo não provido. SÃO PAULO. Tribunal de Justiça. *Agravo de instrumento 2143515-35.2018.8.26.0000*. Relator: Sá Moreira de Oliveira; Órgão Julgador: 33ª Câmara de Direito Privado; Foro Central Cível - 39ª Vara Cível, São Paulo, Julgamento: 13 de agosto de 2018.
Embargos à execução. Honorários profissionais de perito judicial. Sentença que rejeitou os embargos e extinguiu a execução por entender que o embargante era parte ilegítima para responder pelo débito. Acordo entabulado entre as partes litigantes nos autos em que trabalhou o perito, encarregando a embargante do pagamento de despesa processual em aberto. Negócio jurídico processual que não pode ser oposto à ora embargada, sobretudo considerando que a própria certidão de honorários emitida pelo juízo, dotada de fé pública, apontou como responsável pelos honorários a embargante Saci. Execução que foi corretamente direcionada, baseada no título executivo. Sentença reformada. Recurso provido. SÃO PAULO. Tribunal de Justiça (6. Vara Cível). *Apelação 1006695-45.2013.8.26.0309*. Apelante: MR Avaliações e Pericias de Engenharia Sociedade Simples Ltda. Apelado: Saci Comércio de Tintas Ltda. Relator: Ruy Coppola, Órgão Julgador: 32ª Câmara de Direito Privado; Foro de Jundiaí - São Paulo, Julgamento: 13 de setembro de 2018.
Agravo de instrumento – Sistema Financeiro da Habitação – Execução hipotecária – Cessão do crédito, no curso do processo – Cláusula no sentido de que o cedente permanecerá patrocinando a execução, intervindo o cessionário na condição de assistente litisconsorcial – Disposição caracterizando o chamado negócio jurídico processual, figura prevista no art. 190 do CPC – Regra contratual, ademais, da qual não advém prejuízo à parte adversária e que se mostra em harmonia com o sentido ortodoxo da norma do art. 109 e § 2º do CPC – Interlocutória reformada, para que se observe o quanto previsto no instrumento de cessão. Dispositivo: Deram provimento ao agravo. SÃO PAULO. Tribunal de Justiça (9. Vara Cível). *Agravo de instrumento 2136057-64.2018.8.26.0000*. Relator: Ricardo Pessoa de Mello Belli; Órgão Julgador: 19ª Câmara de Direito Privado. São Paulo, Julgamento: 13 de agosto de 2018.

[253] Agravo de instrumento. Ação indenizatória. Acidente de trânsito. Denunciação da lide à seguradora em momento posterior ao previsto no art. 126 do CPC/15. Ampliação dos limites subjetivos da demanda. Impossibilidade. Feito já saneado. Negócio jurídico processual que não pode suprimir garantias constitucionais. Risco a direito de terceiro estranho ao processo. Decisão mantida. Recurso improvido. São Paulo. Tribunal de Justiça. Comarca: São José dos Campos. *Agravo de ins-*

Da mesma forma, com relação à possibilidade de recebimento de mandado de citação por pessoa diversa ao réu da demanda, os Negócios Jurídicos Processuais já têm sido utilizados neste sentido, inclusive com anuência do Tribunal.[254]

Portanto, diante do exposto, trouxe-se, até o presente momento, a evolução histórica dos negócios jurídicos processuais, sua origem nos fatos jurídicos, conceituação pela doutrina e aplicabilidade pelos Tribunais de Justiça.

É claro que, a partir do desenvolvimento dos estudos a partir do Novo CPC, os Tribunais apresentarão ainda mais decisões sobre essa matéria, em situações mais complexas entre as partes envolvidas.

3.2. Origem dos negócios jurídicos processuais

Nas palavras de Francesco Carnelutti, "a palavra processo serve, pois, para indicar um método para formação ou para a aplicação do direito que visa garantir o bom resultado, ou seja, uma tal regulação do conflito de interesses que consiga realmente a paz".[255]

Assim, se o processo é um método para a formação ou para a atuação do direito, ou seja, servindo ao direito,[256] os negócios jurídicos têm como função facilitar este "método" para as partes, estipulando regras e condições específicas para a relação processual.

Após a entrada em vigor do CPC/2015, muitos advogados e juristas olharam com desconfiança para os artigos 190[257] e 191.[258] Para

---

trumento nº 2017.0000737270. Relator: Walter Cesar Exner, Órgão julgador: 36ª Câmara de Direito Privado; Data do julgamento: 19 de setembro de 2016; Data de registro: 19 de setembro de 2016.

[254] AGRAVO DE INSTRUMENTO – AÇÃO MONITÓRIA – HOMOLOGAÇÃO DE ACORDO EXTRAJUDICIAL – CUMPRIMENTO DE SENTENÇA – Intimação para os fins do artigo 475-J do CPC/1973 – Ré executada sem advogado constituído nos autos – INTIMAÇÃO PESSOAL – DESNECESSÁRIO – Partes que estipularam mudança no procedimento para ajustá-lo a especificidade da demanda – NEGÓCIO JURÍDICO PROCESSUAL PREVISTO NO CPC/2015 – CABIMENTO - Intimações a serem realizadas no endereço declinado, ficando autorizado o recebimento de intimação por quaisquer terceiros que nele se encontrem. AUTOCOMPOSIÇÃO E CAPACIDADE PLENA DAS PARTES. DISPONIBILIDADE DOS INTERESSES A PERMITIR O NEGÓCIO JURÍDICO PROCESSUAL - Inteligência do art. 190, do CPC/2015. DECISÃO AGRAVADA REFORMA. AGRAVO PROVIDO. SÃO PAULO. Tribunal de Justiça. Comarca: Guarulhos. *Agravo de Instrumento nº 2014.0000465877.* Relator: Luis Fernando Nishi, Órgão julgador: 32ª Câmara de Direito Privado; Data do julgamento: 22 de setembro 2016; Data de registro: 22 de setembro de 2016.

[255] CARNELUTTI, Francesco. *Instituições do processo civil.* Tradução Adrián Sotero de Witt Batista. São Paulo: Classic Book, 2000. p. 72.

[256] Idem.

[257] Art. 190. Versando o processo sobre direitos que admitam autocomposição, é lícito às partes plenamente capazes estipular mudanças no procedimento para ajustá-lo às especificidades da causa e convencionar sobre os seus ônus, poderes, faculdades e deveres processuais, antes ou

muitos, a possibilidade de as partes estipularem alterações nas regras do processo, em comum acordo, sem o consentimento prévio do juiz, parecia, no mínimo, ilógico.

Inserida no mais amplo contexto das relações entre a sociedade civil e o Estado, esta perspectiva privatista propõe colher os sinais do tempo: a diminuição da capacidade de regulação do Estado segundo o modelo tradicional, baseado na imposição unilateral da regra de conduta; a difusão de estruturas cooperativas e consensuais de normatividade, como tentativa de compensar a perda de poder de autoridade, e de colocar o acordo (Vertrag) ao lado do comando (Gebot), como outra forma originária de formação do vínculo jurídico.[259]

Todavia, o que muitos não sabiam é que as convenções/contratos[260][261] processuais iniciaram no próprio Direito Romano,[262] através da criação do protótipo de acordos judiciais, chamado de *litiscontestatio*.[263]

A *litiscontestatio* assumiu contornos diferentes nas diversas fases da evolução processual romana (*legis actiones*, período formular e *cognitio extra ordinem*). Sua principal afeição desenvolveu-se sobretudo nos períodos em que se observava a divisão do procedimento em duas

---

durante o processo. Parágrafo único. De ofício ou a requerimento, o juiz controlará a validade das convenções previstas neste artigo, recusando-lhes aplicação somente nos casos de nulidade ou de inserção abusiva em contrato de adesão ou em que alguma parte se encontre em manifesta situação de vulnerabilidade. BRASIL. *Lei nº 13.105, de 16 de março de 2015*. Código de Processo Civil. Disponível em: <http://www.planalto.gov.br/ccivil_03/_Ato2015-2018/2015/Lei/ L13105. htm>. Acesso em: 06 abr. 2018.

[258] Art. 191. De comum acordo, o juiz e as partes podem fixar calendário para a prática dos atos processuais, quando for o caso. § 1o O calendário vincula as partes e o juiz, e os prazos nele previstos serão modificados em casos excepcionais, devidamente justificados. § 2o Dispensa-se a intimação das partes para a prática de ato processual ou a realização de audiência cujas datas tiverem sido designadas no calendário. BRASIL. *Lei nº 13.105, de 16 de março de 2015*. Código de Processo Civil. Disponível em: <http://www.planalto.gov.br/ccivil_03/_Ato 2015-2018/2015/ Lei/ L13105. htm>. Acesso em: 06 abr. 2018.

[259] CAPONI, Remo. Autonomia Privado e Processo Civil: os Acordos Processuais. *Revista Eletrônica de Direito Processual – REDP*. Volume XIII. P. 734-735.

[260] GRECO, Leonardo. Os atos de disposição processual: primeiras reflexões. In: MEDINA, José Miguel Garcia (Coord.). *Os poderes do juiz e o controle das decisões judiciais*: estudos em homenagem à Professora Teresa Arruda Alvim Wambier. São Paulo: RT, 2008. p. 291: *"O que caracteriza as convenções processuais ou é a sede do ato – ato integrante da relação processual, preticado no processo -, ou é a sua finalidade de produzir efeitos em determinado processo, presente ou futuro"*.

[261] Importante ressaltar que o presente trabalho não tem como objetivo nem analisar, nem discutir a terminologia correta a ser utilizada. Para melhor compreender isto, ver: CABRAL, Antonio do Passo. *Convenções processuais*. Salvador: JusPodivm, 2016.

[262] Não é o objetivo deste artigo discorrer sobre o Direito Romano. Apenas analisaremos a origem dos acordos processuais, atualmente denominados de Negócios Jurídicos Processuais, com os *litiscontestatio*.

[263] MULLER, Yvonne. *Le contrat judiciaire em droit privé*. Tese (Doutorado) -- Universidade de Paris (Panthéon-Sorbonne), Paris, 1995. p. 11 apud CABRAL, Antonio do Passo. *Convenções processuais*. Salvador: JusPodivm, 2016. p. 31.

fases. A primeira (*in iure*) tinha como objetivo fixar as pretensões das partes, que compareciam em juízo e firmavam um acordo pelo qual se comprometiam a aceitar decisões futuras. A segunda fase (*apud iudicem*), que se iniciava após a *litiscontestatio*, era aquela que efetivamente se julgava o objeto litigioso definido na *litiscontestatio*.[264]

No período das *legis actiones*, no fim da fase *in iure*, a *litiscontestatio* representava o momento que se fixavam os limites do litígio a ser decidido posteriormente pelo *iudex*. No período do processo *per formulas*, com o abandono da oralidade e a previsão de fórmulas escritas para definir a controvérsia, a *litiscontestatio* assumiu o formato de um acordo a partir do qual as partes se comprometiam a participar da fase *apud iudicem* e aceitar a sentença que fosse prolatada.[265] A *litiscontestatio* podia ser visualizada como instrumento de tipo arbitral que representou o formato mais primitivo – e o mais difundido – de acordo processual.[266]

Séculos depois, na Alemanha, o publicismo processual (na nossa realidade, imperioso até CPC/1973) voltava-se contra o formato privatista, sucateando, assim, a ideia de contratos/convenções processuais hoje novamente estudadas.

Assim, a *litiscontestatio*, por muitos anos, ficou associada a uma ideia de processo civil que atendesse estritamente aos interesses das partes, em que o Estado-juiz tivesse postura passiva, sem quase nenhuma iniciativa. O juiz (na época denominado de pretor), portanto, possuiria uma figura de mero condutor do processo.

A atividade jurisdicional, no direito romano, correspondia substancialmente a uma função legitimadora da defesa privada, de vez que o direito era, de um modo geral, realizado por seu titular contra aquele que o ofendesse, ou por qualquer modo o desrespeitasse.[267]

---

[264] CABRAL, Antonio do Passo. *Convenções processuais*. Salvador: JusPodivm, 2016. p. 31-32.

[265] A *litiscontestatio* tinha diversos efeitos: para o presente estudo, o mais importante era o de que fazia nascer entre as partes uma nova obrigação, por exemplo, o processo seria decorrente do encontro de vontades dos litigantes na litiscontestação (efeito novatório); e a estabilidade decorrente da sentença justificar-se-ia naquela vontade convencional manifestada pelas partes. De fato, a novação da relação jurídica operada estaria no cerne da indiscutibilidade que a decisão proferida posteriormente poderia adquirir. As partes eram vistas como "contratantes" da sentença. MULLER, Yvonne. Le contrat judiciaire em droit privé. Tese (Doutorado) -- Universidade de Paris (Panthéon-Sorbonne), Paris, 1995. p. 11 apud CABRAL, Antonio do Passo. *Convenções processuais*. Salvador: JusPodivm, 2016. p. 32.

[266] BETTI, Emilio. Istituzioni di diritto romano. 2. ed. Padova: CEDAM, 1947. v. 1, p. 256-259 apud CABRAL, Antonio do Passo. *Convenções processuais*. Salvador: JusPodivm, 2016. p. 32.

[267] SILVA, Ovídio Araújo Baptista da. *Curso de processo civil*: processo de conhecimento. 5. ed. São Paulo: Revista dos Tribunais, 2000. v. 1, p. 24.

Na Idade Média, no entanto, o modelo processual vigente na Europa era o denominado *jus commune*, que era comum em boa parte dos países europeus até o final da Revolução Francesa.[268]

Nessa época, o processo possuía cinco características importantes: i) a necessidade de todos os atos processuais serem escritos; ii) desestimular qualquer relação pessoal, direta e pública entre o órgão julgador e as partes. O juiz deveria fundamentar as suas decisões exclusivamente nos fatos e palavras descritas, e não sobre suas impressões pessoais; iii) sistema de provas legais, segundo o qual as valorações das provas eram estabelecidas pela lei de maneira abstrata e matemática; iv) desenvolvimento fragmentário e descontínuo do processo. Na ausência da presença direta do juiz, as partes, ou até mesmo seus advogados, eram senhores controláveis do desenvolvimento do processo. Abusos e táticas dilatórias eram o normal resultado; v) a grande duração e morosidade dos processos.[269]

Este modelo de processo denominado de *jus commune*, após a Revolução Francesa, sofreu uma grande reforma sob o nome-símbolo de "oralidade". O que o movimento reformador efetivamente queria, na verdade, era bem mais uma mera reação contra o predomínio da escritura do procedimento do *jus commune* e nos procedimentos derivados deste.[270] A ideia era romper com as características do velho processo acima descritas.

O processo inglês, harmonizado com a filosofia liberal individualista, privilegia a autonomia dos interessados e a limitação da atuação do órgão estatal.[271]

Tal mudança mudou, significativamente, na prática, a duração dos processos.[272]

Após diversas modificações históricas do processo, atualmente, após a entrada em vigor do CPC/2015, as convenções processuais passaram a ser uma inovação trazida pela nova legislação que, da mesma forma como a oralidade trouxe antigamente, veio como forma de garantir maior celeridade processual e, mais ainda, conforme será fundamentado neste processo, uma maior segurança jurídica no que se refere à intervenção judicial.

---

[268] CAPPELLETTI, Mauro. *Processo, ideologia e sociedade*. Porto Alegre: Sergio Antonio Fabris, 2008. p. 312.
[269] Ibid., p. 312-316.
[270] Ibid., p. 321.
[271] BARBOSA MOREIRA, José Carlos. *Temas de direito processual*. São Paulo: Saraiva, 2007, p. 82.
[272] CAPPELLETTI, Mauro. *Processo, ideologia e sociedade*. Porto Alegre: Sergio Antonio Fabris, 2008. p. 324.

O tema das convenções processuais coloca-se no centro do debate entre publicismo e privatismo porque reflete a tensão entre o processo e a vontade privada das partes envolvidas.²⁷³

Proto Pisani, ao dissertar sobre esta dicotomia entre o público e o privado no Processo Civil dispôs o seguinte:

> O caráter privado disponível do direito objeto do processo civil, por outro lado, fundamenta o princípio da normal correlação entre titularidade do direito material e titularidade do direito ou poder de ação, a excepcionalidade das hipóteses de legitimação extraordinária dos sujeitos privados não titulares do direito substancial, assim como a excepcionalidade do poder de ação e da obrigatoriedade da intervenção do Ministério Público. Ademais, o direito privado disponível do direito objeto do processo é tido como fundamento de institutos tais como a conciliação judicial, o deferimento e a referência ao compromisso legal, a eficácia da prova legal da confissão, da admissibilidade do recurso ao juízo arbitral etc., institutos estes que podem ser previstos ou não em cada ordenamento positivo.²⁷⁴

Da concepção de que a relação jurídica processual era pública derivaram-se diversas consequências para o direito processual. O processo passou a ter como enfoque a função jurisdicional e os atos do juiz.

O próprio direito de ação, antes entendido como disponível às partes, passou a ser concebido como um direito público, exercido contra o Estado.²⁷⁵ Ou seja, o juiz era provocado para, então, provocar o réu. A relação processual se tornara um "tripé", tendo o juiz como central para a continuidade do processo.

A partir do século XIX, o processo passou a se dirigir ao juiz, e não ao demandado. Tal mudança é significativa, pois, concede ao juiz um papel de protagonismo.²⁷⁶ Assim, o campo abriu-se, com isso, para o progresso da ideia publicista no direito processual, uma vez que a nova relação jurídica descoberta incluía entre os seus sujeitos o juiz, órgão estatal, daí derivando a ideia da relação de subordinação que no processo se dá.²⁷⁷

Com o Código de Processo Civil de 1973, esta perspectiva publicista tornou-se ainda mais latente, só ocorrendo uma efetiva mudança com a entrada em vigor do Código de Processo Civil de 2015.

---

²⁷³ CABRAL, Antonio do Passo. *Convenções processuais*. Salvador: JusPodivm, 2016. p. 104.

²⁷⁴ PISANI, Andrea Proto. Público e privado no processo civil na Itália. *Revista da EMERJ*, Rio de Janeiro, v. 4, n. 16, p. 24, 2001.

²⁷⁵ CARNELUTTI, Francesco. *Sistema di diritto processuale civile*. Padova: CEDAM, 1936. v. 1, p. 215-216.

²⁷⁶ DINAMARCO, Cândido Rangel. *A instrumentalidade do processo*. 14. ed. São Paulo: Malheiros, 2009. p. 18.

²⁷⁷ Ibid., p. 50.

3.3. Limites entre o público e o privado

Conforme demonstrado anteriormente, entre os séculos XIX e XX, o processo se manteve essencialmente publicista, desvinculando-se da herança privatista[278] trazida pelo Direito Romano.

A distribuição das atividades entre as partes e o juiz, incluindo o modo como elas se relacionam no processo, e a intervenção estatal em maior ou menor grau nos processos tem relação com a extensão dada à autonomia da vontade como fonte de produção de efeitos jurídicos. Desta forma, fala-se em privatismo e publicismo no processo para tratar dessas questões e de modelos concebidos segundo uma maior ou menor identidade com essas duas concepções ideológicas também.[279]

Dinamarco, nesse sentido, afirma que a mudança do caráter privatista para o publicista conseguiu isolar a crença de que o processo tivesse natureza jurídica de um contrato e tornando-se assim, consequentemente, privado de qualquer ideia da *litiscontestatio*. Desta forma, o demandado fica jungido ao processo e aos seus resultados, não porque houve acerto contratual neste sentido, mas porque o Estado, na pessoa do juiz, tem autoridade suficiente para impor-lhe essa sujeição.[280]

Todavia, o processo civil não conseguiu se ver livre de toda a cultura privatista antiga, permanecendo, entre os Séculos XIX e XX, com algumas características privatistas, mesmo que preponderantemente público.

Cândido Rangel Dinamarco, desta forma, ao analisar tal situação, dispôs o seguinte:

> Presencia-se pois a uma ciência processual construída mediante afirmações e pressupostos publicistas, mas revelando surpreendentes posicionamentos sobrevivos ao sincretismo privatista já superado. Seguramente, concorreu para essa predisposição psicológica a origem do direito processual civil, que hoje unanimemente se reconhece ser ramo do direito público, nos compartimentos do direito privado.[281]

---

[278] Adolfo Alvarado Velloso, ao dissertar sobre a tendência privatista do processo, dispõe o seguinte: "Así, la tendência 'privatista' de la escuela clásica, de filiación civilista, que consideraba la litis como uma cuestión de derecho privado y al proceso como um instrumento para la proteción del derecho subjetivo, necesariamente entendía que a las partes correspondía, no solo la iniciación de él sino el impulso procesal, y, por tanto, el juez era un mero espectador que al final de la contienda le otorgaba la razón al vencedor". (VELLOSO, Adolfo Alvarado. *El juez sus deberes y facultades*. Buenos Aires: Ediciones Depalma, 1982, p. 04).

[279] MÜLLER, Julio Guilherme. *Negócios processuais*. São Paulo: Revista dos Tribunais, 2017. p. 45.

[280] DINAMARCO, Cândido Rangel. *A instrumentalidade do processo*. 14. ed. São Paulo: Malheiros, 2009. p. 50.

[281] Ibid., p. 53.

Atribui-se a Oskar von Büllow o início do estudo mais científico sobre o processo como relação jurídica de direito público existente entre o Estado-juiz e as partes.[282]

A partir de um processo publicista, a lide poderia se tornar mais ou menos acessível ao homem débil e inculto, conforme o juiz tivesse meios maiores ou menores de vir em sua ajuda, de iluminá-lo sobre o que fazer para a sua defesa, de corrigir os seus erros. A extensão dos poderes do juiz seria a chave das reformas processuais, o segredo da adaptação do processo às necessidades sociais.[283]

Leonardo Greco, em seu artigo denominado *"Publicismo e privatismo no processo civil"*, traz à baila críticas dos defensores do privatismo ao publicismo[284] e, da mesma forma, as críticas dos defensores do publicismo ao privatismo.[285]

No segundo Pós-Guerra, o garantismo e a efetividade do processo acabam por ter um protagonismo em matéria processual.

Leonardo Greco, assim, ao analisar esse período histórico fundamental para a mudança de rumos do processo civil, dispôs o seguinte:

> A partir deste momento histórico, todo o processo civil se reconstrói através da efetividade e do garantismo como instrumento de tutela jurisdicional efetiva dos direitos dos particulares e, no conflito entre o interesse público e o interesse particular. [...] É o processo justo, o processo humanista, que serve diretamente aos destinatários da

---

[282] BÜLLOW, Oskar von. *Excepciones procesales y pressupuestos procesales*. Tradução espanhola de Miguel Angel Rosa. Buenos Aires: Editora Jurídica Europa-America, 1968. p. 3.

[283] RAATZ, Igor. *Autonomia privada e processo civil*: negócios jurídicos processuais, flexibilização procedimental e o direito à participação na construção do caso concreto. Salvador: Juspodivm, 2016. p. 80.

[284] "A partir desta concepção publicista, a oralidade, a concentração, o impulso processual oficial, o ativismo judicial especialmente em matéria probatória, relegando a segundo plano a iniciativa das partes e a responsabilidade dos advogados, a busca da verdade material e a realização da justiça a qualquer preço são características do processo civil como instrumento da concretização de escopos sociais, muito ao gosto de regimes autoritários. [...] Nesta concepção publicista, então, o processo civil se converteu em algo parecido à jurisdição voluntária, na qual o juiz assume não uma função jurisdicional, mas uma tutela paternalista dos particulares, aos quais considera quase como menores ou incapazes, desenvolvendo o decisionismo pós-moderno, que põe a justiça a serviço do mais fraco, provocando liminares sem contraditório, invertendo as regras do ônus da prova através de cargas dinâmicas e se imiscuindo na política, o que representa um desgoverno". GRECO, Leonardo. Publicismo e privatismo no processo civil. *Revista de Processo*, São Paulo, n. 164, p. 31-32, 2008.

[285] "O desenvolvimento do processo não pertence aos litigantes, mas ao Estado, único titular da função jurisdicional, que serve do processo como instrumento para garantir a sua efetividade. Deve-se adotar uma postura intermédia entre a eficácia do processo e o garantismo". [...] "A iniciativa probatória das partes não tem fundamento constitucional, ao contrário do princípio dispositivo, mas caráter meramente técnico. É preciso distinguir entre o princípio dispositivo (da demanda) e a iniciativa probatória do juiz. Essa iniciativa tem fundamento constitucional o caráter social do Estado do Direito, assim como no dever do Estado de alcançar a justiça. A justiça depende da busca da verdade, que depende da certeza dos juízos sobre os fatos". GRECO, Leonardo. Publicismo e privatismo no processo civil. *Revista de Processo*, São Paulo, n. 164, p. 34, 2008.

prestação jurisdicional e apenas remotamente ao interesse geral da coletividade ou ao interesse público.[286]

Essa influência do publicismo, porém, apresentou diversas repercussões. Uma delas é uma maior intervenção do juiz no desenvolvimento do processo, refletindo uma postura mais ativa que lhe dá maior protagonismo.[287]

Neste mesmo sentido, Joan Picó i Junoy, ao dissertar sobre o tema, dispôs o seguinte:

> Uma das consequências mais relevantes da publicização ou socialização do processo civil se concretiza no fato de que, sem discutir a vigência do princípio dispositivo, traz à discussão em juízo o de aportação da parte, ao menos no que diz respeito à repartição de funções entre o juiz e os litigantes e ao incremento de faculdades probatórias do órgão jurisdicional, indicando-se que, apesar de os litigantes serem livres para dispor dos interesses deduzidos em juízo, ou seja, do objeto do processo, não o são a respeito do processo mesmo, vale dizer, de seu desenvolvimento, ao conceber-se não só como instrumento dirigido à tutela jurisdicional de direitos privados, senão também como função pública do Estado, interessado, portanto, no melhor cumprimento desta função.[288]

Assim, a ideia de que o processo civil é um negócio particular e com um fim privado na defesa dos interesses pessoais se encontra desde muito tempo superada, em função de uma visão publicista do processo, que o concebe como instrumento necessário para o exercício da função jurisdicional do Estado.[289]

Estas diretrizes embasaram a criação do Código de Processo Civil de 1973, em que o caráter publicista imperou quase que preponderantemente, mesmo com alguns autores divergindo sobre o tema.

Barbosa Moreira, em artigo denominado *"Neoprivatismo no processo civil"*, ao dissertar sobre o assunto, atualiza o debate entre público e privado, no sentido de que a relação, mesmo sendo privada entre as partes, pode, em certa medida, ter uma atuação objetiva do Juízo, no sentido de que existe um interesse social (e inclusive de terceiros), na resolução dos casos concretos.[290]

---

[286] GRECO, Leonardo. Publicismo e provatismo no processo civil. *Revista de Processo*, São Paulo, n. 164, p. 43, 2008.

[287] Neste ponto, fundamental ressaltar o que dispõem alguns autores, como Lenio Streck, George Abboud entre outros, sobre o ativismo judicial, como forma de coibir tal prática praticada por alguns juízes.

[288] PICÓ I JUNOY, Joan. *O juiz e a prova*: estudo da errônea percepção do brocardo *iudex iudicare debet secundum allegata et probata, non secundum* conscientiam e a sua repercussão atual. Tradução Darci Guimarães Ribeiro. 2. ed. Porto Alegre: Livraria do Advogado, 2017. p. 96.

[289] Ibid., p. 98.

[290] MOREIRA, José Carlos Barbosa. Neoprivatismo no processo civil. *Revista da Academia Brasileira de Letras Jurídicas*, Rio de Janeiro, n. 26, p. 197-210. 2004.

A partir da Constituição de 1988, passou-se a falar em um Estado Democrático de Direito. Assim, superou-se o modelo liberal e o modelo social. A ideia, portanto, é que o cidadão seja visto e reconhecido como participante,[291] e não mero recipiente da intervenção social do Estado.[292]

Isso significa que o Estado Democrático de Direito se contrapõe à relação pendular entre o privado e o público presente na contraposição entre Estado Liberal e Estado Social. Na verdade, o que se pretende é um equilíbrio entre a autonomia privada e a autonomia pública, o que já significa pensar o espaço público numa dimensão democrática.[293]

A ideia, então, do novo CPC, é a de que o processo (como ramo do Direito Público) não apenas imponha às partes o seus deveres e faculdades, mas que também dialogue e componha.[294]

Portanto, ao tratar dos Negócios Jurídicos Processuais, a partir da perspectiva trazida pelo CPC/2015, é necessário olhar com um viés atual, preocupando-se com a parte como agente de direito no processo podendo, inclusive, estipular regras específicas na ação em que é litigante.

3.4. Uma Análise Econômica do Direito aplicada aos negócios jurídicos processuais

Os negócios jurídicos processuais são um reflexo de uma maior autonomia das partes trazida pelo CPC/2015 em que estas podem convencionar/acordar modificações na seara processual do processo judicial a ser ajuizada (ou já em trâmite).

Assim, por ser um reflexo do direito privado e contratual dentro do processo (direito público), o estudo dos custos de transação para as partes e, até mesmo, para o Estado, se faz importante.

Desta forma, analisar os negócios jurídicos processuais a partir da AED se faz necessário e atual, diante da excessiva judicialização em nosso país.

---

[291] Sobre o tema da democracia participativa, fundamental ver o seguinte artigo: RIBEIRO, Darci Guimarães; SCALABRIN, Felipe. O papel do processo na construção da democracia: para uma nova definição de democracia participativa. *Revista da Ajuris*, Porto Alegre, ano 36, n. 114, jun. 2009.

[292] RAATZ, Igor. *Autonomia privada e processo civil*: negócios jurídicos processuais, flexibilização procedimental e o direito à participação na construção do caso concreto. Salvador: Juspodivm, 2016. p. 86.

[293] Ibid., p. 88.

[294] ARENHART, Sérgio Cruz; OSNA, Gustavo. Os "acordos processuais" no projeto do CPC: aproximações preliminares. In: RIBEIRO, Darci Guimarães; JOBIM, Marco Félix (Org.). *Desvendando o novo CPC*. Porto Alegre: Livraria do Advogado, 2015. p. 141.

3.4.1. Análise econômica: justiça em números

É indiscutível que os negócios jurídicos processuais, em um contexto de Estado Democrático de Direito, referente a litígios que envolvam direitos disponíveis, é uma possibilidade de caráter de direito privado positivado pelo CPC/2015.

A partir do momento em que se consolida a ideia de que os Negócios Jurídicos Processuais são acordos feitos pelas partes sobre matéria processual, o estudo através da análise econômica se faz pertinente.[295]

A análise econômica constitui-se em um instrumental de observação da realidade social; na verdade, trata-se de um poderoso instrumental, pois tem capacidade preditiva do comportamento e da organização dos indivíduos em sociedade.[296]

Em um momento em que a discussão sobre o número dos processos e os altos valores despendidos pelo Estado para a manutenção da estrutura do Poder Judiciário, discutir-se meios de deixar o processo mais célere e eficiente, por óbvio, faz-se pertinente.

No dia 27/08/2018, o Conselho Nacional de Justiça (CNJ) divulgou a denominada "Justiça em Números 2018", com os dados dos 90 tribunais existentes em nosso país.[297]

O Judiciário chegou ao final do ano de 2017 com um acervo de 80,1 milhões de processos que aguardavam uma solução definitiva. No entanto, o ano de 2017 foi o de menor crescimento do estoque desde 2009, período computado para série histórica da pesquisa, com variação de 0,3%. Isso significa um incremento de 244 mil casos em relação a 2016.[298]

Conforme a pesquisa divulgada em agosto de 2018, a despesa total do Poder Judiciário em 2017 foi de R$ 90.846.325.160,00 (noventa bilhões, oitocentos e quarenta e seis milhões, trezentos e vinte e cinco mil, cento e sessenta reais), ou seja, um aumento de 4,4% em relação ao ano de 2016.[299] Existem hoje 18.168 magistrados, 272.093 servidores

---

[295] GIANNAKOS, Demétrio Beck da Silva. Análise econômica dos negócios jurídicos processuais. *Revista de Processo*, Rio de Janeiro, v. 278, p. 497-519, abr. 2018.
[296] YEUNG, Luciana Luk-Tai. Análise econômica do direito do trabalho e da reforma trabalhista. *Revista Estudos Institucionais*, Rio de Janeiro, v. 3, n. 2, p. 894, 2017.
[297] CONSELHO NACIONAL DE JUSTIÇA. *CNJ apresenta justiça em números 2018, com dados dos 90 tribunais*. Brasília, DF, 27 ago. 2018. Disponível em: <http://www.cnj.jus.br/noticias/ cnj/87512-cnj-apresenta-justica-em-numeros-2018-com-dados-dos-90-tribunais>. Acesso em: 11 set. 2018.
[298] Idem.
[299] CONSELHO NACIONAL DE JUSTIÇA. *Justiça em números 2018*: ano-base 2017. Brasília, DF, 2018. Disponível em: <http://www.cnj.jus.br/files/conteudo/arquivo/2018/08/ 44b7368ec6f888b383f 6c3de40c32167.pdf>. Acesso em: 11 set. 2018.

e 158.703 auxiliares. A justiça estadual é a mais cara do Brasil, custando aos estados R$ 52.155.769.079,00.

As despesas totais do Poder Judiciário correspondem a 1,4% do Produto Interno Bruto (PIB) nacional, ou 2,6% dos gastos totais da União, dos estados, do Distrito Federal e dos municípios.[300]

Em 2017, o custo pelo serviço da Justiça foi de R$ 437,47 por habitante, R$ 15,2 a mais do que no último ano.

Um processo de conhecimento que tramite na Justiça estadual, da data do seu ajuizamento até o julgamento em sede de primeiro grau, dura em torno de três anos e sete meses. Ainda, no segundo grau, o prazo de tramitação do recurso seria de onze meses. Em sede de execução judicial (ex: cumprimento de sentença), o prazo de processamento seria de três anos e dez meses. Ou seja, somando os três prazos (sem considerar eventuais recursos aos Tribunais Superiores), o processo dura, em média, oito anos e quatro meses.[301]

Luciano da Ros, em seu artigo denominado "O custo da Justiça no Brasil: uma análise comparativa exploratória", já havia analisado dados mais antigos do custo do Poder Judiciário em nosso país.[302]

Esse mesmo autor, em seu trabalho, demonstra que outros países, como Alemanha, Portugal, Estados Unidos e Inglaterra, possuem percentuais de seus PIBs investidos no Poder Judiciário muito abaixo do Brasil.[303]

Por habitante, a despesa do Poder Judiciário brasileiro é muito superior em valores absolutos à de países cuja renda média é claramente superior, como Suécia (66,7 euros), Holanda (58,6 euros), etc.[304] Mesmo com relação a países da própria América Latina, o Brasil mantém uma diferença exorbitante de custos com o Poder Judiciário.

Desde o início do Século XX, o Poder Judiciário brasileiro já vem sendo considerado como em um estado crítico.[305] Após anos de um

---

[300] CONSELHO NACIONAL DE JUSTIÇA. *Justiça em números 2018*: ano-base 2017. Brasília, DF, 2018. Disponível em: <http://www.cnj.jus.br/files/conteudo/arquivo/2018/08/44b7368ec6f888b383f6c3de40c32167.pdf>. Acesso em: 11 set. 2018.

[301] Idem.

[302] DA ROS, Luciano. O custo da justiça no Brasil: uma análise comparativa exploratória. *Observatório de Elites Políticas e Sociais do Brasil*, Curitiba, v. 2, n. 9, jul. 2015.

[303] Idem.

[304] Idem.

[305] YEUNG, Luciana Luk-Tai; AZEVEDO, Paulo Furquim de. Beyond conventional wisdom and anecdotal evidence: measuring efficiency of Brazilian Courts. In: ANNUAL CONFERENCE OF THE INTERNATIONAL SOCIETY FOR NEW INSTITUTIONAL ECONOMICS, Berkeley, 2009. *Anais eletrônicos...* Berkeley: University of California, 2009. Disponível em: <https://core.ac.uk/download/pdf/6228387.pdf>. Acesso em: 11 set. 2018.

governo militar ditatorial, foi criada, em 1988, a Constituição Federal, constituindo um Estado Democrático de Direito. Com este, foram criados diversos direitos fundamentais e princípios, bem como procedimentos processuais novos disponíveis para as partes, possibilitando, assim, uma maior litigiosidade principalmente contra o Poder Público.[306]

Tais procedimentos novos, diante da maior abertura do Poder Judiciário após a Constituição Federal de 1988, abarrotaram os Tribunais, fazendo com que os efeitos mais calamitosos fossem justamente nas Cortes Superiores.[307] Tais Cortes, todavia, não possuem estrutura para dar conta de tamanha demanda.

Duas causas para esse abarrotamento do Poder Judiciário são muito elencadas pela doutrina responsável por realizar pesquisas empíricas neste meio, quais são: 1) o número insuficiente de mão de obra para atender a grande demanda de processos; e 2) o grande número de recursos que permitem a discussão da matéria em questão por anos.[308]

Recentemente, a Justiça do Trabalho, da mesma forma, tem sido muito debatida, especialmente a partir da Reforma Trabalhista (Lei nº 13.467/2017).

Um dos trabalhos pioneiros da Análise Econômica do Direito brasileiro foi realizado por Lamounier, Sadek e Castelar Pinheiro,

---

[306] YEUNG, Luciana Luk-Tai; AZEVEDO, Paulo Furquim de. Beyond conventional wisdom and anecdotal evidence: measuring efficiency of Brazilian Courts. In: ANNUAL CONFERENCE OF THE INTERNATIONAL SOCIETY FOR NEW INSTITUTIONAL ECONOMICS, Berkeley, 2009. *Anais eletrônicos...* Berkeley: University of California, 2009. Disponível em: <https://core.ac.uk/download/pdf/6228387.pdf>. Acesso em: 11 set. 2018.

[307] Idem.

[308] Os Professores Luciana Yeung e Paulo Furquim, em outro texto escrito sobre este assunto, dissertam o seguinte: "Judiciary staff members usually credit inefficiency to the lack of resources. Judges and judicial employees argue that human and material resources at all levels are not sufficient to deal with the large number of cases. In recent years, the greatest concern is the continued underutilization of modern electronic procedures. However, legal experts, who are not involved in the daily operations of the courts, point to different explanations. In their view, knowing how to wisely manage available resources is more important than demanding for more. Some high-rank judges also agree with this argument. Another traditional explanation for court inefficiency is the very bureaucratic procedural law that Brazil inherited from the Portuguese and the civil law traditions. This is unanimously agreed as one of the primary reasons of inefficiency. Slackness, a complex system of procedural rules, and an overemphasis on format are traces still present in the law today. In addition to that, criticisms are often directed to the ease of appealing to judicial decisions. Some lawyers consider the large number of appeals unavoidable because, they say, it minimizes trial errors. Yet, this conclusion is not supported by the data. Rosenn (1998) shows that 90% of all decisions made in first instance courts is maintained by judges in the appellate courts. In other words, the high level of appeals simply means more useless work, more slackness, and more waste of resources". YEUNG, Luciana Luk-Tai; AZEVEDO, Paulo Furquim de. Measuring the efficiency of brazilian courts form 2006 to 2008: what do the numbers tells us? *Insper Working Paper*, São Paulo, 2011. Disponível em: <https://www.insper.edu.br/wp-content/uploads/2012/10/2011_wpe251.pdf>. Acesso em: 11 set. 2018.

em 2000.[309] Esse consistia no levantamento junto a centenas de empresas brasileiras, e tinha como objetivo coletar a avaliação e a experiência destas com relação ao funcionamento das cortes judiciais. O resultado mostrou que as 600 empresas participantes da pesquisa se envolveram, em um período de 10 anos, em mais de 134.500 processos (entre concluídos e em andamento na época da pesquisa). Desses, nada menos do que 80% eram processos trabalhistas. Os processos relacionados a questões comerciais e econômicas – relacionado a dívidas, quebras contratuais, problemas com fornecedores e/ou clientes, etc. – aparecem bem atrás, em segundo lugar, com apenas 10,5% de todos os casos de litígio.[310]

José Joaquim Calmon de Passos, ao dissertar sobre o papel dos magistrados, narrou o seguinte:

> Daí minha convicção de que nós, profissionais do Direito, cuidamos de uma doença social – o conflito – como os médicos cuidam de uma doença do corpo. Dedução necessária: se num país abundam médicos, hospitais, preventórios etc., é porque a saúde do povo vai muito mal. O mesmo vale para o direito. Quando se exigem muitos juízes, muitos tribunais, muitos advogados privados ou públicos e há milhões de processos em curso, isso é um sinal evidente de que socialmente este país está de mal a pior. E a doença que o direito cuida chamam-na inadequadamente de injustiça, mas devia ser mais bem qualificada como falência das instituições sociais, como a doença do corpo é a falência de nossos órgãos e dos sistemas em que eles se inserem.[311]

Consequentemente, a confiança da população no Poder Judiciário acaba sendo prejudicada. A Fundação Getúlio Vargas, em seu Índice de Confiança do Judiciário (ICJ Brasília), no ano de 2017, constatou uma maior redução na confiança do povo brasileiro nas instituições públicas de um modo geral, tendo o percentual de apenas 24% atribuído ao Poder Judiciário como "confiável".[312]

Ora, tais dados apresentados possuem grande importância para demonstrar a atual situação encontrada em nosso Poder Judiciário para, assim, justificar a importância dos Negócios Jurídicos Processuais como uma possibilidade de reduzir o custo do processo, deixá-lo mais célere e, ainda (conforme será apresentado no último capítulo) mais seguro, no sentido de vincular a decisão do juiz ao pactuado no Negócio Jurídico Processual.

---

[309] PINHEIRO, Armando Castelar (Org.). *Judiciário e economia no Brasil*. São Paulo: Sumaré, 2000.
[310] YEUNG, Luciana Luk-Tai. Análise econômica do direito do trabalho e da reforma trabalhista. *Revista Estudos Institucionais*, Rio de Janeiro, v. 3, n. 2, p. 907, 2017.
[311] PASSOS, José Joaquim Calmon de. *Ensaios e artigos*. Organizadores Fredie Didier Jr. e Paula Sarno Braga. Salvador: JusPodivm, 2016. p. 32.
[312] FUNDAÇÃO GETÚLIO VARGAS. *ICJBrasil 2017*: confiança da população nas instituições cai. Rio de Janeiro, 24 out. 2017. Disponível em: <https://portal.fgv.br/noticias/icjbrasil-2017-confianca-populacao-instituicoes-cai>. Acesso em: 18 set. 2018.

3.4.2. Análise econômica aplicada aos contratos

De forma direta e objetiva, a Análise Econômica do Direito é a aplicação de ferramentas da economia ao Direito e às partes envolvidas. Muitas das vezes, esta aplicação da economia ao Direito é básica, analisando os incentivos e desincentivos criados pela legislação e/ou por contratos firmados entre as partes.[313]

A análise econômica do contrato pretende ser complementar da análise jurídica, fazendo ressaltar o escopo utilitário que preside, quase invariavelmente, à deliberação de contratar, e fazendo recair a atenção nos efeitos que o transformam em veículo de consumação e permuta de utilidades.[314]

O contrato não pode ser analisado apenas como uma construção da ciência jurídica elaborada, mas também como uma realidade econômico-social. Ou seja, falar de contrato significa sempre remeter – explícita ou implicitamente – para a ideia de operação econômica.[315]

O caráter jurídico (formalização jurídica) nunca é construído com o fim em si mesmo, mas sim com vista e em função da operação econômica, do qual representa, por assim dizer, a veste exterior. Ou seja, o caráter jurídico do contrato passa a ser o arranjo das operações econômicas descritas no mesmo.[316] Assim, toda a vez que um contrato é rescindido, anulado ou revisado, por óbvio, reflete diretamente na relação econômica entre as partes e, em uma maior escala, em toda a coletividade.

Do ponto de vista jurídico, fundamental apontar o que dispõe Emilio Betti sobre os negócios jurídicos:

> [...] surgem como actos por meio dos quais os particulares dispõem, para o futuro, um regulamento obrigatório de interesses das suas recíprocas relações, e desenvolvem-se, espontaneamente, sob o impulso das necessidades, para satisfazer diversíssimas funções económico-sociais, sem a ingerência de qualquer ordem jurídica.[317]

O mesmo autor prossegue com conceituação clara sobre os negócios jurídicos: "Ele é o acto pelo qual o indivíduo regula, por si, os seus interesses, nas relações com os outros (acto de autonomia privada): acto ao qual o direito liga os efeitos mais conformes à situação económico-social que lhe caracteriza o tipo".[318]

---

[313] BIX, Brian H. Law and economics and explanation in contract law. In: WHITE, Mark D. *Theoretical foundations of law and economics*. Cambridge University Press, 2009. p. 207.

[314] ARAÚJO, Fernando. *Teoria económica do contrato*. Coimbra: Almedina, 2007. p. 14.

[315] ROPPO, Enzo. *O contrato*. Coimbra: Almedina, 2009. p. 08.

[316] Ibid. p. 09.

[317] BETTI, Emilio. *Teoria geral do negócio jurídico*. Coimbra: Coimbra Editora, 1969. t., 1, p. 88-89.

[318] Ibid., p. 107-108.

O negócio jurídico, desta forma, não é nem "fonte de normas", nem atuação da lei, mas é o autorregulamento de interesses, que se opera na vida social por impulso espontâneo das partes interessadas.[319]

Nesse contexto, o contrato é, por excelência e essencialmente, a forma escolhida pelos ordenamentos jurídicos para que se realize a circulação da titularidade de interesses no contexto de sistemas de mercado ou, mais precisamente, na vigência do mecanismo de mercado, o qual, por sua vez, se constitui em um meio de promoção de trocas voluntárias, as quais se realizam em função da expectativa de trazerem vantagens às partes contratantes.[320] Buscam-se, assim, níveis mais elevados de satisfação, até mesmo pelo fato de que o ato de contratar consiste no exercício de liberdade e autonomia.[321]

A essência econômica do contrato é o de promessa. Assim, são considerados contratos aqueles internos às firmas[322] que definem as relações entre agentes especializados na produção, bem como os arranjos externos às firmas que regulam as transações entre firmas independentes, podendo ser estendidos para as transações entre o Estado e o setor privado.[323]

Nas palavras de Rachel Sztajn, Decio Zylbersztajn e Paulo Furquim de Azevedo, "os contratos somados ao ambiente institucional definirão diferentes mecanismos de incentivos, assim como os remédios para o não cumprimento das promessas".[324]

Luciano Benetti Timm, ao dissertar sobre a matéria dos contratos, afirmou o seguinte: "Com efeito, é o contrato que permitirá que agentes econômicos transacionem (com maior ou menor liberdade conferida pelo ordenamento jurídico) suas propriedades ou direitos".[325]

---

[319] BETTI, Emilio. *Interpretação da lei e dos atos jurídicos*: teoria geral e dogmática. Tradução Karina Jannini. São Paulo: Martins Fontes, 2007. p. 343.

[320] TRINDADE, Manoel Gustavo Neubarth. *Direito contratual como redutor das falhas de mercado*. 2013, f. 19. Dissertação (Mestrado em Direito) -- Universidade Federal do Rio Grande do Sul, Porto Alegre, 2013.

[321] Idem.

[322] Nas palavras de Rachel Sztajn, Decio Zylbersztajn e Paulo Furquim de Azevedo as firmas seriam "Vistas como um conjunto de contratos, as firmas representam arranjos institucionais desenhados de modo a coordenar (governar) as transações que concretizam as promessas definitivas em conjunto pelos agentes". SZTAJN, Rachel; ZYLBERSZTAJN, Decio; AZEVEDO, Paulo Furquim de. Economia dos contratos. In: ZYLBERSZTAJN, Decio; SZTAJN, Rachel. *Direito e economia*. Rio de Janeiro: Elsevier, 2005. p. 104.

[323] SZTAJN, Rachel; ZYLBERSZTAJN, Decio; AZEVEDO, Paulo Furquim de. Economia dos contratos. In: ZYLBERSZTAJN, Decio; SZTAJN, Rachel. *Direito e economia*. Rio de Janeiro: Elsevier, 2005. p. 104.

[324] Idem.

[325] TIMM, Luciano Benetti. *Artigos e ensaios de direito e economia*. Rio de Janeiro: Lumen Juris, 2018. p. 32-33.

O contrato desempenha, inequivocamente, uma função econômica, representando uma forma intermediária entre o mercado (que representa riscos às partes) e a integração (que reflete segurança). Em termos gerais, haverá eficiência econômica quando o direito faça cumprir uma promessa que ambas as partes desejam a sua executabilidade no momento da formação contratual.[326]

Em matéria de contratos, a eficiência é um dos principais objetivos a ser alcançado, uma vez que o contrato deve permitir que os agentes econômicos envolvidos tenham um benefício a partir daquela transação, melhorando a sua situação individual.[327]

Nas palavras de Luciano Benetti Timm e João Francisco Menegol Guarisse:

> Um contrato pode ser compreendido como uma transação de mercado entre duas ou mais partes. É, assim, um meio de troca entre pessoas. Os contratos existem porque nenhum homem é autossuficiente. É absolutamente inviável, hoje em dia, que cada pessoa produza tudo o que é necessário para sua sobrevivência. As trocas ocorrem quando as pessoas avaliam o mesmo bem de forma distinta.[328]

Nas palavras de Eric Posner: "A análise-padrão que as partes fazem um contrato com o objetivo de assegurar um investimento em um projeto com benefício mútuo".[329]

Contrato, então, é um acordo, entre duas ou mais partes, que transmite direitos entre elas, assim como estabelece, exclui ou modifica deveres.[330]

Porém, os contratos não são perfeitos (por exemplo, contratos normalmente não são completos e não preveem todas as situações possíveis de ocorrer)[331] e podem, eventualmente, necessitar de uma interpretação por parte do intérprete juiz.[332] Em nosso ordenamento jurídico, a partir

---

[326] CASCAES, Amanda Celli. Análise econômica do contrato incompleto. *RJLB*, Lisboa, ano 3, n. 1, p. 168, 2017.

[327] Idem.

[328] TIMM, Luciano Benetti; GUARISSE, João Francisco Menegol. Análise econômica dos contratos. In: TIMM, Luciano Benetti. *Direito e economia no Brasil*. 2. ed. São Paulo: Atlas, 2014. p. 160.

[329] POSNER, Eric. *Análise econômica do direito contratual*: sucesso ou fracasso? São Paulo: Saraiva, 2010. p. 17.

[330] SZTAJN, Rachel; ZYLBERSZTAJN, Decio; AZEVEDO, Paulo Furquim de. Economia dos contratos. In: ZYLBERSZTAJN, Decio; SZTAJN, Rachel. *Direito e economia*. Rio de Janeiro: Elsevier, 2005. p. 113.

[331] Para Eric Posner, um contrato completo seria aquele que "descreveria todos os riscos possíveis, mais os custos de transação – incluindo o custo da negociação e da redação do contrato; a possibilidade de previsão de eventos de pouca probabilidade torna todos os contratos incompletos." POSNER, Eric. *Análise econômica do direito contratual*: sucesso ou fracasso? São Paulo: Saraiva, 2010. p. 17-18.

[332] Robert Cooter e Thomas Ulen, ao dissertarem sobre as imperfeições dos contratos, dispõem da seguinte forma: "We described three possible responses of courts to contract imperfections:

da positivação da boa-fé objetiva[333] [334] e da função social do contrato[335]

(i) enforce the explicit terms as if the contract were perfect; (ii) fill a gap in the contract without contradicting its explicit terms; or (iii) replace the contract´s explicit terms. Courts should usually tolerate contract imperfections and enforce the terms as written, just as officials should usually tolerate market imperfections and allow business to proceed without regulation. Tolerance is usually required because tha state cannot fix most imperfections in private transactions, just as it cannot fix most imperfections in marriage". COOTER, Robert; ULEN, Thomas. *Law and economics*. 6th ed. [S.l.]: Addisson-Wesley, 2012. p. 292.

[333] Referente à boa-fé objetiva, fundamental trazer à baila alguns conceitos importantes: "A boa-fé objetiva, assim, seria uma ideia de regras de condutas fundadas na honestidade, na retidão, lealdade. Assim, distancia-se daquela ideia de má-fé, que, por sua vez, é relacionada com a ideia de boa-fé subjetiva" (MARTINS-COSTA, Judith. A boa-fé no direito privado. São Paulo: Revista dos Tribunais, 1999. p. 412); "A boa-fé objetiva, então, como mandamento de conduta (ou mandamento de consideração), engloba todas as partes envolvidas no negócio jurídico e estabelece, entre eles, um elo de cooperação, em face do fim objetivo a que visam" (SILVA, Clóvis do Couto e. A obrigação como processo. Rio de Janeiro: Editora FGV, 2006. p. 33); "Essa boa-fé objetiva não é no sentido apontado pelo Código Civil de 1916, chamada de boa-fé subjetiva, pois percebe-se que, além do elemento interno do contratante de julgar estar agindo conforme procedimentos condizentes com a boa-fé, espera-se dele um plus exterior, baseado no compromisso de lealdade, que pode ser resumido na obrigação de informação e de cooperação que se expressa no dever de facilitar o cumprimento obrigacional, com base nos critérios e limites usuais ditados pelos usos, costumes e boa-fé". GARCIA, Ricardo Lupion. *Boa-fé objetiva nos contratos empresariais*: contornos dogmáticos dos deveres de conduta. Porto Alegre: Livraria do Advogado, 2011. p. 41-42.

[334] Da mesma forma, a boa-fé objetiva inspirou o CPC/2015 a incorporar os seus conceitos (art. 5º, do CPC) e aplicação, conforme dispõe Darci Guimarães Ribeiro sobre o tema: "O art. 5º do CPC, como norma fundamental do processo civil, possui nítido caráter objetivo, não se limitando, portanto, a ausência de má-fé do sujeito na realização de determinado ato processual. Vale dizer, prioriza a função objetiva sem, contudo, desatender a subjetiva. Ela, a boa-fé objetiva, vai mais além e está intrinsecamente ligada a eticidade de uma determinada sociedade, seus ideais de moralidade e um grau significativo de cultura jurídica, que certamente variam no tempo e no espaço, já que visa proteger a confiança entre os sujeitos processuais". RIBEIRO, Darci Guimarães. A boa-fé como norma fundamental do processo civil. In: STRECK, Lenio Luiz; ROCHA, Leonel Severo; ENGELMANN, Wilson (Org.). *Constituição, Sistemas Sociais e Hermenêutica*: Anuário do Programa de Pós-Graduação em Direito da Unisinos. n. 14. São Leopoldo: Karywa, Unisinos, 2018. p. 29.

[335] Rodrigo Fernandes Rebouças, ao dissertar sobre este tema, ressalta a complexidade do mesmo e a possibilidade de mitigação da autonomia privada dos contratantes: "A cláusula geral da função social ainda demanda um contínuo estudo, justamente por ser um elemento relativamente novo de interpretação contratual e mitigação da autonomia privada, pois, embora existam diversos estudos monográficos e inúmeros artigos científicos acerca do tema, não há uma definição clara da sua abrangência e limite de atuação". REBOUÇAS, Rodrigo Fernandes. *Autonomia privada e a análise econômica do contrato*. 1. ed. São Paulo: Almedina, 2017. p. 91.
Da mesma forma, Felipe Garcia Lisboa Borges e Giselle Maria Sousa Rosi também dissertam sobre o assunto: "É sabido que os efeitos internos (entre os contratantes) e externos (em face de terceiros ao contrato) são inerentes aos contratos. Todo contrato produz externalidades, positivas ou negativas, perante a comunidade. Nesse contexto, o princípio da função social é essencial, não para abolir, ou amputar, a autonomia da vontade, mas para fazer com que ela não seja instrumento para atividades abusivas, corrigindo eventuais falhas. A função social dos contratos demanda uma harmonização entre o interesse das partes contratantes e o interesse coletivo, não limitação. A diferença entre limitação e harmonização, nesse caso, está no fato de que somente são impostos limites a algo ilimitado, o que jamais foi o caso da autonomia da vontade. Há harmonização, por outro lado, quando coisas que não necessariamente devem ser colocadas em posição de conflito são observadas como potencialmente complementares, uma em relação à outra.". BORGES, Felipe Garcia Lisboa; ROSI, Giselle Maria Sousa. Análise econômica dos contratos: considerações sobre o princípio da função social. *Revista de Direito Privado*, São Paulo, v. 94, p. 88, out. 2018.

(art. 421, do CC), o Poder Judiciário[336] passou a fundamentar modificações e revisões contratuais com base nesses institutos, realocando custos de transação antes sequer imaginados.[337]

Tanto é que os contratos são imperfeitos que, eventualmente, podem acontecer situações supervenientes que causem um desequilíbrio

---

[336] AGRAVO INTERNO NO AGRAVO EM RECURSO ESPECIAL. *PACTA SUNT SERVANDA*. POSSIBILIDADE DE MITIGAÇÃO. PRECEDENTES. DESCUMPRIMENTO CONTRATUAL. CULPA EXCLUSIVA DA CONSTRUTORA. SÚMULAS 5 E 7/STJ. DIREITO À RESTITUIÇÃO INTEGRAL DAS PARCELAS. ENTENDIMENTO CONSOLIDADO NO STJ. DANO MORAL. OCORRÊNCIA. SÚMULA 7/STJ. AGRAVO DESPROVIDO. 1. A jurisprudência desta Corte Superior é firme no sentido de que o princípio do pacta sunt servanda pode ser relativizado, principalmente diante dos princípios da boa-fé objetiva, da função social dos contratos e do dirigismo contratual. 2. Tendo a Corte de origem concluído que o descumprimento contratual decorreria de culpa exclusiva da construtora, eventual conclusão no sentido de afastar a sua responsabilidade esbarraria no óbice dos Enunciados n. 5 e 7/STJ. 3. Formada a convicção de que a rescisão contratual decorreu de culpa exclusiva da recorrente, a restituição das parcelas pagas pela promissária compradora deve se dar de forma integral, conforme entendimento consolidado nesta Corte Superior. 4. A alteração das conclusões adotadas pela Corte de origem acerca da ocorrência do dano moral demandaria, necessariamente, reexame do acervo fático-probatório, providência vedada em recurso especial, conforme o óbice previsto no Enunciado n. 7 deste Tribunal Superior. 5. Agravo interno desprovido. (BRASIL. Superior Tribunal de Justiça. *AgInt no AREsp 1214641/AM*. Agravante: Direcional Engenharia S/A. Agravado: Kelen Acquati Vieira. Relator: Ministro Marco Aurélio Bellizze, Terceira Turma. Brasília, DF, julgado em: 13 de março de 2018. Disponível em: <https://ww2.stj.jus.br/processo/revista/inteiroteor/?num_registro= 201703096405&dt_publicacao=26/03/2018>. Acesso em: 11 set. 2018.) CIVIL E PROCESSO CIVIL. CONTRATOS. DISTRIBUIÇÃO. CELEBRAÇÃO VERBAL.POSSIBILIDADE. LIMITES. RESCISÃO IMOTIVADA. BOA-FÉ OBJETIVA, FUNÇÃOSOCIAL DO CONTRATO E RESPONSABILIDADE PÓS-CONTRATUAL. VIOLAÇÃO.INDENIZAÇÃO. CABIMENTO. DANOS MORAIS E HONORÁRIOS ADVOCATÍCIOS.REVISÃO. POSSIBILIDADE, DESDE QUE FIXADOS EM VALOR IRRISÓRIO OUEXORBITANTE. SUCUMBÊNCIA. DISTRIBUIÇÃO. CRITÉRIOS. 1. De acordo com os arts. 124 do CCom e 129 do CC/16 (cuja essênciafoi mantida pelo art. 107 do CC/02), não havendo exigência legalquanto à forma, o contrato pode ser verbal ou escrito. 2. Até o advento do CC/02, o contrato de distribuição era atípico,ou seja, sem regulamentação específica em lei, de sorte que suaformalização seguia a regra geral, caracterizando-se, em princípio,como um negócio não solene, podendo a sua existência ser provada porqualquer meio previsto em lei. 3. A complexidade da relação de distribuição torna, via de regra,impraticável a sua contratação verbal. Todavia, sendo possível, apartir das provas carreadas aos autos, extrair todos os elementosnecessários à análise da relação comercial estabelecida entre aspartes, nada impede que se reconheça a existência do contrato verbalde distribuição. 4. A rescisão imotivada do contrato, em especial quando efetivadapor meio de conduta desleal e abusiva - violadora dos princípios daboa-fé objetiva, da função social do contrato e da responsabilidadepós-contratual - confere à parte prejudicada o direito à indenizaçãopor danos materiais e morais. 5. Os valores fixados a título de danos morais e de honoráriosadvocatícios somente comportam revisão em sede de recurso especialnas hipóteses em que se mostrarem exagerados ou irrisórios.Precedentes. 6. A distribuição dos ônus sucumbências deve ser pautada pelo examedo número de pedidos formulados e da proporcionalidade do decaimentodas partes em relação a esses pleitos. Precedentes. 7. Recurso especial não provido. BRASIL. Superior Tribunal de Justiça. *REsp: 1255315 SP 2011/0113496-4*. Recorrente: Bayer S/A. Recorrido: Socipar S/A. Relatora: Ministra Nancy Andrighi, Terceira Turma. Brasília, DF, julgado em: 13 de março de 2018. Disponível em: <https://stj.jusbrasil. com.br/jurisprudencia/21076363/recurso-especial-resp-1255315-sp-2011-0113496-4-stj/inteiro-teor-21076364?ref=juris-tabs>. Acesso em 11 set. 2018.

[337] Sobre este tema, fundamentar analisar as seguintes obras: TIMM, Luciano Benetti. *Artigos e ensaios de direito e economia*. Rio de Janeiro: Lumen Juris, 2018; REBOUÇAS, Rodrigo Fernandes. *Autonomia privada e a análise econômica do contrato*. 1. ed. São Paulo: Almedina, 2017.

contratual entre as partes.[338] Já, em 1938, o STF, em julgamento do Recurso Extrordinário 2.675, reconheceu a possibilidade de revisão do contrato diante de fatos imprevisíveis.[339] Tal teoria possui previsão legislativa no artigo 478 do CC. Seus requisitos de aplicação são: (a) a existência de contrato de execução continuada; (b) excessiva onerosidade para uma das partes; (c) extrema vantagem da outra parte; (d) que a origem da onerosidade excessiva tenha sido de eventos extraordinários e imprevisíveis.[340]

A teoria da quebra eficiente do contrato, por exemplo, talvez seja o exemplo mais conhecido de aplicação da AED aos contratos. A *efficient breach theory* diz que a quebra de um contrato é eficiente e desejável se o ganho da parte culpada pela inadimplência excede seu lucro esperado com o adimplemento, além de exceder os gastos que tem com a compensação pelas perdas e danos da parte contrária.[341] Após todas as operações, ninguém fica em situação pior que a anterior e ao menos uma das partes se encontra em situação melhor. Ou seja, em termos propriamente econômicos, em situação de Pareto superior. Portanto, diante de tais circunstâncias, a quebra é economicamente esperada e incentivada a ser cometida, pois maximiza o bem-estar social.[342]

A ideia incorporada pelo *common law*, com base na AED, é que, ao prever a multa (consequência pecuniária pelo descumprimento de uma obrigação), as partes – no pleno exercício de sua liberdade contratual – estabelecem (economicamente) uma opção ao devedor: cumprir ou pagar.[343]

---

[338] Para melhor compreender a teoria do desequilíbrio superveniente do contrato, ver: SCHREIBER, Anderson. *Equilíbrio contratual e dever de renegociar*. São Paulo: Saraiva Educação, 2018.

[339] BRASIL. Supremo Tribunal Federal. *Pleno, RE 2.675*. Relator: Min. Laudo de Camargo. Relator ad hoc: Min. Costa Manso, julgado em: 05 de janeiro de 1938.

[340] SCHREIBER, Anderson. *Equilíbrio contratual e dever de renegociar*. São Paulo: Saraiva Educação, 2018. p. 164.

[341] Nas palavras de Richard Posner: "For what exactly is a "willful" breach? In the usual case of breach of contract the cost of performance to the defendant would exceed the benefit to the plaintiff. The cost might be or might include an opportunity cost, as in my example in which the defendant discovered that he could sell his product to a third party at a higher price than the contract price. An opportunity cost is a real cost. To deem a breach motivated by a desire to avoid such a cost "willful," and impose punitive damages or order specific performance, would encourage inefficient conductproviding a product or service to a party (the contract promisee) who valued it less than someone else did". POSNER, Richard. Let´s never blame a contract breaker. *Michigan Law Review*, [S.l.], v. 107, n. 8, p. 1353, jun. 2009.

[342] MARTINS, José Eduardo Figueiredo de Andrade. Reflexões sobre a incorporação da teoria da quebra eficiente (efficient breach theory) no direito civil brasileiro. In: TEPEDINO, Gustavo *et al.* (Coord.). *Anais do VI Congresso do Instituto Brasileiro de Direito Civil*. Belo Horizonte: Fórum, 2019. p. 93-110.

[343] PELA, Juliana Krueger. "Inadimplemento eficiente" (efficient breach) nos contratos empresariais. *Revista Jurídica Luso Brasileira*, Lisboa, ano 2, n. 1, p. 1094, 2016.

Nos contratos em geral, as partes alocam riscos e precificam prestações. Fazem concessões recíprocas com base nessa precificação e nessa alocação de riscos. As multas, portanto, são negociadas com a finalidade de suprir a ausência da prestação. As partes, portanto, anteveem qual será o risco, avaliam-no e o cifram no valor da multa contratual.[344]

Assim, o pagamento da multa contratual seria um substituto perfeito do adimplemento, tendo em vista que a cláusula foi negociada e aceita por ambas as partes. Há, portanto, um respeito ao *pacta sunt servanda*.[345]

No Brasil, o controle judicial de cláusulas contratuais pelos tribunais – negando a sua efetivação – podem gerar incentivos econômicos negativos, com consequências potencialmente sérias para o funcionamento do mercado.[346]

A atividade jurisdicional para a interpretação e revisão dos contratos já consumados e em execução deve ser realizada com extrema responsabilidade e cautela, pois, a sua revisão implicará em possível alteração da base objetiva do negócio jurídico, elevação do custo de transação e no consequente repasse de valores para toda a sociedade na hipótese de elevação do custo de transação e dos riscos econômico-financeiros que as partes estarão expostas.[347]

O excessivo ativismo judicial, muitas vezes deixando de observar o equilíbrio entre a base objetiva e subjetiva do negócio jurídico, resulta em uma insegurança e uma instabilidade no sistema jurídico contratual, trazendo sérias consequências econômicas às partes integrantes da relação contratual e, até mesmo, a terceiros.[348]

A judicialização dos planos de saúde é um ótimo exemplo a ser utilizado. Em pesquisa do Observatório da Judicialização da Saúde Suplementar, do Departamento de Medicina Preventiva da Faculdade de Medicina da USP, elencou os principais motivos das ações contra planos de saúde, em seleção de quatro mil decisões de 2013 e 2014 de segunda instância do TJ-SP e concluiu que em 92% dos acórdãos foi dada razão ao usuário, sendo que em 88% dos casos o pleito foi integralmente

---

[344] PELA, Juliana Krueger. "Inadimplemento eficiente" (efficient breach) nos contratos empresariais. *Revista Jurídica Luso Brasileira*, Lisboa, ano 2, n. 1, p. 1094, 2016.

[345] Idem.

[346] PARGENDLER, Mariana. Direito contratual comparado e desenvolvimento: rumos e obstáculos. *Revista Estudos Institucionais*, Rio de Janeiro, v. 3, n. 1, p. 1008, 2017.

[347] REBOUÇAS, Rodrigo Fernandes. *Autonomia privada e a análise econômica do contrato*. São Paulo: Almedina, 2017. p. 105.

[348] Ibid., p. 27.

acolhido e em outros 4% a pretensão foi acolhida em parte. Em 8% dos julgados a decisão foi totalmente desfavorável ao cidadão.[349]

O Presidente da Associação Nacional das Administradoras de Benefícios (Anab), criada em 2010 e que reúne administradoras de planos coletivos por adesão, afirma que há distorções dos dois lados, e que o excesso de regulação do setor gerou um efeito reverso, avolumando as discussões no Judiciário. As condenações judiciais de determinados litigantes são repassadas a todos os usuários do plano coletivo. Todas as despesas do plano, como os sinistros, somados à inflação médica, são suportadas pelas operadoras de saúde. Toda vez que, por força judicial, se traz uma despesa imprevisível, isso gera um desequilíbrio econômico financeiro em todo o contrato, obrigando a operadora a lançar esta inesperada despesa no cálculo atuarial, tornando-se um agravante para o reajuste.[350]

Daniel Wang, em Fórum sobre a Judicialização da Saúde, afirma que países superdesenvolvidos têm uma ideia restritiva de acesso à saúde pública porque os recursos são limitados. Na Noruega, o segundo país com maior gasto global em saúde, há uma lista do que o serviço público fornece e do que ele não oferece. Fisioterapia, por exemplo, só pagando. No Canadá, a lista de espera para uma cirurgia ortopédica é de 41 semanas. Ou seja, a demora para conseguir um tratamento não é exclusiva de países abaixo da linha do Equador.[351]

Com a disseminação global de informações, as pessoas criam expectativas de alto padrão, mas têm de se adequar à situação financeira local. É preciso interpretar o direito à saúde não como o direito do indivíduo de ter acesso a tudo que o médico prescreva. E isso não é fazer do direito à saúde menor, mas entender que ele existe em um contexto. Não pode ser absoluto em um cenário de escassez de recursos. Tem de ser equilibrado com o direito de outras pessoas que dependem do mesmo sistema.[352]

A judicialização da saúde acaba sendo positiva para os laboratórios dos remédios, pois a compra individual do medicamento pelo Poder Público é por um valor superior do que se comprasse em quantidades maiores para toda a coletividade.[353]

---

[349] CREPALDI, Thiago; MORAES, Claudia. Com judicialização da saúde, juízes passam a ditar políticas públicas do setor. *Consultor Jurídico*, São Paulo, 15 ago. 2018. Disponível em: <https://www.conjur.com.br/2018-ago-15/judicializacao-saude-juizes-passam-ditar-politicas-publicas-setor>. Acesso em: 21 set. 2018.
[350] Idem.
[351] CREPALDI, Thiago; MORAES, Claudia. Judicialização da saúde beneficia mercado e prejudica sociedade, diz pesquisador. *Consultor Jurídico*, São Paulo, 12 de março de 2018. Disponível em: <https://www.conjur.com.br/2018-mar-12/judicializacao-saude-beneficia-mercado-pesquisador?fbclid=IwAR1PiJqnorjQ8wyTrTeOXigL2XziiKIZmEHHA1v--Kj_BwE7cljInu0seGM>. Acesso em: 01 nov. 2018.
[352] Idem.
[353] Idem.

De forma exemplificativa, em recente dissertação de mestrado apresentada na Universidade de Fortaleza, Francisco Miranda Pinheiro Neto analisou os custos de transação causados pelo ativismo judicial nas decisões judiciais que concederam órteses, próteses e materiais especiais na saúde suplementar à luz das decisões proferidas pelo Tribunal de Justiça do Estado do Ceará.[354]

Ou seja, a concessão de decisões forçando as operadoras de planos de saúde, por exemplo, a atenderem pedidos de produtos ou tratamentos que não estariam inclusos na cobertura contratada, criam um ambiente de intensa assimetria informacional.

Desta forma, uma vez que os pacientes/clientes já sabem de suas doenças e condutas de vida já deixam os planos de saúde em desvantagem, pois vendem uma mercadoria por um custo X, mas não têm certeza se a contrapartida será ou não menor que X. Ademais, a procura por um plano de saúde parte, muitas vezes, de pessoas que sabem que vão precisar de seus préstimos, ou, pelo menos, não querem correr o risco de, ficando doentes, não terem como arcar com os custos de um tratamento privado e findarem na rede pública.[355]

Desta forma, diante do sistemático ativismo judicial, cria-se incentivos aos clientes omitirem as informações e, da mesma forma, aumenta os custos dos planos de saúde para toda a coletividade.

Tal análise é um típico caso do impacto econômico das decisões judiciais que, por não visualizarem a situação de forma ampla, acabam julgando em desfavor de toda a coletividade em prol de apenas um beneficiário.

3.4.3. A busca por um processo mais célere e eficiente

Contratar é uma atividade custosa,[356] bem como os processos judiciais também o são.[357] Assim, no momento em que podemos diminuir estes custos aplicando os contratos ao processo, bem como deixar a atuação do juiz mais previsível, faz-se necessário o estudo e aprofundamento sobre o tema.

---

[354] Para compreender melhor o estudo, ver: PINHEIRO NETO, Francisco Miranda. *Um proposta de critérios para concessão judicial de órteses, próteses e materiais especiais na saúde complementar, à luz da jurisprudência do Tribunal de Justiça do Estado do Ceará.* 2018. Dissertação (Mestrado Acadêmico) – Universidade de Fortaleza. Programa de Mestrado em Direito Constitucional, Fortaleza, 2018.
[355] Idem.
[356] SZTAJN, Rachel; ZYLBERSZTAJN, Decio; AZEVEDO, Paulo Furquim de. Economia dos contratos. In: ZYLBERSZTAJN, Decio; SZTAJN, Rachel. *Direito e economia.* Rio de Janeiro: Elsevier, 2005. p. 114.
[357] Ver: CABRAL, Antonio do Passo. Convenções sobre os custos da litigância (i):admissibilidade, objeto e limites. *Revista de Processo*, Rio de Janeiro, v. 276, fev. 2018.

Assim, passa-se a ser importante analisar o contrato a partir da análise econômica, pois, a economia o caracteriza como forma de circulação de riquezas e o direito como garantidor das promessas estipuladas no corpo do contrato.[358]

O diálogo entre Economia e Direito colabora na relação direta entre eficácia e eficiência como aptidão para atingir o melhor desempenho com o mínimo de erros ou perdas possíveis e alcançar a função prevista de maneira mais produtiva.[359] Claro que, no presente caso, os Negócios Jurídicos Processuais podem e devem ser vistos como mitigadores de custos, de erros por parte do Poder Judiciário e como uma forma barata de obter o resultado mais eficiente possível.[360]

O artigo 37 da Constituição Federal prevê a obrigatoriedade do Estado agir, administrar e proceder em todas as suas esferas da forma mais eficiente possível. Assim, o processo civil, seguindo esta premissa, também deve atentar para uma maior eficiência.

A positivação da eficiência como um novo princípio básico introduziu (ou tenta introduzir) o que se convencionou denominar de *forma gerencial de administração pública*.[361] A partir da crise do Estado Social,[362]

---

[358] Fernando Araújo, ao dissertar sobre isto, dispõe o seguinte: "Uma vez por outra sucederá que a disciplina jurídica coloque entraves a esse mecanismo contratual; mas as mais das vezes é a própria disciplina jurídica que mais contribuirá para reforço do papel facilitador, alicerçando a confiança entre as pessoas, acreditando nas promessas ou percebendo o papel incentivador das reações ao incumprimento, promovem a sua intersubjetividade e colaboram em termos morais". ARAÚJO, Fernando. *Teoria econômica do contrato*. Coimbra: Almedina, 2007. p. 19.

[359] GALVANI, Leonardo. Análise econômica do contrato e eficiência contratual. *EALR*, Brasília, DF, v. 9, n. 2, p. 195, maio/ago. 2018.

[360] GIANNAKOS, Demétrio Beck da Silva. Análise econômica dos negócios jurídicos processuais. *Revista de Processo*, Rio de Janeiro, v. 278, p. 497-519, abr. 2018.

[361] "Ocorre que, salvo melhor juízo, esta perspectiva de Administração Gerencial se afigura muito mais como uma técnica administrativa do que a uma política de gestão, est que este managerialism é visto como um conjunto de ideias e crenças que tomam como valores máximos a própria gerência, o objetivo de aumento constante da produtividade, e a orientação para o consumidor." LEAL, Rogério Gesta. Administração pública e Constituição no Brasil: uma revisão necessária. *Revista da Escola da Magistratura do Estado do Rio de Janeiro*, Rio de Janeiro, v. 6, n. 24, p. 338, out. 2003.

[362] "O Estado de Direito, traduzido do Rechtsstaat, do Direito alemão, apareceu inicialmente no século XIX, dentro do constitucionalismo alemão, tendo como características um Estado liberal, limitado à defesa da ordem e segurança pública; sem qualquer intervenção nas questões econômicas e sociais ficando estas sob o domínio dos mecanismos da liberdade individual e da liberdade de concorrência; a garantia dos direitos fundamentais decorrentes do respeito de uma esfera de liberdade individual, sendo a liberdade e a propriedade direitos inalienáveis do indivíduo, podendo tais direitos somente sofrer eventual intervenções por parte da administração quando isso fosse permitido por uma lei aprovada pela representação popular; a limitação do Estado pelo Direito teria de estender-se-ia ao próprio governante, estando este submetido, da mesma forma, ao império da lei; e os poderes públicos, deveriam aturar nos limites impostos pela lei, nas áreas de defesa e segurança pública, respeitando dessa forma, os princípios da legalidade, da liberdade individual e da propriedade privada". KOSSMANN, Edson Luís. *A (in)eficiência da constitucionalização do princípio da eficiência na administração pública*. 2010. f. 59. Dissertação (Mestrado em

principalmente norte-americano e europeu, influenciou políticas econômicas e sociais dos Estados Unidos (governo Reagan) e Inglaterra (Margaret Thatcher) de forma a diminuir o seu *gigantismo*: houve um *enxugamento da máquina administrativa*.[363] O então Governo Fernando Henrique Cardoso, na época, promulgou a Emenda Constitucional n° 19, em 04 de junho de 1998, inaugurando uma forma *gerencial* de administrar o Poder Executivo, pautado pela lógica da relação *custo-benefício*.[364] Se o Estado Democrático de Direito[365] coloca-se como *plus* normativo, uma das formas de concretizar as normas (sociais) constitucionais foi (está sendo) experimentada em momento posterior à Emenda Constitucional n° 19, em que esta concretização resultou na mudança de obrigação da Administração Pública para, assim, ser encargo da iniciativa privada. O Poder Executivo deixa de ser um prestador de serviços públicos para ser um mero *gerenciador/regulador*, incumbência esta exercida pelas agências reguladoras.[366]

A inclusão do princípio da eficiência no rol de princípios que vinculam a Administração Pública,[367] previsto no *caput* do art. 37 da CF, está ligada à ideia de administração gerencial, aquela que, ligada aos

---

Direito) -- Programa de Pós-Graduação em Direito, Universidade do Vale do Rio dos Sinos, São Leopoldo, 2010.

[363] COUTO E SILVA, Almiro do. Privatização no Brasil e o novo exercício de funções públicas por particulares. Serviço público "à brasileira". *Revista de Direito Administrativo*, Rio de Janeiro, n. 230, p. 48, out./dez. 2002.

[364] MARCELLINO JÚNIOR, Julio Cesar. *Princípio constitucional da eficiência administrativa*: (des) encontros entre economia e direito. Florianópolis: Habitus, 2009. p. 182.

[365] "Democracia é conceito histórico. Não sendo por si um valor-fim, mas meio e instrumento de realização de valores essenciais de convivência humana, que se traduzem basicamente nos direitos fundamentais do homem, compreende-se que a historicidade destes a envolva na mesma medida, enriquecendo-lhe o conteúdo a cada etapa do envolver social, mantido sempre o princípio básico de que ela revela um regime político em que o poder repousa na vontade do povo. Sob esse aspecto, a democracia não é um mero conceito político abstrato e estático, mas é um processo de afirmação do provo e da garantia dos direito fundamentais que o povo vai conquistando no correr da história". SILVA. José Afonso do. *Curso de direito constitucional positivo*. 9. ed. São Paulo: Malheiros, 1993. p. 114.

[366] "As Agências Reguladoras no sistema administrativo brasileiro aparecem como Autarquias sob regime especial, possuindo todas as características atribuídas às Autarquias, agregando-se, no entanto, outros poderes normativos, fiscalizadores e decisórios. Ou seja, almeja-se uma administração independente, neutralizada politicamente, na qual a legitimidade é técnica". LIMBERGER, Têmis. *O direito à intimidade na era da informática*: a necessidade de proteção dos dados pessoais. Porto Alegre: Livraria do Advogado, 2007. p. 138.

[367] Toda a Administração é uma atividade estruturada e objetiva alcançar fins humanos. No caso de uma Administração Pública estes fins podem ser encontrados no interesse público. Tendo como pressuposto a distribuição de funções entre os Poderes, entender-se-á como Administração Pública expressão sinônima de Poder Executivo, a qual possui por função primária a gestão/comando/direção dos interesses públicos, da coisa pública, ou seja, estar-se-á excluindo do conceito qualquer outra função por ele (Poder Executivo) realiza, ainda que secundariamente como legislativa ou judicial. SANTANA, Gustavo da Silva. *Administração pública em juízo*: o patrimonialismo como óbice ao princípio da eficiência. 2011. f. 58. Dissertação (Mestrado em Direito) – Programa de Pós-Graduação em Direito, Universidade do Vale do Rio dos Sinos, São Leopoldo, 2011.

resultados da atividade, se encontra embasada na mentalidade privatística, dentro do entendimento de que o regime de direito público, por ser muito procedimentalizado, "não é capaz de garantir as melhores vantagens".[368]

Em que pese ser um princípio setorial, ligado à Administração Pública, está ligado à eficiência do Estado e submetido ao princípio do Estado Democrático de Direito, isto é, ligado aos fins do Estado, a prover suas próprias necessidades e às da coletividade, de modo que, por sua utilização, ordenam-se os meios disponíveis, para que sejam empregados convenientemente.[369]

Eficiência é o princípio que norteia toda a atuação da Administração Pública, impondo, entre outras exigências, rapidez, precisão em contraposição à lentidão, ao descaso, à omissão, à negligência.[370]

Assim, já estaria o Poder Judiciário atrelado à obediência a tal princípio – considerando a utilização na redação do artigo 37 da Constituição Federal do termo "Poderes" – independentemente de sua classificação como serviço público, vindo o enquadramento a reforçar tal imperativo.[371]

O Código de Processo Civil de 2015, por sua vez, em seu artigo 8º, também prevê a necessidade de o juiz atender ao princípio da eficiência.[372] A doutrina, por sua vez, fundamenta que a eficiência disposta no Código de Processo Civil está em consonância com o que dispõe o artigo 37 da Constituição Federal.[373] Não sendo o bastante, em seu artigo 1º, o CPC prevê a sua direta subordinação à Constituição Federal, sendo assim, impossível fazer uma análise do princípio da eficiência sem a sua implicação ao Processo Civil.

Na leitura do art. 8º do CPC, na eficiência ali tratada, o fator humano passa de subsidiário a principal, com a aplicação do ordenamento

---

[368] GABARDO, Emerson. *Princípio constitucional da eficiência administrativa.* São Paulo: Dialética, 2002. p. 15.

[369] FERRARI, Regina Maria Macedo Nery. *Direito constitucional.* São Paulo: Revista dos Tribunais, 2011. p. 246.

[370] MEDAUAR, Odete. *Direito administrativo moderno.* 4. ed. São Paulo: RT, 2000. p. 152.

[371] MIGLIAVACCA, Luciano de Araujo. A prestação jurisdicional como serviço público: a observância do princípio da eficiência e sua relação à razoável duração do processo. *Revista de Direitos e Garantias Fundamentais,* Vitória, v. 16, n. 1, p. 175, jan./jun. 2015.

[372] Art. 8º Ao aplicar o ordenamento jurídico, o juiz atenderá aos fins sociais e às exigências do bem comum, resguardando e promovendo a dignidade da pessoa humana e observando a proporcionalidade, a razoabilidade, a legalidade, a publicidade e a eficiência.

[373] THEODORO JÚNIOR, Humberto. As normas fundamentais do processo civil. In: THEODORO JÚNIOR, Humberto; RIBEIRO, Fernanda Alvim. *Primeiras lições sobre o novo direito processual civil brasileiro.* Rio de Janeiro: Forense, 2015. p. 21.

jurídico de forma eficiente por um juiz mediante argumentação jurídica racional.[374]

O Poder Judiciário é uma instituição pública que deve se conduzir de modo a fornecer uma prestação jurisdicional equitativa e transparente para os cidadãos, os agentes econômicos e para o Estado. Entretanto, em muitos países da região da América Latina e do Caribe, percebe-se uma necessidade de reforma com o intuito de melhorar a qualidade e a eficiência na administração da justiça.[375]

Conforme já mencionado no presente trabalho, o processo judicial dura, em média, no Brasil, oito anos e quatro meses. Considerando que a expectativa de vida do brasileiro, calculada em 2018, é de setenta e seis anos,[376] o brasileiro, caso litigue apenas uma vez em sua vida, passará mais de 10% da sua vida litigando no Poder Judiciário.

Ultimamente, a doutrina tem debatido muito o direito fundamental à razoável duração do processo[377] em nosso ordenamento jurídico.

Com a intenção de satisfazer a necessidade de efetividade, foi introduzida no art. 5º, inc. LXXVIII, da Constituição da República Federativa do Brasil de 1988 (CF), a garantia fundamental de razoável duração dos processos, trazendo com isso um conceito não tão moderno de se atribuir celeridade aos processos se compararmos com a origem de tal garantia no cenário jurídico mundial, que aconteceu no ano de 1969, com a publicação do Pacto de San José da Costa Rica. No entanto, antes mesmo da EC 45/04 (CF), o Brasil havia reconhecido esta garantia quando assinou tal pacto como signatário no ano de 1992.[378] O artigo 4º do CPC também faz referência ao princípio da duração razoável do processo[379] demonstrando, assim, a sua importância e alcance.

---

[374] JOBIM, Marco Félix. *As funções da eficiência no processo civil brasileiro*. São Paulo: Thomson Reuters Brasil, 2018. p. 114.

[375] LIRA, Rosângela Araújo Viana de. A função jurisdicional e a sociedade. *Revista da ESMAPE*, Recife, v. 20, n. 41, p. 190, jan./jun. 2015.

[376] Otávio Augusto. Expectativa de vida do brasileiro chega a 76 anos, a maior da história.25 *Correio Brasiliense*, Brasília, DF, jul. 2018. Disponível em: <https://www.correiobraziliense.com.br/app/noticia/brasil/2018/07/25/interna-brasil,697305/expectativa-de-vida-do-brasileiro-chega-a-76-anos-a-maior-da-historia.shtml>. Acesso em: 212 set. 2018.

[377] Ver, por exemplo: JOBIM, Marco Félix. *O direito à duração razoável do processo*. 2. ed. Porto Alegre: Livraria do Advogado, 2012; KOEHLER, Frederico Augusto Leopoldino. *A razoável duração do processo*. 2. ed. Bahia: JusPodivm, 2013.

[378] PRIEBE, Victor Saldanha; SPENGLER, Fabiana Marion. A razoável duração do processo na jurisdição brasileira. *Revista Eletrônica de Direito Processual - REDP*, Rio de Janeiro, ano 11, v. 18, n. 2, p. 172-173, maio/ago. 2017.

[379] Nas palavras de Nelson Nery Junior, o princípio da duração razoável do processo "trata-se de desdobramento do princípio do direito de ação (art. 5º, XXXV), que definimos como garantidor do direito de obter-se a tutela jurisdicional adequada". NERY JUNIOR, Nelson. *Princípios do processo na Constituição Federal*. 12. ed. São Paulo: Revista dos Tribunais, 2016. p. 358.

A doutrina prevê dois possíveis critérios para estabelecer um "tempo razoável" do processo: 1) seria aquele expressamente previsto na legislação processual (assim, o tempo do processo seria a soma dos prazos legais); 2) seria o tempo médio efetivamente despendido no país para cada espécie concreta de processos.[380]

Todavia, ambos os critérios seriam de difícil aplicação, pois o primeiro ignoraria as especificações e complexidade de alguns processos, enquanto o segundo variaria, inevitavelmente, de cada cartório, do seu número de processos, da mão de obra disponível e da especificidade do mesmo (por exemplo, se atende só um tipo de matéria ou não).

Nas palavras de Victor Saldanha Priebe e Fabiana Marion Spengler:

> [...] o sentido da razoável duração somente pode ser entendido frente a uma análise caso a caso dos processos, esta concepção fortalece o princípio constitucional de acesso à justiça por conta dos efeitos que irradia, pois, não basta apenas garantir o acesso aos tribunais, mas principalmente possibilitar aos cidadãos a defesa de direitos e interesses legalmente protegidos. Neste mesmo sentido, uma decisão judicial, por mais justa e correta que seja, muitas vezes pode tornar-se ineficaz quando chega tarde, ou seja, quando é entregue ao jurisdicionado no momento em que não mais interessa nem mesmo o reconhecimento e a declaração do direito pleiteado.[381]

O princípio da duração razoável do processo possui duas funções: a primeira, de que respeita o tempo do processo desde o seu início até o trânsito em julgado judicial ou administrativo, e, de outro, possui relação com os meios alternativos de solução de conflitos, de sorte a aliviar a carga de trabalho da justiça ordinária, o que, sem dúvida, viria a contribuir para a abreviação da duração média do processo.[382]

É nesta segunda função descrita acima que os negócios jurídicos processuais se encaixam. Ou seja, são apenas mais uma forma de aliviar a carga de trabalho, deixando o processo mais eficiente e célere.

Não existe uma fórmula capaz de solucionar a morosidade e ineficiência do nosso processo.[383] Todavia, todos os meios capazes de auxiliar sempre serão de suma importância para os aplicadores do direito.

---

[380] SPENGLER, Fabiana Marion. *Da jurisdição à mediação*: por outra cultura no tratamento de conflitos. Ijuí: Unijui, 2010. p. 216-217.

[381] PRIEBE, Victor Saldanha; SPENGLER, Fabiana Marion. A razoável duração do processo na jurisdição brasileira. *Revista Eletrônica de Direito Processual - REDP*, Rio de Janeiro, ano 11. v. 18, n. 2, p. 174-175, maio/ago. 2017.

[382] NERY JUNIOR, Nelson. *Princípios do processo na Constituição Federal*. 12. ed. São Paulo: Revista dos Tribunais, 2016. p. 360-361.

[383] Samuel Miranda Arruda, ao dissertar sobre o assunto, exige do juiz que este se afastem da visão teológica do julgamento qual ato divido, e se aproximem das cidadãos e das suas necessidades, submetendo-se a algumas das normas de organização e rendimento a qual devem obediência os que prestam serviços essenciais à coletividade, em nome e às expensas desta.

O princípio da eficiência pode ser compreendido, então, como a exigência de que o processo produza o máximo de resultado com o mínimo de esforço. Deve-se entender por eficiência a razão entre o resultado do processo e os meios empregados para a sua obtenção. Quanto menos onerosos (em tempo e energia) os meios empregados para a produção do resultado, mais eficiente será o processo.[384]

Portanto, o estudo dos negócios jurídicos processuais se faz fundamental para auxiliar as partes e até mesmo o juiz na solução do processo em tempo mais hábil e de forma mais célere e eficiente.

3.4.4. Negócios jurídicos como forma de escolha mais racional

A expansão do alcance da Análise Econômica do Direito foi facilitada pela crescente aplicação do modelo econômico da escolha racional[385] ao comportamento não mercadológico.[386]

O objetivo é tentar explicar e prever o comportamento dos grupos que participam do sistema jurídico, além de explicar a estrutura doutrinal, procedimental e institucional do sistema. Mas também busca aperfeiçoar o Direito, ao assinalar as consequências involuntárias ou indesejáveis das leis vigentes.[387]

Richard Posner, ao resumir brevemente a análise econômica, dissertou o seguinte: "A maioria das análises econômicas consiste em delinear as consequências do pressuposto de que as pessoas são racionais em suas interações sociais".[388]

No mundo globalizado e moderno, os bens de consumo são normalmente escassos e custosos, fazendo com que os indivíduos façam escolhas de quais produtos são mais importantes para si em determinados momentos da vida.

ARRUDA, Samuel Miranda. *O direito fundamental à razoável duração do processo*. Brasília, DF: Brasília Jurídica, 2006. p. 111.

[384] CÂMARA, Alexandre Freitas. *O novo processo civil brasileiro*. 3. ed. São Paulo: Atlas, 2017. p. 16.

[385] John Rawls, ao conceituar a racionalidade, dispõe o seguinte: "Assim, de forma genérica, considera-se que uma pessoa racional tem um conjunto de preferências entre as opções que estão ao seu dispor. Ela classifica essas opções de acordo com a sua efetividade em promover seus propósitos; segue o plano que satisfará uma quantidade maior de seus desejos, e que tem as maiores probabilidades de ser implementado com sucesso". (RAWLS, John. *Uma teoria da justiça*. Tradução Almiro Pisetta e Lenita M. R. Esteves. São Paulo: Martins Fontes, 1997, p. 154).

[386] POSNER, Richard A. *Fronteiras da teoria do direito*. Tradução Evandro Ferreira e Silva e Jefferson Luiz Camargo, Paulo Salles e Pedro Sette-Câmara. São Paulo: WMF Martins Fontes, 2011. p. 8.

[387] Idem.

[388] Ibid., p. 9.

A partir dessas ideias, surge a noção de que os indivíduos respondem a incentivos (*people respond to incentives*). Diante de um caso que precisa ser resolvido, a decisão, segundo o modelo da escolha racional, faz a pessoa inventariar os resultados desejados (valores), identificar as ações que podem ser tomadas na sua busca (opções); determinar em que medida cada ação contribui para o resultado desejado e a que custo (valorização) e adotar aquela que contribuir mais (escolha). Presume-se, assim, que os seres humanos, sem necessariamente seguir tal procedimento, tomam suas decisões como se o fizessem.[389]

Ejan Mackaay e Stéphane Rousseau, ao dissertarem sobre o assunto, dispõem o seguinte:

> O modelo da escolha racional permite generalizações quanto ao comportamento humano. Atribui aos humanos uma linha de conduta previsível; supõe que os humanos escolherão, sempre, entre as opções disponíveis, aquela que lhes ofereça a maior satisfação. Isso implica, por exemplo, que se o custo de uma opção (preço de um bem que se quer adquirir, sacrifício para empreender uma ação) aumenta, as pessoas afetadas escolherão menos frequentemente essa opção (lei da demanda).[390]

O modelo da escolha racional faz a decisão que será tomada depender da gama de informações disponíveis sobre as opções e suas consequências. A pessoa, desta forma, escolhe a melhor opção dentre as que conhecer.[391]

A ideia da análise econômica comportamental (*behavioral law and economics*) tem como objetiva questionar a AED tradicional (que afirma que os agentes são racionais), fundamentando, assim, que os agentes envolvidos, na verdade, teriam sua racionalidade limitada.[392] [393]

---

[389] MACKAAY, Ejan; ROUSSEAU, Stéphane. *Análise Econômica do Direito*. 2. ed. São Paulo: Atlas. 2015. p. 31.

[390] Idem.

[391] Idem.

[392] Christine Jolls, Cass R. Sunstein e Richard Thaler, ao dissertarem sobre o assunto, elencam três "barreiras": "The task of behavioral law and economics, simply stated, is to explore the implocations o factual human behavioral for the law. How do "real people" differ from homo economicus? We will describe the diferences by stressing three importante "bounds" on human behavioral, bounds that draw into question the central ideas of utility maximization, stable preferences, rational expectations, and optimal processing of information. People can be said to display bounded rationality, bounded willpower, and bounded self-interest". JOLLS, Christine; SUNSTEIN, Cass R.; THALER, Richard. A Behavioral approach to law and economics. *Faculty Scholarship Series*, Paper 1765, [S.l.], p. 1476, 1998.

[393] Ver: KAHNEMAN, Daniel; TVERSKY, Amos. Prospect theory: an analysis of decision under risk. *Econometrica*, [S.l.], v. 47, n. 2, p. 263-291, mar. 1979; HAL, R. Arkes; BLUMER, Catherine. The psychology of sunk costs: organizational behavior and human decision processes. *Ohio University*, [S.l.], v. 35, p. 124-140, 1985; BAR-GILL, Oren. The evolution and persistence of optimism in litigation. *The Journal of Law, Economics & Organizations*, [S.l.], v. 22, n. 2, p. 490-507, 8 dez. 2005; JOLLS, Christine. On law enforcement with boundedly rational actors. *Harvard Law School John M. Olin Center for Law, Economics and Business Discussion Paper Series*, [S.l.], n. 494, set. 2004.

Por exemplo, no Direito do Consumidor, existem estudos que demonstram que os consumidores não se protegem (ou se protegem pouco) a riscos que possuem pouca probabilidade de acontecer.[394]

A ideia é justificar os Negócios Jurídicos Processuais como escolhas racionais.

Toda implementação, concretização ou realização de direitos – processuais ou materiais, novos ou antigos – implica despesas para as partes,[395] para o Estado e para toda a sociedade (vide os custos por cidadão com o Poder Judiciário já mencionados no presente trabalho). Custos de oportunidade, diriam os economistas, para com tal expressão descreverem o custo de qualquer bem ou utilidade cujo acesso é escasso ou limitado.[396]

Ademais, os Negócios Jurídicos seriam medidas que não onerariam o Estado, o Poder Judiciário e nem a sociedade, sendo, portanto, uma alternativa eficiente para objetivar as soluções dos conflitos.

A partir do que já foi mencionado, os Negócios Jurídicos enquadram-se como escolha mais barata (baixo custo de transação), eficiente (pois pode ser objetivo no sentido de objetivar a prova a ser produzida, por exemplo) e segura, no sentido de que visam a simplificar o processo judicial e, eventualmente, a vincular o juiz.

No momento em que se expõe a importância da informação para as escolhas humanas, no caso dos Negócios Jurídicos, o papel do advogado se faz importante. Este, como profissional capacitado, é a pessoa que pode informar à parte a possibilidade de propor à parte contrária a pactuação de negócio jurídico processual.

Diante dos seus benefícios já mencionados, através da racionalidade humana trazida pela doutrina da Análise Econômica do Direito,

---

[394] Howard Kunreuther, ao analisar a probabilidade dos passageiros e motoristas não utilizar o cinto de segurança: "Relatively few individuals voluntarily wear seat belts even thought they are aware that by doing so they will reduce the consequences of na automobile accident". KUNREUTHER, H. C. The economics of protection against low probability events. *IASA Working Paper*. IIASA, Laxenburg, Austria, n. WP-81-003, jan. 1981. Disponível em: <http://pure.iiasa.ac.at/1758/1/WP-81-003.pdf>. Acesso em: 24 out. 2018.

[395] Nas palavras de Bruno Silveira de Oliveira: "Não é preciso pensar meio segundo para constatar o óbvio. O processo judicial possui um custo, remunerado mediante a exigência de taxas àqueles que acodem ao Poder Judiciário em busca de tutela jurisdicional. Fala-se genericamente, nesse contexto, em despesas processuais, para com tal expressão se abarcarem as custas iniciais, finais e o preparo recursal. A regra é a exação. A exceção é a gratuidade, regulada estrita e pontualmente pela legislação aplicável". OLIVEIRA, Bruno Silveira de. Notas acerca dos negócios jurídicos processuais atípicos: parte I: custos operacionais. *Revista de Processo*, Rio de Janeiro, v. 283, p. 39-54, set. 2018.

[396] OLIVEIRA, Bruno Silveira de. Notas acerca dos negócios jurídicos processuais atípicos: parte I: custos operacionais. *Revista de Processo*, Rio de Janeiro, v. 283, p. 39-54, set. 2018.

a parte, possuindo a informação necessária, tenderá a propor o negócio jurídico processual.

Portanto, fundamentam-se os Negócios Jurídicos, também, pelo viés da racionalidade, diante dos seus benefícios econômicos, jurídicos e temporais.

4. Autonomia privada e vinculação do juiz

Uma das preocupações dos operadores do Direito é saber os limites da atuação do juiz na análise dos negócios jurídicos processuais.

Para isso, neste capítulo, utilizar-se-á a doutrina especializada nos Negócios Jurídicos Processuais, bem como a Crítica Hermenêutica do Direito que, a partir dos estudos sobre integralidade e coerência, faz-se possível apresentar os limites para a atuação do juiz.

4.1. Deve o juiz respeitar a vontade das partes? Um estudo a partir dos limites da decisão judicial

O artigo 190, parágrafo único, do CPC, ao dispor sobre o controle de validade a ser feito pelo juiz sobre as convenções, prevê, de forma taxativa, três hipóteses: i) nos casos de nulidade;[397] [398] ii) nos casos de inserção abusiva em contratos de adesão; iii) ou quando alguma das partes estiver em situação de vulnerabilidade (podendo ser material[399]

---

[397] O artigo 166 do Código Civil dispõe o seguinte: É nulo o negócio jurídico quando: I - celebrado por pessoa absolutamente incapaz; II - for ilícito, impossível ou indeterminável o seu objeto; III - o motivo determinante, comum a ambas as partes, for ilícito; IV - não revestir a forma prescrita em lei; V - for preterida alguma solenidade que a lei considere essencial para a sua validade; VI - tiver por objetivo fraudar lei imperativa; VII - a lei taxativamente o declarar nulo, ou proibir-lhe a prática, sem cominar sanção. BRASIL. *Lei nº 10.406, de 10 de janeiro de 2002*. Institui o Código Civil. Disponível em: <http://www.planalto.gov.br/ccivil_03/leis/2002/l10406.htm>. Acesso em: 21 set. 2018.

[398] Emilio Betti disserta de forma clara e objetiva sobre a nulidade dos negócios jurídicos: "É nulo o negócio que, por falta de algum elemento essencial correspondente à configuração exigida, seja inidôneo para dar vida àquela nova situação jurídica que o direito liga ao respectivo tipo legal, em conformidade com a função econômico-social que o caracteriza". BETTI, Emilio. *Teoria geral do negócio jurídico*. Coimbra: Coimbra Editora, 1969. t. 3, p. 21-22).

[399] "Assim, percebe-se que a vulnerabilidade material, embora possa gerar um indício de vulnerabilidade processual, não o gera na celebração dos negócios jurídicos processuais. Isso porque, em que pese a vulnerabilidade material repercuta no processo, como ocorre com a inversão do ônus da prova, prevista pelo CDC, ela não impede a realização do negócio". SOARES, Lara Rafaelle Pinho. A vulnerabilidade na negociação processual atípica. In: MARCATO, Ana (Coord.). *Negócios processuais*. Salvador: JusPodivm, 2017. p. 287.

ou processual).[400] Essas são, portanto, as três únicas hipóteses previstas no ordenamento jurídico de impedimento na validade dos negócios jurídicos processuais.

O dispositivo específico somente admite Negócio Jurídico Processual em processos que versem sobre direitos que admitam autocomposição.

A característica mais importante acerca dos Negócios Processuais é a relevância da vontade dos contraentes ou autonomia privada[401] na categoria jurídica e na busca do resultado pretendido.[402]

As partes livremente manifestam sua consciência de vontade, dentro de limites predeterminados à satisfação do negócio que, em seu modo de ver, representam vantagem processual.[403]

A convenção processual vincula as partes que a firmaram. Trata-se da expressão famosa no direito dos contratos denominada de *pacta sunt servanda*.[404] A autonomia da vontade é a fonte do vínculo que se forma entre os acordantes.[405]

Assim, a atuação do juiz, por óbvio, também fica limitada. O que se busca definir, então, é a posição do juiz diante de uma convenção processual.

Conforme já mencionado, o processo atual consegue equilibrar os interesses privados e públicos, devendo, então, os negócios jurídicos,

---

[400] "A vulnerabilidade processual de negociação, por sua vez, pode ser identificada quando falta conhecimento técnico à parte. Logo, é a vulnerabilidade técnico jurídica a que possui relevância para o negócio jurídico processual". SOARES, Lara Rafaelle Pinho. A vulnerabilidade na negociação processual atípica. In: MARCATO, Ana (Coord.). *Negócios processuais*. Salvador: JusPodivm, 2017. p. 288.

[401] Viviane Rosalia Teodoro, ao dispor sobre a autonomia privada, dispõe o seguinte: "A autonomia da vontade trata do conteúdo voluntarista e psicológico, envolve os anseios interiores do indivíduo. Já a autonomia privada deve ser interpretada como direito das partes de estipular aquilo que anseiam; capacidade dos sujeitos de criar as regras específicas para suas relações contratuais". TEODORO, Viviane Rosalia. Princípios da arbitragem: o princípio kompetenz-kompetenz e suas consequências. *Revista de Arbitragem e Mediação*, São Paulo, v. 51, p. 225, out./dez. 2016.

[402] CORDEIRO, Adriano C. *Negócios jurídicos processuais no novo CPC*: das consequências do seu descumprimento. Curitiba: Juruá, 2017. p. 28-29.

[403] Ibid., p. 31.

[404] Flávio Tartuce, ao dissertar sobre o assunto, conceitua a *pacta sunt servan*da da seguinte forma: "Decorrente do princípio da autonomia privada, a força obrigatória dos contratos prevê que tem força de lei o estipulado pelas partes na avença, constrangendo os contratantes ao cumprimento do conteúdo completo do negócio jurídico. Esse princípio importa em autêntica restrição da liberdade, que se tornou limitada para aqueles que contrataram a partir do momento em que vieram a formar o contrato consensualmente e dotados de vontade autônoma". TARTUCE, Flávio. *Direito civil*. 12. ed. Rio de Janeiro: Forense, 2017. v.3: Teoria geral dos contratos e contratos em espécie. p. 88.

[405] CABRAL, Antonio do Passo. *Convenções processuais*. Salvador: JusPodivm, 2016. p. 220.

como representantes do interesse privado dos envolvidos, ser efetivamente respeitado pelo julgador.[406]

Pedro Henrique Nogueira é claro ao afirmar o seguinte:

> O juiz se vincula diretamente aos negócios jurídicos processuais, seja quando relacionados ao procedimento, seja quando relacionados a ônus, poderes e deveres processuais, devendo promover a implementação dos meios necessários ao cumprimento do que foi avençado entre as partes. [...] Além disso, não sendo o caso de invalidade do negócio processual, tem o juiz o dever jurídico de abster-se de contrariar o que foi convencionado (CPC/2015, art. 139, V), além de tomar as medidas necessárias para implementar aquilo que foi objeto da convenção (CPC/2015, art. 3º, § 3º).[407]

Adriano C. Cordeiro, da mesma forma, dispõe o seguinte:

> Com o caráter liberal do novo CPC, verifica-se a existência de negócios típicos, como alguns já referidos, bem como os atípicos, enforcados na cláusula geral de negociação contida no art. 190, homenageando o autorregramento processual. Esse autorregramento vem ao encontro do direito fundamental da liberdade em nítida intenção de escolha do caminho a se percorrer, uma vez que os acordos processuais atestam exemplarmente que o processo não é obra exclusiva do juiz, não devendo ainda aquele autorregramento ser interpretado como diminuição da autoridade do juiz, como órgão estatal.[408]

A ideia, portanto, é a conservação do Negócio Jurídico Processual, e não a sua nulidade.[409]

O Negócio Jurídico é fonte de norma jurídica processual e, assim, vincula o órgão julgador, que, em um Estado de Direito, deve observar e fazer cumprir as normas jurídicas válidas, inclusive as convencionais.[410]

Não sendo o bastante, o juiz deve incentivar a realização das convenções processuais e, da mesma forma, fiscalizar se os três requisitos previstos no artigo 190, parágrafo único, do CPC estão presentes (exame de validade dos negócios jurídicos).[411]

---

[406] CABRAL, Antonio do Passo, *Convenções processuais*. Salvador: JusPodivm, 2016. p. 222.
[407] NOGUEIRA, Pedro Henrique. *Negócios jurídicos processuais*. Salvador: JusPodivm, 2016. p. 229-230.
[408] CORDEIRO, Adriano C. *Negócios jurídicos processuais no novo CPC*: das consequências do seu descumprimento. Curitiba: Juruá, 2017. p. 29.
[409] Alexandre Guerra, ao dissertar sobre o Princípio da conservação dos negócios jurídicos, dispõe o seguinte: "Na sua conceituação, o Princípio da conservação dos negócios jurídicos, revela o Princípio da sanação dos atos e dos negócios jurídicos e o da conservação dos entes jurídicos. É aquele por meio do qual se determina, no processo de interpretação do negócio jurídico, que em nome da proteção da autonomia privada e da primazia da eficácia jurídico-social, seja preservado o negócio jurídico na maior extensão possível diante das circunstâncias fáticas". (GUERRA, Alexandre. *Princípio da conservação dos negócios jurídicos*. São Paulo: Almedina, 2016, p. 170).
[410] DIDIER JR., Fredie. Negócios jurídicos processuais atípicos no CPC-2015. In: DIDIER JR., Fredie. *Ensaios sobre os negócios jurídicos processuais*. Salvador: JusPodivm, 2018. p. 25.
[411] Antonio do Passo Cabral, ao dispor sobre isto: "O juiz não tem o poder de apreciar a conveniência da celebração do acordo, limitando-se a um exame de validade. Não se pode esquecer que a

No entanto, a participação do juiz nos Negócios Jurídicos Processuais deve encerrar neste momento (ao menos, assim deveria).

A jurisprudência sobre o tema, conforme já acostado no presente estudo, não tem sido uníssona sobre o tema, reconhecendo a validade do negócio jurídico processual em alguns momentos e em outros não.[412]

Para estudar os limites da decisão[413] judicial (possibilidade ou não da arbitrariedade jurídica) ao apreciar os Negócios Jurídicos Processuais, faz-se fundamental estudar o que dispõe a Crítica Hermenêutica do Direito que, como poucas em nosso ordenamento jurídico, visa a limitar a interpretação[414] do juiz e a estabelecer critérios a partir do uso dos princípios constitucionais.[415]

---

regra do art. 190, parágrafo único, do CPC/2015, prevê que o juiz controlará a validade das convenções". CABRAL, Antonio do Passo. *Convenções processuais*. Salvador: JusPodivm, 2016. p. 228.

[412] APELAÇÃO CÍVEL. DIREITO PRIVADO NÃO ESPECIFICADO. ACORDO PARA TENTATIVA DE CONCILIAÇÃO, COM REALIZAÇÃO DE NOVA AUDIÊNCIA, A PARTIR DA QUAL CORRERIA O PRAZO PARA CONTESTAR. NEGÓCIO JURÍDICO PROCESSUAL VÁLIDO. ART. 190 DO CPC. NÃO OBSTANTE, JUÍZO DE ORIGEM CONDUZIU O PROCESSO AO ARREPIO DO ACORDADO PELAS PARTES, EM INEQUÍVOCO PREJUÍZO À RÉ S&K, CUJO PRAZO CONTESTACIONAL FOI TOLHIDO. ERROR IN PROCEDENDO. CERCEAMENTO DE DEFESA. OCORRÊNCIA. DERAM PROVIMENTO AO APELO DA RÉ S & K PRODUTOS PARA SAUDE LTDA., RESTANDO PREJUDICADO O RECURSO DA PARTE AUTORA. UNÂNIME. RIO GRANDE DO SUL. Tribunal de Justiça. *Apelação cível nº 70075492462*. Apelante/Apelado: Tiago Leonardo Kaercher e S & K Produtos para Saúde Ltda. Apelado: Alliage SA Industrias Medico Odontologico. Relator: Paulo Sérgio Scarparo, Décima Sexta Câmara Cível. Julgado em 26 de outubro de 2017. Disponível em: <https://tj-rs.jusbrasil.com.br/jurisprudencia/516772765/apelacao-civel-ac-70075492462-rs/inteiro-teor-5167727 86? ref=juris-tabs>. Acesso em: 11 set. 2018.
APELAÇÃO CÍVEL - AÇÃO DE BUSCA E APREENSÃO - ACORDO HOMOLOGADO - PEDIDO DE SUSPENSÃO DO FEITO - POSSIBILIDADE - NEGÓCIO JURÍDICO PROCESSUAL - SENTENÇA REFORMADA. 1. O pedido de suspensão do processo por acordo entre as partes tem natureza de negócio jurídico processual previsto no art. 190 do NCPC. 2. A atuação do julgador é meramente declaratória, não cabendo o seu indeferimento quando se tratar de partes capazes e objeto lícito. 3. Recurso conhecido e provido. MINAS GERAIS. Tribunal de Justiça. *Apelação cível nº 1.0693.16.015894-7/001*. Relatora: Des. José Américo Martins da Costa, 15. Câmara Cível. Julgamento em: 23 de maio de 2017. Publicação da súmula em 09/06/2017.

[413] Tercio Sampaio Ferraz Júnior, ao conceituar o termo decisão, dispõe o seguinte: "Na mais antiga tradição, o termo decisão está ligado aos processos deliberativos. Assumindo-se que estes, do ângulo do indivíduo, constituem estados psicológicos de suspensão do juízo diante de opções possíveis, a decisão aparece como um ato final, em que uma possibilidade é escolhida, abandonando-se as demais". FERRAZ JUNIOR, Tercio Sampaio. *Introdução ao estudo do direito: técnica, decisão, dominação*. 6. ed. São Paulo: Atlas, 2008. p. 286.

[414] Emilio Betti, ao dissertar sobre a interpretação dos negócios jurídicos, dispõe o seguinte: "[...] o objeto da interpretação – segundo os princípios hermenêuticos estabelecidos na introdução – não é a vontade interna, ainda que não tenha sido expressa, mas sim a declaração ou o comportamento enquadrados na esfera de circunstâncias, que confere seu significado e o seu valor. Na verdade, o que conta é menos o teor das palavras ou a materialidade do comportamento do que a situação objetiva e que elas são pronunciadas ou subscritas, e isso é mantido, ou seja, aquele contexto e conjunto de circunstâncias em que a declaração e o comportamento se enquadram como na sua esfera natural e assumem, segundo as visões da consciência social, seu típico significado e sua importância. Assim, para aplicar esse critério aos contratos e, de modo geral, aos negócios bilaterais, são objeto de interpretação nesses negócios as declarações trocadas e os comportamentos

O que se pretende no presente capítulo é discutir se existe espaço para a discricionariedade[416] do juiz na interpretação[417] dos negócios jurídicos firmados entre as partes.

A discricionariedade, na forma como é praticada no Direito brasileiro, acaba, no plano da linguagem, sendo sinônimo de arbitrariedade.[418] Em nosso ordenamento jurídico, a discricionariedade quer dizer uma aposta no protagonismo judicial, considerada, assim, uma fatalidade.[419]

---

reciprocamente mantidos e reconhecíveis, enquadrados no contexto das circunstâncias concomitantes.[...] o significado do negócio pode ser obtido não apenas e não tanto a partir do teor literal das palavras usadas, tomadas por si, bem como em geral dos meios de expressão adotados pelas partes, mas também e especialmente a partir do comportamento total, do conjunto de várias declarações ou cláusulas, entendidas como elementos de um todo, de intento prático perseguido, bem como do conjunto de circunstâncias presentes na consciência de ambas as partes". BETTI, Emilio. *Interpretação da lei e dos atos jurídicos*: teoria geral e dogmática. Tradução Karina Jannini. São Paulo: Martins Fontes, 2007. p. 347-348.

[415] Para compreender de forma aprofundada a CHI, recomenda-se as seguintes obras: STRECK, Lenio Luiz. A crítica hermenêutica do direito e o novo código de processo civil: apontamentos sobre a coerência e integridade. In: STRECK, Lenio Luiz. *Constituição, sistemas sociais e hermenêutica*: anuário do programa de Pós-Graduação em Direito da UNISINOS. Porto Alegre: Livraria do Advogado; São Leopoldo: UNISINOS, 2014; STRECK, Lenio Luiz. *O que é isto*: decido conforme a minha consciência? 4. ed. Porto Alegre: Livraria do Advogado, 2013; STRECK, Lenio Luiz. *Verdade e consenso*. 6. ed. São Paulo: Saraiva, 2017; STRECK, Lenio Luiz. *Hermenêutica jurídica e(m) crise*: uma exploração hermenêutica da construção do direito. 11. ed. Porto Alegre: Livraria do Advogado, 2014; STRECK, Lenio Luiz. *Dicionário de hermenêutica*: quarenta temas fundamentais da teoria do direito à luz da crítica hermenêutica do direito. Belo Horizonte: Letramento: Casa do Direito, 2017; STRECK, Lenio Luiz. Jurisdição e ausência de uma teoria da decisão. *Revista de Derecho de la Pontificia Universidad Católica de Valparaíso*, [S.l.], v. 50, 2. Semestre, 2013; STRECK, Lenio Luiz. *Hermenêutica e jurisdição*: diálogos com Lenio Streck. Porto Alegre: Livraria do Advogado, 2017; STRECK, Lenio Luiz. Um ensayo sobre el problema de la discrecionalidad y la mala comprensión de los precedentes judiciales. *Revista Prolegómenos*. Derecho y Valores, v. 18, n. 35, enero/junio 2015; STRECK, Lenio Luiz; ALVIM, Eduardo Arruda; LEITE George Salomão (Coord.). *Hermenêutica e jurisprudência no código de processo civil*: coerência e integridade 2. ed. São Paulo: Saraiva Educação, 2018; ALVIM, Eduardo Arruda (Coord.). *Jurisdição e hermenêutica constitucional*: em homenagem a Lenio Streck. 1. ed. Rio de Janeiro: Mundo Jurídico, 2017.

[416] Lenio Streck, ao dissertar sobre o assunto, dispõe o seguinte: "[...] o fato de que, no momento da decisão, sempre acaba sobrando um espaço não tomado pela razão; um espaço que, necessariamente, será preenchido pela vontade discricionária do intérprete/juiz (não podemos esquecer que, nesse contexto, vontade e discricionariedade são faces da mesma moeda). [...] É preciso compreender a discricionariedade como sendo o poder arbitrário "delegado" em favor do juiz para "preencher" os espaços da "zona de penumbra" do modelo de regras". STRECK, Lenio Luiz. *Dicionário de hermenêutica*: quarenta temas fundamentais da teoria do direito à luz da crítica hermenêutica do direito. Belo Horizonte: Letramento: Casa do Direito, 2017. p. 53-54.

[417] Ao conceituar o termo interpretação, Lenio Streck afirma: "Ora, toda a interpretação é um ato produtivo; sabemos que o intérprete atribui sentido a um texto e não produz sentidos nele já existentes". STRECK, Lenio Luiz. *Dicionário de hermenêutica*: quarenta temas fundamentais da teoria do direito à luz da crítica hermenêutica do direito. Belo Horizonte: Letramento: Casa do Direito, 2017. p. 55.

[418] Ibid., p. 54.

[419] Ibid., p. 58.

Assim, o juiz fica vinculado aos "remédios" judiciais que o sistema põe a sua disposição.[420]

Joaquim Calmon de Passos, ao dissertar sobre os limites da decisão judicial, dispõe o seguinte:

> Porque o senhor a quem devemos reverência é a Constituição, os poderes do magistrado só podem ser admitidos se compatíveis com quanto nela instituídos. E ela consagra o princípio da legalidade, a par de muitos outros que buscam proteger a cidadania. A eles também estão submetidos os magistrados, daí a relevância da fundamentação de quanto decide. Decidir sem fundamentar é incidir no mais grave crime que se pode consumar num Estado de Direito Democrático. Se a fundamentação é que permite acompanhar e controlar a fidelidade do julgador tanto à prova dos autos como às expectativas colocadas pelo sistema jurídico, sua ausência equivale à prática de ilícito e sua insuficiência ou inadequação causa de invalidade. [...] Não se trata escravizar o julgador à letra da lei. Se assim fosse, de nada valeria a ciência do direito. Mas só o quanto positivado pode ser utilizado pelo julgador.[421]

A arbitrariedade exercida pelo juiz pode ser chamada de ativismo judicial (expressão esta já devidamente elucidada no início do presente estudo).

A Constituição Federal prevê, em seu artigo 5º, *caput*, o direito fundamental à liberdade. Dentro desta liberdade, pode-se encontrar o direito ao autorregramento e a autonomia privada. Da mesma forma, a possibilidade de flexibilização do processo também pode ser inserida no direito fundamental ao acesso à justiça, direito este elencado no art. 5º, XXXV, da Constituição Federal.

Da mesma forma, no próprio art. 5º, inciso II, da Constituição Federal, está previsto o princípio da legalidade, que dispõe o seguinte: *"ninguém será obrigado a fazer ou deixar de fazer alguma coisa senão em virtude de lei;"*. Ou seja, no momento em que a lei (art. 190, do CPC), prevê as hipóteses em que não se deve fazer os negócios jurídicos processuais, fica claro que, não sendo caso de nenhuma das três hipóteses, as partes não poderão ser impedidas de realizar o negócio jurídico processual.[422] Tal princípio, por óbvio, deve ser respeitado pelo juiz.

---

[420] PASSOS, José Joaquim Calmon de. *Ensaios e artigos*. Organizadores Fredie Didier Jr. Paula Sarno Braga. Salvador: JusPodivm, 2016. p. 32.

[421] Ibid., p. 33-34.

[422] O que se deve respeitar, então, é a lei. Lenio Streck, ao dissertar sobre o assunto, dispõe o seguinte: "[...] é inexorável que eu venha a combater toda e qualquer atividade discricionária, voluntarista ou decisionista do Poder Judiciário. Registre-se a minha posição firme – fundada na hermenêutica filosófica – no sentido de que 'levemos o texto a sério', entendido o texto como evento. Dizendo de outro modo, afirmar que 'devemos levar o texto a sério' ou que devemos deixar 'que o texto nos diga algo' ou, ainda, que 'questão de direito (texto) e questão de fato (caso concreto) não podem ser cindidos' [...]. Texto é evento; textos não produzem 'realidades virtuais'; textos não são meros enunciados linguísticos; textos não são palavras ao vento, conceitos metafísicos que não digam respeito a algo". STRECK, Lenio Luiz. *Verdade e consenso*. 6. ed. São Paulo: Saraiva, 2017. p. 253-254.

A rigidez processual não mais reflete o ideal de segurança processual no Estado Constitucional.[423]

É indiscutível que o processo civil (e, assim, os negócios jurídicos processuais), devem respeitar os direitos fundamentais e imposições feitas pela Constituição Federal.

Paulo Mendes de Oliveira, ao dissertar sobre a possibilidade de flexibilização processual, como forma densificada do princípio do acesso à justiça, dispõe o seguinte: "[...] tal atividade de adaptação deve ser levada a efeito respeitando as demais garantias processual que igualmente ganharam assento no rol dos direitos fundamentais".[424]

Assim, fica claro que as partes, ao elaborarem os Negócios Jurídicos Processuais, além de respeitar os requisitos previstos no artigo 190 do CPC, devem respeitar os direitos fundamentais previstos no próprio CPC, na Constituição Federal e os princípios previstos.

Estando o Negócio Jurídico Processual dentro dos parâmetros do artigo 190 do CPC e, por óbvio, não violando um direito fundamental (que, via de regra, é pouco provável que aconteça tratando-se de direitos disponíveis) o juiz tem o dever de respeitar o princípio fundamental da liberdade, à autonomia privada e o princípio da legalidade.

André Karam Trindade, em artigo denominado de "O controle das decisões judiciais e a revolução hermenêutica no direito processual brasileiro", enaltece o CPC/2015 como supressor do livre convencimento, ao delimitar os elementos de uma fundamentação válida (art. 489, § 1º) e, sobretudo, por exigir que os tribunais mantenham a jurisprudência estável, coerente, íntegra[425] (art. 926).[426]

---

[423] OLIVEIRA, Paulo Mendes de. *Segurança jurídica e processo*: da rigidez à flexibilização processual. São Paulo: Thomson Reuters Brasil, 2018. p. 263.

[424] Ibid., p. 266.

[425] O Tribunal de Justiça do Estado do Rio Grande do Sul já tem decidido no sentido de uniformizar a jurisprudência de forma coerente e íntegra: AGRAVO INTERNO. DIREITO PÚBLICO NÃO ESPECIFICADO. DECISÃO AGRAVADA QUE NÃO ESTÁ ELENCADA NAS HIPÓTESES NO ART. 1.015 CPC. ROL TAXATIVO. 1.A decisão agravada que indeferiu a expedição de alvará não está elencada no rol taxativo das decisões suscetíveis de impugnação pela via do agravo de instrumento, o que leva ao não conhecimento do recurso. 2. Anterior Agravo de Instrumento dando provimento ao recurso para o fim específico de autorizar o depósito dos valores excedentes ao teto remuneratório em conta vinculada ao processo. 3. Requerimento posterior de expedição de alvará para levantamento de valores, a fim de efetuar pagamento com dívidas trabalhistas indeferido pelo Juízo de 1ºGrau. 4. Não acolhimento da tese jurídica de interpretação extensiva do artigo 1.015 do Código de Processo Civil. Decisões do 2º Grupo Cível. Vale destacar que tais decisões partem do pressuposto segundo o qual o nível de recorribilidade das decisões interlocutórias após o novo Código de Processo Civil, efetivamente, sofreu alterações, eliminando do sistema processual a possibilidade de impugnação de inúmeras decisões interlocutórias. Se no sistema anterior havia a lógica da não taxatividade, discutindo-se apenas a qualificação da decisão impugnada como decisão interlocutória ou despacho de mero expediente, o atual regramento processual civil modificou consideravelmente tal paradigma ao adotar o sistema da recorribilidade diferida. 5. Adotando-se o princípio da taxatividade, a noção de coerência com os princípios do Código de

Com tais modificações trazidas pelo CPC/2015, incorporou-se uma teoria da decisão judicial democrática, instituindo as noções e coerência e integridade como parâmetros a serem observados pela jurisprudência.[427]

Com o ingresso da coerência e integridade no ordenamento jurídico brasileiro, reforça-se a força normativa da Constituição.

Nas palavras de André Karam Trindade:

Trata-se, em suma, de importantes critérios – reivindicados pela Crítica Hermenêutica do Direito a partir da teoria jurídica de Dworkin – para o controle das decisões judiciais que, certamente, servirão para combater o ativismo e a discricionariedade, reforçando, assim, a autonomia do Direito e, consequentemente, as próprias bases da democracia constitucional.[428]

A integridade, assim, é uma das principais virtudes que caracterizam a sociedade democrática, exigindo que as leis não sejam resultado de concepções de justiça subjetivas ou contraditórias, mas se mostrem coerentes, tendo em vista que os atos de coação estatal devem ser justificados de acordo com os princípios.[429]

Neste sentido, o respeito é adequação da decisão judicial ao teor dos Negócios Jurídicos Processuais é, nada mais e nada menos, do que respeitar o princípio fundamental à liberdade positivado no *caput* do art. 5º, da Constituição Federal, bem como o da legalidade, previsto no mesmo art. 5º, inciso II, da mesma Constituição Federal.

É claro que não se busca retirar do juiz o seu poder interpretativo. Todavia, como bem disserta Dworkin, o que se pretende é uma *interpretação construtiva*,[430] ou seja, uma interpretação que, verificando a pre-

---

Processo Civil, reside exatamente em limitar as impugnações via agravo de instrumento aos casos explicitamente previstos no artigo 1.015, não sendo legítima decisão judicial ampliando o texto de base do dispositivo. As diversas decisões aludidas são suficientes para fornecer o juízo de integridade e coerência a que se refere o artigo 926 do CPC, impondo-se o necessário respeito aos conteúdos construídos judicialmente, ao padrão decisório fixado na jurisprudência. 6. A parte agravante não trouxe argumentos novos capazes de alterar os fundamentos da decisão monocrática anterior. AGRAVO DESPROVIDO. RIO GRANDE DO SUL. Tribunal de Justiça. *Agravo nº 70077130284*. Relator: Leonel Pires Ohlweiler, Terceira Câmara Cível. Julgado em: 24 de maio de 2018.

[426] TRINDADE, André Karam. O controle das decisões judiciais e a revolução hermenêutica no direito processual civil brasileiro. In: STRECK, Lenio Luiz ALVIM, Eduardo Arruda; SALOMÃO, George (Coord.). *Hermenêutica e jurisprudência no código de processo civil*: coerência e integridade. 2. ed. São Paulo: Saraiva Educação, 2018. p. 19.

[427] Idem.

[428] Ibid., p. 20-21.

[429] Ibid., p. 28.

[430] Ronald Dworkin compara o juiz como um escritor em cadeia que, em conjunto com outros escritores, escreverá um romance. Ou seja, por mais que tenha a liberdade interpretativa, deve sempre manter a fidelidade ao que foi escrito anteriormente e, consequentemente, àqueles que virão depois. O juiz, desta forma, deve sempre realizar uma avaliação do que foi dito anteriormente por outros juízes em casos semelhantes.

sença dos requisitos previstos no artigo 190 do CPC, deverá se ater ao conteúdo e teor apresentado pelas partes.

Francisco José Borges Motta e Maurício Ramires, ao dissertarem sobre a intenção de Dworkin ao trazer a ideia sobre o conceito de coerência é que a preservação da igualdade, expressa na noção de que o Poder Público deve tratar os seus cidadãos com igual consideração e respeito. Ou seja, não se trata apenas de repetir decisões iguais, mas de conectar as decisões a uma dimensão de moralidade.[431]

George Salomão Leite, ao dissertar sobre a positivação da coerência e integridade em nosso sistema normativo, dispõe o seguinte:

> A positivação da coerência e da integridade em nosso sistema normativo não implica ou tem por finalidade um engessamento da jurisprudência dos Tribunais. Em outras palavras, coerência e integridade não são sinônimas de imobilismo jurídico. Pelo contrário, buscam conferir segurança jurídica evitando uma loteria na esfera jurisdicional, restringindo, portanto, a prática de um ativismo judicial exacerbado.[432]

O que não se pode, por exemplo, é que se crie uma gama de decisões relativizando os negócios jurídicos processuais e outra gama respeitando a autonomia privada! Tal situação só prejudica o instituto dos negócios jurídicos processuais, pois acaba por desprestigiá-lo, bem como aumenta os custos de transação entre as partes, pois nunca saberá se, ao ter contato com o Poder Judiciário, a vontade estabelecida no instrumento particular será respeitada ou não.

Ora, conforme já mencionado, o artigo 190 do CPC é taxativo, ou seja, não cabe ao juiz, mediante sua mera arbitrariedade, desfazer a construção legislativa.[433]

Recentemente, de forma meramente exemplificativa, o STJ, ao analisar se o rol do art. 1.015 do CPC é taxativo ou extensivo, julgou no sentido de ser extensivo (REsp 1696396/MT).[434] Não se pretende aqui

---

[431] MOTTA, Francisco José Borges; RAMIRES, Maurício. O novo Código de Processo Civil e a decisão jurídica democrática: como e por que aplicar precedentes com coerência e integridade? In: STRECK, Lenio Luiz; ALVIM, Eduardo Arruda; SALOMÃO, George (Coord.). *Hermenêutica e jurisprudência no código de processo civil*: coerência e integridade. 2. ed. São Paulo: Saraiva Educação, 2018. p. 87.

[432] LEITE, George Salomão. Coerência e integridade como critério de justificação de sentenças no NCPC. In: STRECK, Lenio Luiz ALVIM, Eduardo Arruda; SALOMÃO, George (Coord.). *Hermenêutica e jurisprudência no código de processo civil*: coerência e integridade. 2. ed. São Paulo: Saraiva Educação, 2018. p. 125.

[433] Importante ressaltar que, mesmo o artigo 190, do CPC ser taxativo, os negócios jurídicos processuais são contratos. Assim, são sujeitos à eventual revisão ou resolução por quebra da boa-fé objetiva, Ver: GIANNAKOS, Demétrio Beck da Silva. Boa-fé objetiva nos negócios jurídicos processuais. In: TEPEDINO, Gustavo et al. (Coord.). *Anais do VI Congresso do Instituto Brasileiro de Direito Civil*. Belo Horizonte: Fórum, 2019. p. 31-46.

[434] PROPOSTA DE AFETAÇÃO. RECURSO ESPECIAL. REPRESENTATIVO DE CONTROVÉRSIA. SELEÇÃO. AFETAÇÃO. RITO. ARTS. 1.036 E SS. DO CPC/15. DIREITO PROCESSUAL

analisar a decisão proferida pela Ministra Nancy Andrighi, mas apenas demonstrar que, decisões com certo grau de arbitrariedade, na prática, acabam por causar uma insegurança jurídica no ordenamento jurídico, incentivando aos advogados interporem recursos de agravo de instrumento, não descritos no rol, sob fundamento diverso.

Ainda, outro exemplo ilustrativo é o recente julgamento do mesmo STJ no sentido de relativizar a impenhorabilidade de salário (mesmo que analisado à luz do CPC/1973), no julgado do AgInt no REsp 1582475/MG.[435] Da mesma forma, tal decisão abre a possibilidade para juízes de todo o Brasil relativizarem a impenhorabilidade salarial de forma arbitrária, contrária à integridade e à coerência.

O que se busca, portanto, é justamente que tais relativizações não ocorram com os negócios jurídicos processuais, respeitando sempre o rol do artigo 190 do CPC e os limites, obviamente, apresentados pela Constituição Federal.

4.2. A existência de uma resposta correta na aplicação dos negócios jurídicos processuais

Uma das grandes preocupações das teorias jurídicas passa pela necessidade de se buscar respostas acerca da indeterminabilidade do Direito.[436]

CIVIL. AGRAVO DE INSTRUMENTO. CONTROVÉRSIA. NATUREZA. ROL DO ART. 1.015 DO CPC/15. 1. Delimitação da controvérsia: definir a natureza do rol do art. 1.015 do CPC/15 e verificar possibilidade de sua interpretação extensiva, para se admitir a interposição de agravo de instrumento contra decisão interlocutória que verse sobre hipóteses não expressamente versadas nos incisos de referido dispositivo do Novo CPC. 2. Afetação do recurso especial ao rito do art. 1.036 e ss. do CPC/2015. BRASIL. Superior Tribunal de Justiça. *ProAfR no REsp 1696396/MT*. Recorrente: Ivone da Silva. Recorrido: Alberto Zuzzi. Relator: Ministra Nancy Andrighi, Corte Especial. Brasília, DF, julgado em: 20 de fevereiro de 2018. Disponível em: <https://stj.jusbrasil.com.br/jurisprudencia/550644099/proposta-de-afetacao-no-recurso-especial-proafr-no-resp-1696396-mt-2017-0226287-4/inteiro-teor-550644119?ref=juris-tabs>. Acesso em: 11 set. 2018.

[435] AGRAVO INTERNO NO RECURSO ESPECIAL. EXECUÇÃO EXTRAJUDICIAL. PENHORA DE VALORES EM CONTA SALÁRIO. EXCEPCIONAL POSSIBILIDADE. QUESTÃO A SER SOPESADA COM BASE NA TEORIA DO MÍNIMO EXISTENCIAL. POSSIBILIDADE DE SE EXCEPCIONAR A REGRA DO ARTIGO 649, IV, DO CPC/73, QUANDO O MONTANTE DO BLOQUEIO SE REVELE RAZOÁVEL EM RELAÇÃO À REMUNERAÇÃO PELO DEVEDOR PERCEBIDA, O QUE, NÃO AFRONTA A DIGNIDADE OU A SUBSISTÊNCIA DO DEVEDOR E DE SUA FAMÍLIA. PRECEDENTE ESPECÍFICO. AGRAVO INTERNO DESPROVIDO. BRASIL. Superior Tribunal de Justiça. *AgInt no REsp 1582475/MG*. Agravante: Humberto Pereira de Abreu Júnior. Agravados: Victor Fontão Rebelo e outros. Relator: Ministro Paulo de Tarso Sanseverino, Terceira Turma. Brasília, DF, julgado em 07 de março de 2017. Disponível em: <https://stj.jusbrasil.com.br/jurisprudencia/450541291/agravo-interno-no-recurso-especial-agint-no-resp-1582475-mg-2016-0041683-1/inteiro-teor-450541303>. Acesso em: 11 set. 2018.

[436] STRECK, Lenio Luiz. *Verdade e consenso*. 6. ed. São Paulo: Saraiva, 2017. p. 360.

A interpretação do Direito no Estado Democrático do Direito é incompatível com esquemas interpretativos-procedimentais que conduzam a múltiplas respostas, cuja origem são a discricionariedade, arbitrariedade e decisionismo.[437][438]

Ou seja, nas palavras de Lenio Luiz Streck: "O que é evidente é que não se pode dizer qualquer coisa sobre qualquer coisa".[439]

Assim, existiria uma resposta correta para cada situação a partir da utilização íntegra dos princípios Constitucionais. E, posteriormente, a partir da coerência, evitar-se-ia a arbitrariedade do intérprete-juiz, no sentido de que este, deparando-se com determinada aplicação principiológica ao fato, deve se ater ao "precedente"[440] utilizado.

Todavia, a resposta correta à situação fática apenas existe a partir da fundamentação da decisão.

Cristina Reindolff da Motta, ao dissertar sobre a resposta correta ao caso concreto, dispõe o seguinte: "A decisão correta ao caso concreto deve estar baseada no direito como integridade, à margem da discricionariedade do decisor, que poderia, através do poder criador que lhe atribui a discricionariedade, decidir de acordo com a sua subjetividade".[441]

---

[437] STRECK, Lenio Luiz. *Verdade e consenso*. 6. ed. São Paulo: Saraiva, 2017. p. 360.

[438] João Paulo Alvarenga Brant e Tereza Cristina Sorice Baracho Thibau, ao dissertarem sobre o assunto, afirmam que o protagonismo do Poder Judiciário pode pôr em risco os valores democráticos de soberania popular ínsitos aos sistemas de direito escrito. Citando o autor Alf Ross, fazem a analogia com o jogo de xadrez e o ordenamento jurídico, no sentido de que ambos exigem coerência interna e respeito às regras do jogo. BRANT, João Paulo Alvarenga; THIBAU, Tereza Cristina Sorice Baracho. O sistema de precedentes no direito brasileiro e a limitação do arbítrio judicial. *Revista de Argumentação e Hermenêutica Jurídica*, Florianópolis, v. 2, n. 2, p. 41-59, jul./dez. 2016.

[439] STRECK, Lenio Luiz. *Verdade e consenso*. 6. ed. São Paulo: Saraiva, 2017. p. 368.

[440] A partir da obra de António Castanheira Neves, o procedente pode ser conceituado como a decisão judicial pronunciada para solucionar ao caso que historicamente decidiu, ou seja, trata-se de decisão estritamente jurisdicional que torna ou impõe como padrão normativo para deslinde de decisões análogas. CASTANHEIRA NEVES, António. *O instituto dos assentos e a função jurídica dos supremos tribunais*. Coimbra: Coimbra Ed. 1983, n. 1, p. 12.
Para Luiz Guilherme Marinoni, o precedente é decisão judicial que versa sobre matéria de direito (na *common law* chamada como *point of law*), e não sobre uma matéria apenas de fato. É preciso que esta decisão enfrente os principais argumentos relacionados à questão de direito posta na moldura do caso concreto, bem como seja julgada por maioria e que delineie a matéria de direito analisada. MARINONI, Luiz Guilherme. *Precedentes obrigatórios*. 5. ed. São Paulo: Revista dos Tribunais, 2016. p. 157-159.
Nas palavras de Marco Félix Jobim e Zulmar Duarte: "A ideia subjacente aos precedentes é garantir igual aplicação do direito aos casos iguais, pelo que se utiliza a razão de decidir constante de uma decisão pretérita como forma de subsidiar a tomada da decisão no presente: é um discurso de fundamentação e de justificação". JOBIM, Marco Félix; DUARTE, Zulmar. Ultrapassando o precedente: anticipatory overruling. *Revista de Processo*, São Paulo, v. 285, p. 341-362, nov. 2018.

[441] MOTTA, Cristina Reindolff da. *A motivação das decisões cíveis*: como condição de possibilidade para resposta correta/adequada. Porto Alegre: Livraria do Advogado, 2012. p. 77.

A Constituição Federal, em seu artigo 93, IX, prevê a necessidade da motivação das decisões judiciais, sob pena de nulidade. Da mesma forma, os artigos 11 e 489, ambos do CPC, preveem os elementos fundamentais da sentença e os casos em que não se considerará fundamentada a decisão judicial (art. 489, §1º, do CPC).

Nos termos dos artigos 7º, 9º, 10 e 11, todos do CPC, o contraditório,[442] a fundamentação e a publicidade[443] dos atos judiciais, constituem verdadeiros pilares do novo processo civil brasileiro.[444] No presente estudo, analisar-se-á mais precisamente a fundamentação das decisões judiciais, como forma de resposta correta na apreciação dos negócios jurídicos processuais.

Assim, a decisão fundamentada revela remédio completamente antidiscricionário, levando a resposta correta ao caso concreto.[445]

Cristina Reindolff da Motta continua ao dissertar sobre a importância da fundamentação: "A fundamentação, pois, é a garantia que o indivíduo tem para saber se está frente a uma decisão correta ou não (adequada à Constituição), já que ela demonstra os motivos pelos quais uma decisão se aplica a determinado caso".[446]

A doutrina como técnica é a recomendável para limitar-se o arbítrio e disciplinar a subjetividade das decisões, tanto em sua expressão legislativa quanto administrativa e jurisdicional.[447]

A fundamentação da decisão judicial é, assim, a forma como podem as partes controlar a validade e a eventual arbitrariedade/ativismo judicial[448] das decisões judiciais.

---

[442] Nas palavras de Darci Guimarães Ribeiro: "O referido princípio do contraditório caracteriza-se pelo fato de o juiz, tendo o dever de ser imparcial, não pode julgar a demanda sem que tenha ouvido autor e réu, ou seja, deverá conceder às partes a possibilidade de exporem suas razões, mediante a prova e conforme o seu direito". RIBEIRO, Darci Guimarães. A dimensão constitucional do contraditório e seus reflexos no projeto do novo CPC. *Revista de Processo*, Rio de Janeiro, ano 39, v. 232, p. 16, jun. 2014.

[443] Nas palavras de José Rogério Cruz e Tucci: "A publicidade do processo constitui um imperativo de conotação política, introduzido, nos textos constitucionais contemporâneos, pela ideologia liberal, como verdadeiro instrumento de controle da atividade dos órgãos jurisdicionais". TUCCI, José Rogério Cruz e. Garantias constitucionais da publicidade dos atos processuais e da motivação das decisões no novo CPC. In: RIBEIRO, Darci Guimarães; JOBIM, Marco Félix (Org.). *Desvendando o novo CPC*. Porto Alegre: Livraria do Advogado, 2015. p. 99.

[444] MARINONI, Luiz Guilherme. *Novo curso de processo civil*. 2. ed. São Paulo: Revista dos Tribunais, 2016. v. 2: Tutela dos direitos mediante procedimento comum, p. 425-426.

[445] MOTTA, Cristina Reindolff da. *A motivação das decisões cíveis*: como condição de possibilidade para resposta correta/adequada. Porto Alegre: Livraria do Advogado, 2012. p. 77.

[446] Ibid., p. 78.

[447] CALMON DE PASSOS. José Joaquim. *Revisitando o direito, o poder, a justiça e o processo*. Salvador: JusPodivm. 2013. p. 132.

[448] "Assim o 'ativismo' exige que os juízes sejam atuantes no sentido não apenas de 'fazer cumprir a lei' em seu significado exclusivamente formal. Significa mais: eles assumem uma postura mais

Para Nelson Nery Junior, "fundamentar significa o magistrado dar as razões, de fato e de direito, que o convenceram a decidir a questão daquela maneira".[449] A fundamentação possui aplicação substancial, e não meramente formal, donde é necessário que o juiz deve exteriorizar, na decisão judicial, a base fundamental da sua decisão.[450]

O ato de decidir, além de uma técnica processual, é também um ato de poder. Desta forma, devem os juízes, por serem capacitados de jurisdição, prestar contas à sociedade. Essa prestação de contas ocorre por meio da fundamentação, pois por meio dela é possível verificar se a decisão judicial foi fruto da aplicação da lei ao caso concreto[451] ou apenas um mero ato de vontade, consubstanciado na expressão "decido conforme a minha consciência".[452]

Desta forma, a necessidade de fundamentação da decisão auxilia a manutenção de um "jogo limpo".[453]

A metáfora do "jogo limpo" exige o tratamento de todos da mesma forma e que o direito seja aplicado como um jogo limpo. Exigir coerência e integridade que dizer que o aplicador não pode utilizar de regras fora do jogo, ou seja, não pode decidir "conforme a sua consciên-

---

audaciosa na interpretação de princípios constitucionais abstratos tais como 'dignidade da pessoa humana', 'igualdade', 'liberdade de expressão' etc. São mais audaciosos por que reivindicam para si a competência institucional e a capacidade intelectual para fixar tais conceitos abstratos, concretizá-los, conferir um significado mais preciso a estes termos; e principalmente: para julgar atos do legislativo que interpretam estes mesmos princípios". OLIVEIRA, Claudio Ladeira de. Democracia e ativismo judicial: algumas considerações sobre suas causas e consequências. *Revista de Direito e Garantias Fundamentais*, Vitória, v. 16, n. 1, p. 192-193, jan./jun. 2015.

[449] NERY JUNIOR, Nelson. *Princípios do processo na Constituição Federal*. 12. ed. São Paulo: Revista dos Tribunais, 2016. p. 327.

[450] Idem.

[451] "[...] a norma é construída apenas no caso concreto, como resultado de uma atividade prática, na qual os elementos linguísticos do Direito (os textos de normas), adquirem sentido a partir de uma conjugação com os elementos de fato". STRECK, Lenio Luiz. *Dicionário de hermenêutica*: quarenta temas fundamentais da teoria do direito à luz da crítica hermenêutica do direito. Belo Horizonte: Letramento: Casa do Direito, 2017. p. 279.
"Nessa perspectiva pós-positivista, o conceito da norma não pode mais possuir acepção semântica, porque norma não pode ser confundida com o texto normativo. A norma surge na solução do caso concreto, seja ele real ou fictício. A norma, portanto, seria uma concretização da lei. [...] No entanto, o limite deste processo de concretização da norma seria a própria lei. Ou seja, não pode o juiz, ao aplicar a lei ao caso concreto no intuito de concretizar a norma chegar a resultado diverso do que a própria lei dispõe". STRECK, Lenio Luiz. *Dicionário de hermenêutica*: quarenta temas fundamentais da teoria do direito à luz da crítica hermenêutica do direito. Belo Horizonte: Letramento: Casa do Direito, 2017. p. 279-280.

[452] SILVA, Geocarlos Augusto Cavalcante da. Fundamentação como forma democrática de controle das decisões judiciais. *Revista de Processo*, Rio de Janeiro, v. 276, p. 21, fev. 2018.

[453] Para Georges Abboud: *"A democracia pode ser vislumbrada pela metáfora de um jogo, obviamente um jogo limpo, perante o qual as regras são claras e predeterminadas"*. ABBOUD, Georges. Jogo democrático e processo: as razões pelas quais o processo civil deve ser um jogo limpo. In: STRECK, Lenio Luiz; ALVIM, Eduardo Arruda; SALOMÃO, George (Coord.). *Hermenêutica e jurisprudência no código de processo civil*: coerência e integridade. 2. ed. São Paulo: Saraiva Educação, 2018. p. 130.

cia" e chegar a resultado diverso do que está sendo tratado e alegado entre as partes, muito menos com relação aquilo que já foi decidido anteriormente em situação análoga (uniformização da jurisprudência).[454]

Lenio Luiz Streck, sobre o tema, dispõe o seguinte:

> [...] haverá coerência se os mesmos preceitos e princípios que foram aplicados nas decisões o forem para os casos idênticos; mais do que isso, estará assegurada a integridade do direito a partir da força normativa da Constituição.[455]

A coerência, por sua vez, assegura a igualdade no julgamento dos casos idênticos e a integridade exige que os juízes construam seus argumentos de forma integrada ao conjunto do direito, constituindo uma garantia contra arbitrariedades interpretativas.[456]

A ideia nuclear da coerência e da integridade é a concretização da igualdade, que, por sua vez, está justificada a partir de uma determinada concepção de dignidade humana.[457]

Apenas aplicar a coerência possibilita a perpetuação do erro. Assim, a integridade (na aplicação do mesmo princípio de forma igual), possibilita "quebrar" a cadeia de equívocos e, assim, de forma íntegra, iniciar novo paradigma decisório, devidamente fundamentado no artigo 926, do CPC.

Este, portanto, é o grande diferencial da aplicação das ideias trazidas pela Crítica Hermenêutica do Direito embasada nas ideias de Dworkin, pois, por sua vez, na aplicação conjunto da coerência e da integridade evita, de uma vez por todas, a perpetuação do erro judicial e, consequentemente, mitiga os efeitos do ativismo judicial.

O Superior Tribunal de Justiça, por sua vez, em ARE 959.904, de Relatoria do Ministro Edson Fachin,[458] privilegia a aplicação da coerên-

---

[454] ABBOUD, Georges. Jogo democrático e processo: as razões pelas quais o processo civil deve ser um jogo limpo. In: STRECK, Lenio Luiz; ALVIM, Eduardo Arruda; SALOMÃO, George (Coord.). *Hermenêutica e jurisprudência no código de processo civil*: coerência e integridade. 2. ed. São Paulo: Saraiva Educação, 2018. p. 130.

[455] STRECK, Lenio Luiz. O que é isso – a exigência de coerência e integridade no novo código de processo civil? In: STRECK, Lenio Luiz; ALVIM, Eduardo Arruda; SALOMÃO, George (Coord.). *Hermenêutica e jurisprudência no código de processo civil*: coerência e integridade. 2. ed. São Paulo: Saraiva Educação, 2018. p. 161.

[456] Ibid., p. 162.

[457] Ibid., p. 163.

[458] Decisão: Trata-se de agravo cujo objeto é a decisão que inadmitiu recurso extraordinário interposto em face do acórdão do TRF-1ª Região, assim ementado (eDOC 6, p. 47-48): "RESPONSABILIDADE CIVIL. DANOS MORAIS CONFIGURADOS. SERVIDOR PÚBLICO SUBMETIDO À CONTAMINAÇÃO POR INSETICIDA - DDT. QUANTUM INDENIZATÓRIO. JUROS DE MORA. I – [...] O novo diploma legal, no entanto, ao explicitar a compreensão da definição de precedentes, fixou balizas relevantes para examinar os argumentos que permitam ultrapassar os interesses subjetivos da causa. O art. 927 do Código de Processo Civil dispõe que serão observados os enunciados de súmulas vinculantes, as decisões desta Corte em controle concentrado de

constitucionalidade, os acórdãos em julgamento de recursos extraordinários repetitivos e os enunciados das súmulas do Supremo Tribunal Federal. Poder-se-ia aduzir, em interpretação literal, que a observância obrigatória das decisões desta Corte não se estende aos recursos extraordinários que fogem do regime do art. 1.036 do CPC. No entanto, a interpretação sistemática do Código exige que se leve em conta que, caso tenha a repercussão geral reconhecida, o efeito consequente é a suspensão de todos os processos pendentes e em trâmite em todo o território nacional (art. 1.035, § 5º, do diploma processual). Ademais, a contrariedade com súmula ou jurisprudência dominante implica presunção de repercussão geral (art. 1.035, § 3º, do CPC). Se a repercussão geral visa uniformizar a compreensão do direito, obrigação que atinge a todo o Poder Judiciário (art. 926 do CPC), então a estabilização, a integridade e a coerência, que têm na repercussão geral presumida importante garantia de uniformidade, devem, necessariamente, também atingir as decisões proferidas nos demais recursos extraordinários. Por isso, é possível afirmar que, na missão institucional definida pelo constituinte e pelo legislador ao Supremo Tribunal Federal, compete-lhe, no âmbito de sua competência recursal, promover "a unidade do Direito brasileiro tanto de maneira retrospectiva quanto prospectivamente" (MARINONI, Luiz Guilherme. *Repercussão geral no recurso extraordinário*. São Paulo: Revista dos Tribunais, 2007. p. 79). Tal unidade impõe, como o exige o Código, a juízes e tribunais o dever de observar as decisões do Supremo Tribunal Federal. Isso porque positivou o Código de Processo Civil verdadeiro sistema obrigatório de precedentes que naturalmente decorreria da hierarquização do Judiciário e da função da Corte Suprema. Observe-se, no entanto, que essa obrigatoriedade não se traduz por vinculação obrigatória. Juízes e tribunais, ainda que decidam com base na jurisprudência dominante dos Tribunais Superiores, têm o dever de motivação, conforme exige o disposto no art. 489, § 1º, do CPC. Dessa forma, devem demonstrar por que o precedente invocado é aplicável ao caso concreto, ou, inversamente, por que se deve realizar uma distinção ou superação do precedente neste mesmo caso concreto. Noutras palavras, o sistema de precedentes explicitado pelo Código de Processo Civil apenas impôs relevante ônus argumentativo a juízes e tribunais quando julgam os casos que assomam a seus órgãos. Esse ônus argumentativo impõe a este Supremo Tribunal Federal um dever de cautela a fim de permitir efetivo diálogo exigido pelo sistema de precedentes. Esse diálogo está na base do sistema de precedentes e é, precisamente, o que permite uniformizar a jurisprudência nacional. Não se pode confundir a mera decisão em sede recursal com o conceito uniformizador do precedente. Há, por isso, um elemento crítico na decisão que se torna precedente. Como afirmou Geoffrey Marshall, "a perspectiva crítica sobre um precedente sugere que o que o torna vinculante é a regra exigida de uma adequada avaliação do direito e dos fatos" (MARSHALL, Georffrey. What is binding in a precedent. In: MACCORMICK, Neil; SUMMERS, Robert S. *Interpreting precedents*: a comparative study. London: Dartmouth, 1997. p. 503-504, tradução livre). É precisamente essa a função cumprida pelo instituto da repercussão geral, isto é, viabilizar o adequado juízo sobre os fatos examinados no caso concreto e a interpretação do direito dada pelas instâncias inferiores, de forma a permitir replicar, por analogia, aos casos que lhe forem análogos, a solução jurídica acolhida pelo Supremo Tribunal Federal. Frise-se que, ante a inércia do Poder Judiciário, a viabilização do juízo crítico em sede de repercussão geral é promovida pelas partes. Trata-se, com efeito, de etapa do recurso que impõe às partes o dever de fundamentação específica. Na linha de diversos precedentes desta Corte a ausência dessa arguição (AI-QO 664.567, Rel. Min. Sepúlveda Pertence, Plenário, DJ 6.9.2007) ou sua inadequada fundamentação (ARE 858.726-AgR, Rel. Min. Luís Roberto Barroso, Primeira Turma, DJe 16.03.2015; RE 762.114-AgR, Rel. Min. Rosa Weber, Primeira Turma, DJe 10.08.2015) inviabiliza o conhecimento do recurso interposto perante o Supremo Tribunal Federal. No que tange ao conteúdo de tal demonstração, deve-se reconhecer no sistema de precedentes positivado pelo Código indeclinável diretriz interpretativa, a partir da teleologia do instituto. Tal perspectiva funcionalista permite reconhecer, de antemão, que dificilmente supre a exigência de fundamentação a mera asserção sobre erro no exame das premissas fáticas ou a aplicação indevida de norma jurídica nitidamente redigida. Tampouco devem ser admitidas como razões suficientes para o exame da repercussão geral normas que possam ser depreendidas analogamente de casos análogos já julgados pelo Tribunal, sem que em face deles seja feita a devida distinção ou superação, a permitir que o Tribunal possa examinar a conveniência de re alização de audiências públicas ou de autorizar a participação de terceiros para rediscutir a tese (art. 927, § 2º, do CPC). Encontraria dificuldades, outrossim, a repercussão suscitada a partir de lei local sem que se demonstre sua transcendência, especialmente a todo o território nacional. Em vista dos parâmetros fixados pelo art. 1.035, § 1º, do Código de Processo Civil, é possível assentar, ainda, que dificilmente ostentaria repercussão geral a questão econômica que

cia e integridade dispostos no artigo 926 do CPC exigindo, inclusive, o respeito por parte do STF sobre a sua aplicação.

O STJ, da mesma forma, tem cumprido com o disposto no artigo 926 do CPC, mantendo a jurisprudência coerente e íntegra.[459]

---

não apresente dados suficientes para estimar a relação de causalidade entre a decisão requerida e o impacto econômico ou financeiro potencialmente causado. Afigura-se improvável, também, o conhecimento de questão social que sequer apresente titularidade difusa ou coletiva. No que tange à questão político-institucional, tem poucas chances de atender ao ônus de fundamentação a arguição de repercussão geral que deixe de demonstrar pertinência relativamente aos órgãos que integram a alta organização do Estado ou das pessoas jurídicas de direito público que compõem a Federação. Finalmente, dificilmente daria margem ao exame da repercussão geral a questão jurídica arguida que não faça o cotejamento entre a decisão recorrida e a interpretação dada por outros órgãos jurisdicionais ou que não saliente possíveis consequências advindas da adoção pelo Supremo Tribunal Federal do entendimento postulado em sede recursal nos demais órgãos integrantes do Poder Judiciário. Alternativamente, também dificilmente atenderia ao ônus de fundamentação jurídica a arguição que não condiga com uma insuficiente proteção normativa ou interpretativa de um direito fundamental. Registre-se, por fim, que o dever de fundamentação vinculada é ônus que incumbe às partes e somente a elas. "Pode o Supremo admitir recurso extraordinário entendendo relevante e transcendente a questão debatida por fundamento constitucional diverso daquele alvitrado pelo recorrente" (MARINONI, Luiz Guilherme. *Repercussão geral no recurso extraordinário*. São Paulo: Revista dos Tribunais, 2007. p. 42). Essa faculdade, em verdade um poder-dever pelo qual a Corte cumpre sua função constitucional, depende, no entanto, para que seja adequadamente exercida, que as partes demonstrem minudentemente as razões pelas quais o Supremo Tribunal Federal deve criar um procedente daquele determinado caso concreto. Não cabe, aqui, invocar o dever de colaboração para exigir da Corte a explicitação das razões pelas quais as partes em casos concretos deixaram de cumprir o ônus da fundamentação da repercussão geral. Em casos tais, o que se estaria a postular era que o próprio Relator suprisse o vício processual. Em decorrência do sistema de precedentes, recém-positivado pelo Código de Processo Civil, é necessário que o Supremo Tribunal Federal, no desempenho de sua competência recursal, haja com prudência, a fim de estabilizar, de forma íntegra e coerente, a jurisprudência constitucional. Por não ter se desvencilhado do ônus de fundamentar necessária e suficientemente a preliminar de repercussão geral suscitada, com fulcro no art. 102, § 3°, da Constituição Federal e no art. 21, § 1°, do RISTF, deixo de conhecer do recurso extraordinário. Publique-se. Brasília, 14 de setembro de 2016. Ministro Edson Fachin Relator Documento assinado digitalmente. BRASIL. Supremo Tribunal Federal. *ARE 992989*. Recorrente: Fundação Nacional de Saúde - FUNASA. Recorrido: Manoel Felipe de Arruda. Relator: Min. Edson Fachin. Brasília, DF, 14 de setembro de 2016. Disponível em: <file:///C:/Users/Favorites/Saved%20Games/Downloads/texto_31033 8479% 20(1).pdf>. Acesso em: 11 set. 2018.

[459] AGRAVO REGIMENTAL NO RECURSO EM MANDADO DE SEGURANÇA. COMPROVAÇÃO POSTERIOR DA TEMPESTIVIDADE. FERIADO LOCAL. IMPOSSIBILIDADE. ORIENTAÇÃO FIRMADA PELA CORTE ESPECIAL. APLICAÇÃO LITERAL DO ART. 1.003, § 6°, DO CPC/2015. ENUNCIADO 66 DA I JORNADA DE DIREITO PROCESSUAL CIVIL. CONTRÁRIO AO ENTENDIMENTO DESTA CORTE SUPERIOR. REGIMENTAL IMPROVIDO. 1. A jurisprudência desta Corte admitia, na vigência do Código de Processo Civil de 1973, que a comprovação da existência de feriado local fosse feita por ocasião do agravo regimental. 2. Com o advento do Novo Código de Processo Civil, a Corte Especial e esta Sexta Turma passaram a compreender que o momento adequado para a comprovação da tempestividade do recurso é o ato de interposição, sendo vedada a comprovação posterior, prevalecendo, pois, a literalidade do art. 1.003, § 6°, do novo Código de Processo Civil. 3. Não há como adotar o entendimento firmado no Enunciado 66 da I Jornada de Direito Processual Civil, de agosto de 2017. Tal Enunciado não tem eficácia vinculante ou força obrigatória para os órgãos do Poder Judiciário, mas exerce influência persuasiva. Na hipótese em liça, a jurisprudência do STJ formada sob a égide do CPC/2015 é em sentido diverso do contido no Enunciado, o que o torna inaplicável à espécie, em atenção ao princípio da uniformidade interpretativa e à primazia da estabilidade, da integridade e da coerência interna da jurisprudência do Tribunal exigida pelos arts. 926 e 927, § 4°, do novo Códex Instrumental

Sustenta-se a existência de uma resposta correta por parte do juiz no momento de interpretar os negócios jurídicos firmados entre as partes.

Por exemplo, a partir do direito fundamental[460] à liberdade (e, dentro dele, o do autorregramento), bem como a partir do princípio[461] da legalidade, não existindo as hipóteses do artigo 190 do CPC, deve o juiz, como a resposta correta ao caso, legitimar e respeitar a vontade das partes.

(AgInt no Resp 1.664.165/TO, Rel. Ministro HERMAN BENJAMIN, Segunda Turma, julgado em 7/12/2017, DJe de 19/12/2017). 4. Agravo regimental improvido. (AgRg no RMS 56.887/SP, Rel. Ministro Nefi Cordeiro, Sexta Turma, Julgado em 25/09/2018, DJe 04/10/2018). RECURSO INTERPOSTO NA VIGÊNCIA DO CPC/2015. AGRAVO INTERNO EM AGRAVO EM RECURSO ESPECIAL. PROCESSUAL CIVIL. EFICÁCIA DOS PRECEDENTES PERSUASIVOS. NÃO ENFRENTAMENTO DOS PRECEDENTES APONTADOS. AUSÊNCIA DE IMPUGNAÇÃO ESPECÍFICA AOS FUNDAMENTOS DA DECISÃO RECORRIDA (ART. 932, III, DO CPC/2015). 1. A utilização da Súmula n. 83/STJ para a negativa de admissibilidade do especial na origem, associada à citação, como exemplo da jurisprudência formada, de acórdão proferido pela mesma Turma do STJ que irá apreciar o recurso especial, deve ser combatida com o enfrentamento dos fundamentos determinantes do julgado apontado como precedente, ou com a demonstração de que não se aplica ao caso concreto, ou de que há julgados contemporâneos ou posteriores do STJ em sentido diverso, e não com a mera afirmação de que não há precedentes suficientes para caracterizar a orientação firmada do Tribunal. Situação que caracteriza a ausência de impugnação específica aos fundamentos da decisão recorrida (art. 932, III, do CPC/2015). 2. Isto porque a existência de precedentes persuasivos autoriza, na forma do art. 927, IV, do CPC/2015 c/c a Súmula n. 568/STJ que: "O relator, monocraticamente e no Superior Tribunal de Justiça, poderá dar ou negar provimento ao recurso quando houver entendimento dominante acerca do tema". Tal a eficácia mínima dos precedentes persuasivos que vinculam horizontalmente, por seus fundamentos determinantes, os ministros relatores de determinado órgão colegiado à jurisprudência nele formada, atendendo às exigências de uniformidade, estabilidade, integridade e coerência da jurisprudência, conforme o art. 926, do CPC/2015. 3. Sendo assim, o recurso somente é viável se houver a possibilidade de distinção em relação ao precedente firmado ou superação do entendimento fixado no precedente (seja vinculante, seja persuasivo) através do enfrentamento de seus fundamentos determinantes, argumentos que devem ser trazidos pelo recorrente. Interpretação do at. 489, §1º, do CPC/2015 que, mutatis mutandis, se traduz também em obrigação para as partes. 4. Agravo interno não provido. AgInt no AREsp 871.076/GO. Relator: Ministro Mauro Campbell Marques, Segunda Turma. Julgado em: 09 de agosto de 2016, DJe 19 de agosto de 2016.

[460] Nas palavras de Georges Abboud, Henrique Garbellini e Rafael Tomaz de Oliveira: "Os direitos fundamentais constituem na atualidade o conceito que engloba os direitos humanos universais e os direitos nacionais dos cidadãos. As duas classes de direitos são, ainda que com intensidades diferentes, partes integrantes necessárias da cultura jurídica de todo o Estado constitucional. Em nosso ordenamento, os direitos fundamentais estão contidos no art. 5º da CF/1988, conudo, o § 2º do art. 5º determina que direitos e garantias expressos na Constituição não excluem outros decorrentes do regime e dos princípios por ela adotados, ou dos tratados internacionais em que a República Federativa do Brasil seja parte". ABBOUD, Georges; CARNIO, Garbellini; OLIVEIRA, Rafael Tomaz de. *Introdução à teoria e à filosofia do direito*. 3. ed. São Paulo: Revista dos Tribunais, 2015. p. 286.

[461] "Na obra de Dworkin os princípios conferem coerência e justificação ao sistema jurídico e permitem ao juiz, diante dos hard cases, realizar a interpretação de maneira mais conforme à Constituição. Para tanto, o juiz (Hércules) deve construir um esquema de princípios abstratos e concretos que possa dar coerência e consistência aos precedentes do common law e, nos termos em que esses precedentes se justificam por meio de princípios, o juiz tem de construir também um esquema que justifique tudo isso do ponto de vista constitucional e legal". NERY JUNIOR, Nelson. *Princípios do processo na Constituição Federal*. 12. ed. São Paulo: Revista dos Tribunais, 2016. p. 38.

Nas palavras de Lenio Luiz Streck:

> Por mais paradoxal que possa parecer, os princípios têm a finalidade de impedir "múltiplas respostas". Portanto, os princípios "fecham" a interpretação e não a "abrem", como sustentam, em especial, os adeptos das teorias da argumentação, por entenderem que, tanto na distinção fraca como na distinção forte entre regras e princípios, existem um grau menor ou maior de subjetividade do intérprete. A partir disso é possível dizer que é equivocada a tese de que os princípios são mandatos de otimização e de que as regras traduzem especificidades (em caso de colisão, uma afastaria a outra, na base do "tudo ou nada"), pois dá a ideia de que os "princípios" seriam "cláusulas abertas", espaço reservado à "livre atuação da subjetividade do juiz", na linha, aliás, da defesa de alguns civilistas fazem das cláusulas gerais do novo Código Civil, que, nesta parte, seria o "Código do juiz".[462]

O que se afirma e fundamenta no presente estudo é que a Constituição Federal, a partir de seus artigos, prevê e exige do Poder Judiciário o respeito à autonomia privada e aos contratos firmados entre as partes, não podendo o juiz, com base em eventual arbitrariedade, mesmo não havendo nenhum óbice legal, se abster de interpretar o negócio jurídico de forma não Constitucional.

Portanto, a Crítica Hermenêutica do Direito, a partir do conceito de integridade, prevê a necessidade de aplicação dos princípios trazidos na Constituição Federal de forma a fundamentar a observância do juiz aos negócios jurídicos firmados entre as partes, desde que respeitados os requisitos previstos no artigo 190 do CPC.

---

[462] STRECK, Lenio Luiz. *Verdade e consenso*. 6. ed. São Paulo: Saraiva, 2017. p. 256.

5. Conclusão

A escolha pelo presente tema se justifica pela eminente necessidade de o Direito também se relacionar com outros ramos da ciência, como a Economia.

Atualmente, o processo judicial, por possuir um custo baixo e levar anos para a sua conclusão, passou a ser utilizado pelos devedores como forma de postergar o pagamento da dívida ou outra obrigação existente.

Do ponto de vista econômico, o processo brasileiro passa a ser um incentivador ao litígio.

No decorrer do livro, além da pesquisa bibliográfica, foram trazidos dados atualizados da Justiça em Números, como forma de demonstrar ao leitor a real situação do Poder Judiciário brasileiro. Fica claro, assim, que toda e qualquer maneira de reduzir custos e tempo às partes e, até mesmo, ao Poder Judiciário, se faz necessária e pertinente.

A partir desta premissa, o estudo dos Negócios Jurídicos Processuais e dos Precedentes se faz relevante.

A partir da Constituição Federal de 1988, passamos a viver em um Estado Democrático de Direito, com a propagação e priorização dos direitos fundamentais elencados em seu texto constitucional, bem como obrigações auferidas ao Estado para com o seu cidadão.

A Crítica Hermenêutica Jurídica (CHD) e a Análise Econômica do Direito (AED) já se confrontaram especialmente sobre este assunto: a judicialização dos direitos fundamentais em contrapartida aos efeitos econômicos obtidos tanto para os particulares, quanto para o poder público.

É evidente que tais exigências ao Estado surtem efeitos econômicos e, até mesmo, de caráter social para uma comunidade ainda maior. O exemplo da judicialização da saúde é típico: o Estado concede a um cidadão determinado medicamento/tratamento médico, via ação judicial, normalmente não descrito no rol dos medicamentos/tratamentos concedidos pelo SUS (Sistema Único de Saúde). Às vezes, o medicamento ou o tratamento possuem valores altos e que impactam diretamente no orçamento do Estado. Tais decisões acabam por criar incentivos a toda a coletividade em ajuizar ações desta natureza, criando-se um mercado paralelo da judicialização da saúde.

Os casos envolvendo os planos de saúde também são exemplificativos: o Poder Judiciário, ao conceder medicamentos fora do plano de saúde contratado, acaba por criar um aumento do custo dos planos de saúde para os demais segurados, como forma de compensar as despesas inesperadas tidas pelo plano de saúde com as ações judiciais. É inevitável, portanto, que este posicionamento do Judiciário aumenta os custos de transação para toda uma coletividade.

Não se está, de forma alguma, desmerecendo ou sequer considerando a possibilidade de refutar a importância dos direitos fundamentais. O que se sustenta, no presente trabalho, é que o profissional do Direito tenha a capacidade de se complementar. Por exemplo, que o juiz, ao analisar tais questões no seu dia a dia, tenha conhecimento dos efeitos práticos envolvendo suas decisões (aplicação do artigo 20 da LINDB), mesmo que, ao final, julgue por conceder determinado medicamento.

Em pleno Século XXI, a multidisciplinariedade não pode ser ignorada pelos advogados, pelo Ministério Público e, especialmente, pelo Poder Judiciário. O impacto econômico das decisões judiciais (possivelmente denominado de consequencialismo) às partes e até mesmo ao Estado, além de socializar os custos para toda a coletividade, incentiva, aos demais, o ajuizamento de ações similares (objeto este tratado no primeiro capítulo do presente estudo). O Supremo Tribunal Federal e o Superior Tribunal de Justiça, como demonstrado no decorrer do trabalho, já têm ponderado os efeitos econômicos de suas decisões.

O contrato, por sua vez, é a grande forma de interação econômica entre os seres humanos. Desde a antiguidade, os homens já realizavam trocas de bens entre si, transferindo-os para a parte que mais valorizava determinado bem.

Com a evolução humana, essas trocas começaram a se aprimorar, resultando, muitas vezes, em contratos complexos entre fornecedores e consumidores, entre pessoas físicas, entre pessoas jurídicas, etc.

Conforme fundamentado no presente trabalho, toda a negociação possui custos de transação para as partes, desde a fase pré-contratual, até a fase pós-contratual (custos com advogados, por exemplo).

Os contratos, por certo, são estabelecidos entre as partes para serem cumpridos nos termos pactuados, partindo-se do princípio que estas não acordariam cláusulas, ônus e condições que não concordassem.

Assim, com o exemplo dos Negócios Jurídicos Processuais (vide segundo capítulo do presente estudo), como forma de contratualização ou convencionalização do processo, devem as partes e, especialmente, o juiz, respeitar e honrar os termos pactuados estabelecidos no negócio jurídico processual.

O que se fundamenta, portanto, é que a utilização de princípios como cláusulas abertas (por exemplo, princípio da função social do contrato) possa ser utilizado como forma de omitir um certo grau de ativismo judicial por parte do juiz no momento de anular negócio jurídico pactuado entre as partes. Tal situação, por exemplo, além de resultar no aumento de custas para as partes, certamente deixará o processo mais moroso, além de desacreditar o próprio instituto do negócio jurídico processual, nos termos do artigo 190 do CPC.

Desta forma, tanto a Crítica Hermenêutica do Direito, quanto a Análise Econômica do Direito, podem ser utilizadas de forma complementar uma a outra, no sentido de evitar o ativismo judicial por parte do juiz (utilizando-se da Crítica Hermenêutica do Direito) e, com base na Análise Econômica do Direito, buscar os meios economicamente mais viáveis às partes, como forma de solucionar os litígios existentes em sociedade.

Por fim, aplicar duas teorias jurídicas que possam parecer antagônicas, na prática, pode fazer toda a diferença para os aplicadores do Direito, como forma de utilizar a multidisciplinariedade (utilizando de alguns conceitos da Economia) como plataforma para a solução de casos de forma eficiente e juridicamente íntegra e coerente, melhorando a prestação de serviço jurisdicional do Poder Judiciário, seja na redução de custos, seja na redução do volume expressivo de demandas judiciais.

Referências

ABBOUD, Georges. Jogo democrático e processo: as razões pelas quais o processo civil deve ser um jogo limpo. In: STRECK, Lenio Luiz; ALVIM, Eduardo Arruda; SALOMÃO, George (Coord.). *Hermenêutica e jurisprudência no código de processo civil*: coerência e integridade. 2. ed. São Paulo: Saraiva Educação, 2018.

——; CARNIO, Garbellini; OLIVEIRA, Rafael Tomaz de. *Introdução à teoria e à filosofia do direito*. 3. ed. São Paulo: Revista dos Tribunais, 2015.

——; LUNELLI, Guilherme. Ativismo judicial e instrumentalidade do processo. *Revista de Processo*, São Paulo, v. 242, abr. 2015.

ABREU, Rafael Sirangelo de. "Customização processual compartilhada": o sistema de adaptabilidade do novo CPC. *Revista de Processo*, Rio de Janeiro, v. 257, jul. 2016.

ALMEIDA, Diogo Assumpção Rezende de. *A contratualização do processo das convenções processuais no processo civil*. São Paulo: LTr, 2015.

ALPA, Guido. La interpretación económica del derecho. *Revista de Derecho Themis*, n° 42, 2001, p. 300-314.

ALVAREZ, Alejandro Bugallo. Análise econômica do direito: contribuições e desmistificações. *Revista de Direito, Estado e Sociedade*. Rio de Janeiro, v. 9, n. 29, jul./dez. 2006.

ALVIM, Eduardo Arruda (Coord.). *Jurisdição e hermenêutica constitucional*: em homenagem a Lenio Streck. Rio de Janeiro: Mundo Jurídico, 2017.

ARAUJO JR. Ari Francisco de; SHIKIDA, Cláudio Djissey. Microeconomia. In: TIMM, Luciano Benetti (Org.). *Direito e economia no Brasil*. 2. ed. São Paulo: Atlas, 2014.

ARAÚJO, Fernando. *Teoria económica do contrato*. Coimbra: Almedina, 2007.

ARENHART, Sérgio Cruz; OSNA, Gustavo. Os "acordos processuais" no projeto do CPC – aproximações preliminares. In: RIBEIRO, Darci Guimarães; JOBIM, Marco Félix (Org.). *Desvendando o novo CPC*. Porto Alegre: Livraria do Advogado, 2015.

ARRUDA, Samuel Miranda. *O direito fundamental à razoável duração do processo*. Brasília, DF: Brasília Jurídica, 2006.

BARBOSA MOREIRA, José Carlos. O neoprivatismo no processo civil. *Revista de Processo: RePro*, São Paulo, v. 30, n. 122, p. 9-21, abr. 2005.

——. Privatização do Processo? *Revista da EMERJ*, v.1, n.3, 1998.

——. *Temas de direito processual*. São Paulo: Saraiva, 2007.

BAR-GILL, Oren. The evolution and persistence of optimism in litigation. *The Journal of Law, Economics & Organizations*, [S.l.], v. 22, n. 2, p. 490-507, 8 dez. 2005.

BEATTY, David M. *A essência do Estado de direito*. Tradução de Ana Aguiar Cotrim. São Paulo: WMS Martins Fontes, 2014.

BERGER, Luiz Marcelo. Por que o Brasil precisa de análise econômica do direito_Jota, [S.l.], 7 nov. 2018. Disponível em: <https://jota.info/colunas/ coluna-da-abde/por-que-o-brasil-precisa-de-analise-economica-do-direito-07112017>. Acesso em: 06 abr. 2018.

BETTI, Emilio. *Interpretação da lei e dos atos jurídicos*: teoria geral e dogmática. Tradução Karina Jannini. São Paulo: Martins Fontes, 2007.

——. *Teoria geral do negócio jurídico*. Coimbra: Coimbra Editora, 1969. t. 1.

——. *Teoria geral do negócio jurídico*. Coimbra: Coimbra Editora, 1969. t. 3.

BIX, Brian H. Law and economics and explanation in contract law. In: WHITE, Mark D. *Theoretical foundations of law and economics*. Cambridge University Press, 2009.

BORGES, Felipe Garcia Lisboa; ROSI, Giselle Maria Sousa. Análise econômica dos contratos: considerações sobre o princípio da função social. *Revista de Direito Privado*, São Paulo, v. 94, p. 8-97, out. 2018.

BRANT, João Paulo Alvarenga; THIBAU, Tereza Cristina Sorice Baracho. O sistema de precedentes no direito brasileiro e a limitação do arbítrio judicial. *Revista de Argumentação e Hermenêutica Jurídica*, Florianópolis, v. 2, n. 2, p. 41-59, jul./dez. 2016.

BRASIL. *Decreto-Lei nº 4.657, de 4 de setembro de 1942.* Lei de Introdução às normas do Direito Brasileiro. Disponível em: <http://www.planalto.gov.br/ccivil_03/ decreto-lei/del4657compilado.htm>. Acesso em: 27 jun. 2018.

——. *Lei nº 13.105, de 16 de março de 2015.* Código de Processo Civil. Disponível em: <http://www. planalto.gov.br/ccivil_03/_Ato2015-2018/2015/Lei/ L13105.htm>. Acesso em: 06 abr. 2018.

——. *Lei nº10.406, de 10 de janeiro de 2002.* Institui o Código Civil. Disponível em: <http://www. planalto.gov.br/ccivil_03/leis/2002/l10406.htm>. Acesso em: 21 set. 2018.

——. Superior Tribunal de Justiça. *AgInt no AREsp 1214641/AM.* Agravante: Direcional Engenharia S/A. Agravado: Kelen Acquati Vieira. Relator: Ministro Marco Aurélio Bellizze, Terceira Turma. Brasília, DF, julgado em: 13 de março de 2018. Disponível em: <https://ww2.stj.jus.br/processo/revista/inteiroteor/?num_registro= 201703096405&dt_publicacao=26/03/2018>. Acesso em: 11 set. 2018.

——. Superior Tribunal de Justiça. *AgInt no REsp 1582475/MG.* Agravante: Humberto Pereira de Abreu Júnior. Agravados: Victor Fontão Rebelo e outros. Relator: Ministro Paulo de Tarso Sanseverino, Terceira Turma. Brasília, DF, julgado em 07 de março de 2017. Disponível em: <https://stj.jusbrasil.com.br/ jurisprudencia/450541291/agravo-interno-no-recurso-especial-agint-no-resp-1582475-mg-2016-0041683-1/inteiro-teor-450541303>. Acesso em: 11 set. 2018.

——. Superior Tribunal de Justiça. *ProAfR no REsp 1696396/MT.* Recorrente: Ivone da Silva. Recorrido: Alberto Zuzzi. Relator: Ministra Nancy Andrighi, Corte Especial. Brasília, DF, julgado em: 20 de fevereiro de 2018. Disponível em: <https://stj. jusbrasil.com.br/jurisprudencia/550644099/proposta-de-afetacao-no-recurso-especial-proafr-no-resp-1696396-mt-2017-0226287-4/inteiro-teor-550644119?ref=juris-tabs>. Acesso em: 11 set. 2018.

——. Superior Tribunal de Justiça. *REsp nº 1163283 / RS.* Recorrente: Banco do Estado do Rio Grande do Sul AS. Recorrido :Ignez Ivone Alovisi Galo e outro. Relatorio: Ministro Luis Felipe Salomão, Quarta Turma. Brasília, DF, julgado em 07 de abril de 2015. Disponível em: <https://ww2.stj.jus.br/processo/pesquisa/?tipoPesquisa=tipo PesquisaNumeroRegistro& termo=200902066576&totalRegistrosPorPagina=40&aplicacao=processos.ea>. Acesso em: 2 jul. 2018.

——. Superior Tribunal de Justiça. *REsp: 1255315 SP 2011/0113496-4.* Recorrente: Bayer S/A. Recorrido: Socipar S/A. Relatora: Ministra Nancy Andrighi, Terceira Turma. Brasília, DF, julgado em: 13 de março de 2018. Disponível em: <https://stj.jusbrasil. com.br/jurisprudencia/21076363/recurso-especial-resp-1255315-sp-2011-0113496-4-stj/inteiro-teor-21076364?ref=juris-tabs>. Acesso em: 11 set. 2018.

——. Supremo Tribunal Federal. *RE 407.688/SP.* Recorrente: Michel Jacques Peron. Recorrido: Antonio Pecci. Min. Rel. Cezar Peluso. Brasília, DF, Julgamento em: 08 de fevereiro de 2006. Disponível em: <http://redir.stf.jus.br/paginadorpub/ paginador.jsp?docTP=AC&docID=2 61768>. Acesso em: 2 jul. 2018.

——. Supremo Tribunal Federal. *ARE 992989.* Recorrente: Fundação Nacional de Saúde - FUNASA. Recorrido: Manoel Felipe de Arruda. Relator: Min. Edson Fachin. Brasília, DF, 14 de setembro de 2016. Disponível em: < file:///C:/Users /Favorites/ Saved%20Games/Downloads/texto_310338479%20(1).pdf>. Acesso em: 11 set. 2018.

——. Supremo Tribunal Federal. *Pleno, RE 2.675.* Relator: Min. Laudo de Camargo. Relator *ad hoc*: Min. Costa Manso, julgado em: 05 de janeiro de 1938.

——. Tribunal Regional Federal (2. Região). *Apelação cível nº0045980-25.2015.4.02.5117.* Apelante: Autopista Fluminense S.A. e outro. Apelado: Maicon Jhonny Teixeira Cardoso. Relator: Desembargador Federal Guilherme Calmon Nogueirada Gama, 6ª Turma Especializada. Julgado em: 03 de agosto de 2017. Disponível em: <http://portal.trf2.jus.br/portal/consulta/resconsproc.asp>. Acesso em: 06 abr. 2018.

_____. Tribunal Regional Federal (1ª Região). APL 50050126720154047102 RS 5005012-67.2015.404.7102. Apelante: Departamento Nacional de Infra-Estrutura de Transportes - DNIT. Apelado: Vagner Colzan Denardi. Relator: Friedmann Anderson Wendpap, terceira Turma. Brasília, DF. Data de julgamento: 21 de fevereiro de 2017. Disponível em: <encurtador.com.br/fiwSW>. Acesso em: 06 abr. 2018.

_____. Tribunal Regional Federal (4. Região). ENUL 5083351-89.2014.4.04.7000. Embargante: Gerson de Mello Almada. Embargado: Ministério Público Federal. Interessado: Alberto Youssef. Relator: Maria de Fátima Freitas Labarrère - Secretaria de Recursos, Quarta Seção. Porto Alegre, juntado aos autos em 30 de janeiro de 2018. Disponível em: <encurtador.com.br/fHKL1>. Acesso em: 2 jul. 2018.

BÜLLOW, Oskar von. *Excepciones procesales y pressupuestos procesales*. Tradução espanhola de Miguel Angel Rosa. Buenos Aires: Editora Jurídica Europa-America, 1968.

CABRAL, Antonio do Passo. *Convenções processuais*. Salvador: JusPodivm, 2016.

_____. Convenções sobre os custos da litigância (i): admissibilidade, objeto e limites. *Revista de Processo*, Rio de Janeiro, v. 276, p. 61-62, fev. 2018.

CALAMANDREI, Piero. *Processo e democracia*: Conferências realizadas na Faculdade de Direito da Universidade Nacional Autônoma do México. Porto Alegre: Livraria do Advogado, 2017.

CÂMARA, Alexandre Freitas. *O novo processo civil brasileiro*. 3 ed. São Paulo: Atlas, 2017.

CAPONI, Remo. Autonomia Privado e Processo Civil: os Acordos Processuais. *Revista Eletrônica de Direito Processual – REDP*. Volume XIII.

CAPPELLETTI, Mauro. *Juízes legisladores?* Tradução de Carlos Alberto Alvaro de Oliveira. Porto Alegre: Sergio Antonio Fabris, 1999.

_____. *Processo, ideologia e sociedade*. Porto Alegre: Sergio Antonio Fabris, 2008.

CARNELUTTI, Francesco. *Instituições do processo civil*. Tradução Adrián Sotero de Witt Batista. São Paulo: Classic Book, 2000.

_____. *Sistema di diritto processuale civile*. Padova: CEDAM, 1936. v. 1.

CARVALHO, Cristiano. A nova lei de introdução é análise econômica do direito? *Jota*, [S.l.], 5 jun. 2018. Disponível em: <https://www.jota.info/opiniao-e-analise/colunas/coluna-da-abde/introducao-analise-economica-direito-05062018>. Acesso em: 2 jul. 2018.

_____. Crítica à crítica de Lenio Streck sobre a AED. Jota, [S.l.],11 jul. 2017. Disponível em: <https://jota.info/colunas/coluna-da-abde/critica-a-critica-de-lenio-streck-sobre-a-aed-01082017>. Acesso em: 22 nov. 2017.

CASCAES, Amanda Celli. Análise econômica do contrato incompleto. *RJLB*, Lisboa, ano 3, n. 1, 2017.

CASTANHEIRA NEVES, António. *O instituto dos assentos e a função jurídica dos supremos tribunais*. Coimbra: Coimbra Ed. 1983.

COASE, Ronald Harry. *A firma, o mercado e o direito*. Rio de Janeiro: Forense Universitária, 2016.

CONSELHO NACIONAL DE JUSTIÇA. *CNJ apresenta justiça em números 2018, com dados dos 90 tribunais*. Brasília, DF, 27 ago. 2018. Disponível em: <http://www.cnj.jus.br/noticias/cnj/87512-cnj-apresenta-justica-em-numeros-2018-com-dados-dos-90-tribunais>. Acesso em: 11 set. 2018.

_____. *Justiça em números 2018*: ano-base 2017. Brasília, DF, 2018. Disponível em: <http://www.cnj.jus.br/files/conteudo/arquivo/2018/08/44b7368ec6f888b383f 6c3de40c32167.pdf>. Acesso em: 11 set. 2018.

COOTER, Robert Dandridge; SCHÄFER, Hans-Bernd. *O nó de Salomão*: como o direito pode erradicar a pobreza das nações. Organização e tradução: Magnum Koury de Figueiredo. Curitiba: CRV, 2017.

_____; ULEN, Thomas. *Law and economics*. 6th ed. [S.l.]: Addison-Wesley, 2016.

CORDEIRO, Adriano C. *Negócios jurídicos processuais no novo CPC*: das consequências do seu descumprimento. Curitiba: Juruá, 2017.

COUTO E SILVA, Almiro do. Privatização no Brasil e o novo exercício de funções públicas por particulares. Serviço público "à brasileira". *Revista de Direito Administrativo*, Rio de Janeiro, n. 230, out./dez. 2002.

COUTURE, Eduardo J. *Fundamentos del derecho procesal civil*. Tercera edición. Buenos Aires: Roque Depalma Editor, 1958.

CREPALDI, Thiago; MORAES, Claudia. Com judicialização da saúde, juízes passam a ditar políticas públicas do setor. *Consultor Jurídico*, São Paulo, 15 ago. 2018. Disponível em: <https://www.conjur.com.br/2018-ago-15/judicializacao-saude-juizes-passam-ditar-politicas-publicas-setor>. Acesso em: 21 set. 2018.

CREPALDI, Thiago; MORAES, Claudia. Judicialização da saúde beneficia mercado e prejudica sociedade, diz pesquisador. *Consultor Jurídico*, São Paulo, 12 de março de 2018. Disponível em: <https://www.conjur.com.br/2018-mar-12/judicializacao-saude-beneficia-mercado-pesquisador?fbclid= IwAR1PiJ qnorjQ8wyTrTeOXigL2XziiKIZmEHHA1v--Kj_BwE7cljInu0-seGM>. Acesso em: 01 nov. 2018.

CROSS, Ruppert; HARRIS, J. W. *Precedent in English Law*. New York: Oxford University Press, 1991.

CUNHA, Leonardo Carneiro da. Negócios jurídicos processuais no processo civil. In: CABRAL, Antonio do Passo; NOGUEIRA, Pedro Henrique (Coord.). *Negócios processuais*. Salvador: JusPODIVM, 2015.

——. *Negócios jurídicos processuais no processo civil brasileiro*. [S.l.], 2014. Disponível em: <www.academia.edu/10270224/ Neg%C3%B3cios_jur%C3% ADdicos_processuais_no_processo_civil_brasileiro>. Acesso em: 05 set. 2018.

——. Negócios jurídicos processuais no processo civil. In: CABRAL, Antonio do Passo; NOGUEIRA, Pedro Henrique (Coord.). *Negócios processuais*. Salvador: JusPodivm, 2015.

CYRINO, André. Análise econômica da Constituição econômica e interpretação institucional. *Revista Estudos Institucionais*, Rio de Janeiro, v. 3, 2, 2017.

DA ROS, Luciano. O custo da justiça no Brasil: uma análise comparativa exploratória. *Observatório de Elites Políticas e Sociais do Brasil*, Curitiba, v. 2, n. 9, jul. 2015.

DIDIER JR. Fredie. Princípio do respeito ao autorregramento da vontade no processo civil. In: CABRAL, Antonio do Passo; NOGUEIRA, Pedro Henrique (Coord.). *Negócios processuais*. Salvador: JusPodivm, 2015.

——. Negócios jurídicos processuais atípicos no CPC-2015. In: DIDIER JR., Fredie. *Ensaios sobre os negócios jurídicos processuais*. Salvador: JusPodivm, 2018.

——. Negócios jurídicos processuais atípicos no código de processo civil de 2015. *Revista Brasileira da Advocacia*, São Paulo, v. 1, abr./jun. 2016.

DINAMARCO, Cândido Rangel. *A instrumentalidade do processo*. 14. ed. São Paulo: Malheiros, 2009.

DODGE, Raquel Elias Ferreira. Encaminha nota técnica conjunta n° 01/2018. Brasília, DF,13 abr. 2018. Disponível em: <https://www.conjur.com.br/ dl/oficio-raquel-dodge-veto-pl-7448.pdf>. Acesso em: 27 jun. 2018.

DWORKIN, Ronald. *A justiça de toga*. Tradução Jefferson Luiz Camargo. São Paulo: WMF Martins Fontes, 2010.

——. *Levando os direitos a sério*. São Paulo: Martins Fontes, 2011.

——. *O império do direito*. Tradução Jefferson Luiz Camargo. São Paulo: Martins Fontes, 1999.

ENUNCIADOS do Fórum Permanente de Processualistas Civis. Florianópolis, mar. 2017. Disponível em: <http://www.novocpcbrasileiro. com.br/enunciados-interpretativos-sobre-o-novo-cpc-do-fppc/>. Acesso em: 07 jun. 2017.

ESCOBAR, Freddy; NIETO, Eduardo. ?Es el análisis económico del derecho una herramienta válida de interpretación del derecho positivo? *Revista de Derecho Themis*, n° 52, 2006, p. 341-354.

FERRARI, Regina Maria Macedo Nery. *Direito constitucional*. São Paulo: Revista dos Tribunais, 2011.

FERRAZ JUNIOR, Tercio Sampaio. *Introdução ao estudo do direito: técnica, decisão, dominação*. 6. ed. São Paulo: Atlas, 2008.

FERREIRA, Cristiana Sanchez Gomes. *Análise econômica do divórcio*: contributos da economia ao direito de família. Porto Alegre: Livraria do Advogado Editora, 2015.

FRIEDMAN, David D. *Law´s order*: what economics has to do with law and why it matters. Princeton: Princeton University Press, 2000.

FUNDAÇÃO GETÚLIO VARGAS. *ICJBrasil 2017*: confiança da população nas instituições cai. Rio de Janeiro, 24 out. 2017. Disponível em: <https://portal.fgv.br/ noticias/icjbrasil-2017-confianca-populacao-instituicoes-cai>. Acesso em: 18 set. 2018.

FUX, Luiz; BRODART, Bruno. Notas sobre o princípio da motivação e a uniformização da jurisprudência no novo Código de Processo Civil à luz da análise econômica do Direito. *Revista de Processo*, Rio de Janeiro, v. 269, p. 421-432, jun. 2017.

GABARDO, Emerson. *Princípio constitucional da eficiência administrativa*. São Paulo: Dialética, 2002.

GAJARDONI, Fernando Fonseca. *Flexibilização procedimental*. São Paulo: Atlas, 2008.

GALVANI, Leonardo. Análise econômica do contrato e eficiência contratual. *EALR*, Brasília, DF, v. 9, n. 2, maio/ago. 2018.

GARCIA, Ricardo Lupion. *Boa-fé objetiva nos contratos empresariais*: contornos dogmáticos dos deveres de conduta. Porto Alegre: Livraria do Advogado, 2011.

GEORGAKOPOULOS, Nicholas L. *Principles and methods of law and economics*: basic tools for normative reasoning. Cambridge University Press, 2005.

GIANNAKOS, Angelo Maraninchi. *Assistência judiciária no direito brasileiro*. Porto Alegre: Livraria do Advogado, 2008.

GIANNAKOS, Demétrio Beck da Silva. Análise econômica dos negócios jurídicos processuais. *Revista de Processo*, São Paulo, v. 278, p. 512, abr. 2018.

———. Boa-fé objetiva nos negócios jurídicos processuais. In: TEPEDINO, Gustavo *et al.* (Coord.). *Anais do VI Congresso do Instituto Brasileiro de Direito Civil*. Belo Horizonte: Fórum, 2019. p. 31-46.

———. O princípio da eficiência e a public choice. *Revista Jurídica Luso Brasileira*, Lisboa, ano 3, n. 5, 2017.

GOIS, Ancelmo. Associação Brasileira de Direito e Economia rebate afirmações do Ministro Lewandowski que a análise econômica do direito era coisa da direita. [S.l.], 11 maio 2018. Disponível em: <http://felipevieira.com.br/site/associacao-brasileira-de-direito-e-economia-abde-divulga-nota-sobre-afirmacoes-do-ministro-lewandowski/>. Acesso em: 16 maio 2018.

GOMES, Orlando. *Introdução ao direito civil*. 18. ed. Rio de Janeiro: Forense, 2002.

GRECO, Leonardo. Os atos de disposição processual – primeiras reflexões. *Revista Eletrônica de Direito Processual*, Rio de Janeiro, out./dez. 2007.

———. Os atos de disposição processual: primeiras reflexões. In: MEDINA, José Miguel Garcia (Coord.). *Os poderes do juiz e o controle das decisões judiciais*: estudos em homenagem à Professora Teresa Arruda Alvim Wambier. São Paulo: RT, 2008.

———. Publicismo e provatismo no processo civil. *Revista de Processo*, São Paulo, n. 164, 2008.

GUERRA, Alexandre. *Princípio da conservação dos negócios jurídicos*. São Paulo: Almedina, 2016.

HAL, R. Arkes; BLUMER, Catherine. The psychology of sunk costs: organizational behavior and human decision processes. *Ohio University*, [S.l.], v. 35, p. 124-140, 1985.

JOBIM, Marco Félix. *As funções da eficiência no processo civil brasileiro*. São Paulo: Thomson Reuters Brasil, 2018.

———. *O direito à duração razoável do processo*. 2. ed. Porto Alegre: Livraria do Advogado, 2012.

———; DUARTE, Zulmar. Ultrapassando o precedente: anticipatory overruling. *Revista de Processo*, São Paulo, v. 285, p. 341-362, nov. 2018.

———; MEDEIROS, Bruna Bessa de. O impacto das convenções processuais sobre a limitação de meios de prova. *Revista de Direito Processual – REDP*. Rio de Janeiro, ano 11, v. 18, n 1, jan./abr. 2017.

JOLLS, Christine. On law enforcement with boundedly rational actors. *Harvard Law School John M. Olin Center for Law, Economics and Business Discussion Paper Series*, [S.l.], n. 494, set. 2004.

———; SUNSTEIN, Cass R.; THALER, Richard. A Behavioral approach to law and economics. *Faculty Scholarship Series*, Paper 1765, [S.l.], 1998.

KAHNEMAN, Daniel; TVERSKY, Amos. Prospect theory: an analysis of decision under risk. *Econometrica*, [S.l.], v. 47, n. 2, p. 263-291, mar. 1979.

KOEHLER, Frederico Augusto Leopoldino. *A razoável duração do processo*. 2. ed. Bahia: JusPODIVM, 2013.

KOSSMANN, Edson Luís. *A (in)eficiência da constitucionalização do princípio da eficiência na administração pública*. 2010. Dissertação (Mestrado em Direito) - Programa de Pós-Graduação em Direito, Universidade do Vale do Rio dos Sinos, São Leopoldo, 2010.

KUNREUTHER, H. C. The economics of protection against low probability events. *IASA Working Paper*. IIASA, Laxenburg, Austria, n. WP-81-003, jan. 1981. Disponível em: <http://pure.iiasa.ac.at/1758/1/WP-81-003.pdf>. Acesso em: 24 out. 2018.

LEAL, Rogério Gesta. Administração pública e Constituição no Brasil: uma revisão necessária. *Revista da Escola da Magistratura do Estado do Rio de Janeiro*, Rio de Janeiro, v. 6, n. 24, out. 2003.

LEITE, George Salomão. Coerência e integridade como critério de justificação de sentenças no NCPC. In: STRECK, Lenio Luiz; ALVIM, Eduardo Arruda; SALOMÃO, George (Coord.). *Hermenêutica e jurisprudência no código de processo civil*: coerência e integridade. 2. ed. São Paulo: Saraiva Educação, 2018.

LIMBERGER, Têmis. *O direito à intimidade na era da informática*: a necessidade de proteção dos dados pessoais. Porto Alegre: Livraria do Advogado, 2007.

———; GIANNAKOS, Demétrio Beck da Silva. A modalidade das audiências de conciliação como forma eficiente de solucionar os conflitos das ações de desapropriação. *Juris Plenum Direito Administrativo*, Caxias do Sul, ano 5, n. 17, mar. 2018.

LIPIANI, Júlia; SIQUEIRA, Marília. Negócios Jurídicos processuais sobre mediação e conciliação. ZANETI JR., Hermes; CABRAL, Trícia Navarro Xavier (Coord.). *Justiça multiportas*: mediação, conciliação, arbitragem e outros meios de solução adequada de conflitos. Salvador: Juspodivm, 2017.

LIRA, Rosângela Araújo Viana de. A função jurisdicional e a sociedade. *Revista da ESMAPE – Recife*, v. 20, n. 41, p. 189-198, jan./jun. 2015.

LOPES, Ziel Ferreira; DIETRICH, William Galle. O debate entre a crítica hermenêutica do direito e AED. *Jota*, [S.l.], 9 set. 2017. Disponível em:<https://jota.info/artigos/o-debate-entre-a-critica-hermeneutica-do-direito-e-aed-13092017>. Acesso em: 06 abr. 2018.

LUPION, Ricardo; FAGANELLO, Tiago. O movimento de direito e economia e a concretização dos direitos fundamentais. *Revista Jurídica Luso Brasileira*, Lisboa, ano 3, n. 3, 2017.

MACKAAY, Ejan; ROUSSEAU, Stéphane. *Análise econômica do direito*. Tradução Rachel Sztajn. 2. ed. São Paulo: Atlas, 2015.

MARCELLINO JÚNIOR, Julio Cesar. *Princípio constitucional da eficiência administrativa*: (des) encontros entre economia e direito. Florianópolis: Habitus, 2009.

MARINONI, Luiz Guilherme. *Novo curso de processo civil*. 2. ed. São Paulo: Revista dos Tribunais, 2016. v. 2: Tutela dos direitos mediante procedimento comum.

———. *Precedentes obrigatórios*. 5. ed. São Paulo: Revista dos Tribunais, 2016.

———. *Repercussão geral no recurso extraordinário*. São Paulo: Editora Revista dos Tribunais, 2007.

———; ARENHART, Sérgio Cruz; MITIDIERO, Daniel. *Novo código de processo civil comentado*. 3. ed. São Paulo: Revista dos Tribunais, 2017.

MARQUES NETO, Floriano de Azevedo *et al*. Resposta aos comentários tecidos pela Consultoria Jurídica do TCU ao PL n° 7.448/2017. *Consultor Jurídico*, São Paulo, 2017. Disponível em: <https://www.conjur.com.br/dl/parecer-juristas-rebatem-criticas.pdf>. Acesso em: 27 jun. 2018.

MARSHALL, Georffrey. What is binding in a precedent. In: MACCORMICK, Neil; SUMMERS, Robert S. *Interpreting precedents: a comparative study*. London: Dartmouth, 1997.

MARTINS, José Eduardo Figueiredo de Andrade. Reflexões sobre a incorporação da teoria da quebra eficiente (efficient breach theory) no direito civil brasileiro. In: TEPEDINO, Gustavo *et al*. (Coord.). *Anais do VI Congresso do Instituto Brasileiro de Direito Civil*. Belo Horizonte: Fórum, 2019. p. 93-110.

MARTINS-COSTA, Judith. *A boa-fé no direito privado*. São Paulo: Revista dos Tribunais, 1999.

MEDAUAR, Odete. *Direito administrativo moderno*. 4. ed. São Paulo: RT, 2000.

MEDINA, José Miguel Garcia. *Novo código de processo civil comentado*: com remissões e notas comparativas ao CPC/1973. 4. ed. São Paulo: Revista dos Tribunais, 2016.

MELLO, Marcos Bernardes de. *Teoria do fato jurídico*: plano da eficiência. São Paulo: Saraiva, 2003.

MIGLIAVACCA, Luciano de Araujo. A prestação jurisdicional como serviço público: a observância do princípio da eficiência e sua relação com a razoável duração do processo. *Revista de Direitos e Garantias Fundamentais*, Vitória, v. 16, n. 1, jan./jun. 2015.

MILAGRES, Marcelo de Oliveira. A causa do contrato. *Revista de Direito Civil Contemporâneo*, São Paulo, v. 14, p. 159-178, jan./mar. 2018.

MINAS GERAIS. Tribunal de Justiça. *Apelação cível nº 1.0693.16.015894-7/001*. Relatora: Des. José Américo Martins da Costa, 15. Câmara Cível. Julgamento em: 23 de maio de 2017. Publicação da súmula em 09/06/2017.

MIRANDA, Pontes de. *Tratado das ações, I*. Campinas: Bookseller, 1998.

——. *Tratado de direito privado, I*. Rio de Janeiro: Borsói, 1954.

——. *Tratado de direito privado, II*. São Paulo: RT, 1974.

MITCHELL, William C; SIMMONS, Randy T. *Para além da política*: mercados, bem-estar social e o fracasso da burocracia. Rio de Janeiro: Topbooks, 2003.

MONTEIRO, Jorge Vianna. *Como funciona o governo*: escolhas públicas na democracia representativa. Rio de Janeiro: Editora FGV, 2007.

——. *Lições de economia constitucional brasileira*. Rio de Janeiro: Editora FGV, 2004.

MOREIRA, José Carlos Barbosa. Neoprivatismo no processo civil. *Revista da Academia Brasileira de Letras Jurídicas*, Rio de Janeiro, n. 26, p. 197-210. 2004.

MOTTA, Cristina Reindolff da. *A motivação das decisões cíveis*: como condição de possibilidade para resposta correta/adequada. Porto Alegre: Livraria do Advogado, 2012.

——; MÖLLER, Gabriela Samrsla. A abertura hermenêutica das convenções processuais à execução: pela busca da satisfatividade da tutela do direito material. In: MARCATO Ana *et al.* (Coord.). *Negócios processuais* Salvador: JusPodivm, 2017.

MOTTA, Francisco José Borges. *Ronald Dworkin e a construção de uma teoria hermeneuticamente adequada da decisão jurídica democrática*. 2014. Tese (doutorado em Direito) -- Universidade do Vale do Rio dos Sinos, São Leopoldo, 2014.

——; RAMIRES, Maurício. O novo código de processo civil e a decisão jurídica democrática: como e por que aplicar precedentes com coerência e integridade? In: STRECK, Lenio Luiz ALVIM, Eduardo Arruda; SALOMÃO, George (Coord.). *Hermenêutica e jurisprudência no código de processo civil*: coerência e integridade. 2. ed. São Paulo: Saraiva Educação, 2018.

MÜLLER, Julio Guilherme. *Negócios processuais e desjudicialização da produção da prova*. São Paulo: Revista dos Tribunais, 2017.

——. *Negócios processuais*. São Paulo: Revista dos Tribunais, 2017.

NERY JUNIOR, Nelson. *Princípios do processo na Constituição Federal*. 12. ed. São Paulo: Revista dos Tribunais, 2016.

NEVES, Castanheira. *Curso de introdução ao estudo do direito*. Coimbra: Coimbra, 1976.

NOGUEIRA, Pedro Henrique. *Negócios jurídicos processuais*. Salvador: JusPODIVM, 2016.

O'BRIAN, David M. Precedent and Courts. In: *Precedentes judiciais*: diálogos transnacionais / organização Marco Félix Jobim, Ingo W. Sarlet. Florianópolis: Tirant lo Blanch, 2018.

OLIVEIRA, Bruno Silveira de. Notas acerca dos negócios jurídicos processuais atípicos: parte I: custos operacionais. *Revista de Processo*, Rio de Janeiro, v. 283, p. 39-54, set. 2018.

——. Democracia e ativismo judicial: algumas considerações sobre suas causas e consequências. *Revista de Direito e Garantias Fundamentais*, Vitória, v. 16, n. 1, p. 183-216, jan./jun. 2015.

——. *Segurança jurídica e processo*: da rigidez à flexibilização processual. São Paulo: Thomson Reuters Brasil, 2018.

OSSA, Jahir Alexander Gutiérrez. Análisis económico del derecho. Revisión al caso colombiano. *Revista de Derecho y Economía*. Nº 24, 2008.

OTÁVIO AUGUSTO. Expectativa de vida do brasileiro chega a 76 anos, a maior da história.25 *Correio Brasiliense*, Brasília, DF, jul. 2018. Disponível em: <https:// www.correiobraziliense.com.br/ app/noticia/brasil/2018/07/25/interna-brasil,697305/expectativa-de-vida-do-brasileiro-chega-a-76-anos-a-maior-da-historia.shtml>. Acesso em: 212 set. 2018.

OWENS, B. Robert. Judicial decision making as knowledge work. *Law & Social Inquiry*, [S.l.], v. 41, n. 2, 502-521, p. 511-512, spring 2016.

PACHECO, Pedro Mercado. *El análisis económico del derecho*: uma reconstrucción teórica. Madrid: Centro de Estudios Constitucionales, 1994.

PARGENDLER, Mariana. Direito contratual comparado e desenvolvimento: rumos e obstáculos. *Revista Estudos Institucionais*, Rio de Janeiro, v. 3, n. 1, 2017.

———; SALAMA, Bruno. Direito e economia no direito civil: o caso dos tribunais brasileiros. In: POMPEU, Ivan Guimarães; BENTO, Lucas Fulanete; POMPEU, Gonçalves Renata Guimarães (Coord.). *Estudos sobre negócios e contratos*: uma perspectiva internacional a partir da análise econômica do direito. São Paulo: Almedina, 2017.

PASCUAL, Gabriel Doménech. Por qué y cómo hacer análisis económico del derecho. *Revista de Administración Pública*. n° 195, Madrid, 2014, p. 99-133.

PASSOS, José Joaquim Calmon de. *Ensaios e artigos*. Organizadores Fredie Didier Jr. Paula Sarno Braga. Salvador: JusPodivm, 2016.

———. Processo e democracia. GRINOVER, Ada Pellegrini; DINAMARCO, Cândido Rangel; WATANABE, Kazuo (Coord.). *Participação e processo*. São Paulo: Revista dos Tribunais, 1988.

———. *Revisitando o direito, o poder, a justiça e o processo*. Salvador: JusPodivm. 2013.

PELA, Juliana Krueger. "Inadimplemento eficiente" (efficient breach) nos contratos empresariais. *Revista Jurídica Luso Brasileira*, Lisboa, ano 2, n. 1, p. 1091-1103, 2016.

PETERSEN, Luiza Moreira. *O risco no contrato de seguro*. São Paulo: Editora Roncarati, 2018.

PICÓ I JUNOY, Joan. *O juiz e a prova*: estudo da errônea percepção do brocardo iudex iudicare debet secundum allegata et probata, non secundum conscientizam e a sua repercussão atual. Tradução Darci Guimarães Ribeiro. 2. ed. Porto Alegre: Livraria do Advogado, 2017.

———. *O juiz e a prova*: estudo da errônea recepção do brocardo *iudex iudicare debet secundum allegata et probata, non secundum* conscientizam e sua repercussão atual. Tradução Darci Guimarães Ribeiro. 2. ed. Porto Alegre: Livraria do Advogado, 2017.

PINHEIRO, Armando Castelar (Org.). *Judiciário e economia no Brasil*. São Paulo: Sumaré, 2000.

PINHEIRO NETO, Francisco Miranda. *Um proposta de critérios para concessão judicial de órteses, próteses e materiais especiais na saúde complementar, à luz da jurisprudência do Tribunal de Justiça do Estado do Ceará*. 2018. Dissertação (Mestrado Acadêmico) – Universidade de Fortaleza. Programa de Mestrado em Direito Constitucional, Fortaleza, 2018.

PISANI, Andrea Proto. Público e privado no processo civil na Itália. *Revista da EMERJ*, Rio de janeiro, v. 4, n. 16, 2001.

POMPEU, Ana. Polêmicas, mudanças na LINDB só aguardam análise presidencial. *Consultor Jurídico*, São Paulo, 15 abr. 2018. Disponível em: <https://www.conjur.com.br/2018-abr-15/polemicas-mudancas-lindb-aguardam-analise-presidencial>. Acesso em: 27 jun. 2018.

PORTO, Antônio José Maristrello. Análise econômica da responsabilidade civil. In: TIMM, Luciano Benetti (Org.). *Direito e Economia no Brasil*. 2. ed. São Paulo: Atlas, 2014. p. 183-184.

PORTO, Éderson Garin. *Manual jurídico da startup*: como desenvolver projetos inovadores com segurança. Porto Alegre: Livraria do Advogado, 2018.

POSNER, Eric. *Análise econômica do direito contratual*: sucesso ou fracasso? São Paulo: Saraiva, 2010.

———. *A economia da justiça*. Tradução Evandro Ferreira e Silva. São Paulo: WMF Martins Fontes, 2010.

———. *Direito, pragmatismo e democracia*. Tradução Teresa Dias Carneiro. Rio de Janeiro: Forense, 2010.

POSNER, Richard A. *Fronteiras da teoria do direito*. Tradução Evandro Ferreira e Silva e Jefferson Luiz Camargo, Paulo Salles e Pedro Sette-Câmara. São Paulo: WMF Martins Fontes, 2011.

———. Let´s never blame a contract breaker. *Michigan Law Review*, [S.l.], v. 107, n. 8, p. 1349-1363, jun. 2009.

PRIEBE, Victor Saldanha; SPENGLER, Fabiana Marion. A razoável duração do processo na jurisdição brasileira. *Revista Eletrônica de Direito Processual - REDP*, Rio de Janeiro, ano 11, v. 18, n. 2, maio/ago. 2017.

RAATZ, Igor. *Autonomia privada e processo civil*: negócios jurídicos processuais, flexibilização procedimental e o direito à participação na construção do caso concreto. Salvador: Juspodivm, 2016.

RADBRUCH, Gustav. *O espírito do direito inglês e a jurisprudência Anglo-Americana*. Rio de Janeiro: Lumen Juris, 2010.

RAWLS, John. *Uma teoria da justiça*. Tradução Almiro Pisetta e Lenita M. R. Esteves. São Paulo: Martins Fontes, 1997.

REBOUÇAS, Rodrigo Fernandes. *Autonomia privada e a análise econômica do contrato*. São Paulo: Almedina, 2017.

RIBEIRO, Darci Guimarães. A boa-fé como norma fundamental do processo civil. In: STRECK, Lenio Luiz; ROCHA, Leonel Severo; ENGELMANN, Wilson (Org.). *Constituição, Sistemas Sociais e Hermenêutica*: Anuário do Programa de Pós-Graduação em Direito da Unisinos. n. 14. São Leopoldo: Karywa, Unisinos, 2018.

——. A dimensão constitucional do contraditório e seus reflexos no projeto do novo CPC. *Revista de Processo*, São Paulo, ano 39, jun. 2014.

——. *Da tutela jurisdicional às formas de tutela*. Porto Alegre: Livraria do Advogado, 2010.

——; SCALABRIN, Felipe. O papel do processo na construção da democracia: para uma nova definição de democracia participativa. *Revista da Ajuris*, Porto Alegre, ano 36, n. 114, jun. 2009.

——; SCALABRIN, Felipe. O Papel do Processo na Construção da Democracia: para uma Nova Definição da Democracia Participativa. *Justitia*, São Paulo, 66 (200), jan/jun. 2009.

——. La Dimensión Constitucional del Principio de Contradicción y sus Reflejos en el Derecho Probatorio Brasileño. *Revista del Instituto Colombiano de Derecho Procesal*, 2014, Bogotá, p.101-120.

RIO GRANDE DO SUL. Tribunal de Justiça. *Agravo nº 70077130284*. Relator: Leonel Pires Ohlweiler, Terceira Câmara Cível. Julgado em: 24 de maio de 2018.

——. Tribunal de Justiça. *Apelação cível nº 70075492462*. Apelante/Apelado: Tiago Leonardo Kaercher e S & K Produtos para Saúde Ltda. Apelado: Alliage SA Indústrias Médico Odontológico. Relator: Paulo Sérgio Scarparo, Décima Sexta Câmara Cível. Julgado em 26 de outubro de 2017. Disponível em: <https://tj-rs.jusbrasil.com.br/jurisprudencia/516772765/ apelacao-civel-ac-70075492462 -rs/inteiro-teor-516772786?ref=juris-tabs>. Acesso em: 11 set. 2018.

——. Tribunal de Justiça. Apelação cível nº 70076807817. Apelado: Rio Grande Energia S A. Apelante: Verginio Chiesa. Relator: Eugênio Facchini Neto, Nona Câmara Cível. Porto Alegre, Julgado em 25 de abril 2018. Disponível em: <https://www.tjrs.jus.br/busca/? tb=proc>. Acesso em: 2 jul. 2018.

RODRIGUES, Gabriela Wallau; GIANNAKOS, Demétrio Beck da Silva. A Cláusula de Hardship como forma de Mitigação da Assimetria de Informação nos Contratos Internacionais. *Revista Electrónica de Direito da Faculdade de Direito da Universidade do Porto*, Porto, n. 2, jun. 2017.

ROPPO, Enzo. *O contrato*. Coimbra: Almedina, 2009.

ROSA, Alexandre Morais da. Entenda o golpe de mestre de Joesley Batista via teoria dos jogos. *Consultor Jurídico*, São Paulo, 19 maio 2017. Disponível em: <https://www.conjur.com.br/2017-mai-19/limite-penal-entenda-golpe-mestre-joesley-jbs-via-teoria-jogos>. Acesso em: 06 abr. 2018.

——. *Guia compacto do processo penal conforme a teoria dos jogos*. 3. ed. Florianópolis: Empório do Direito, 2016.

——. Jogo processual no direito penal tem efeito cativante. *Consultor Jurídico*, São Paulo, 28 set. 2013. Disponível em: <https://www.conjur. com.br/2013-set-28/diario-classe-jogo-processual-direito-penal-efeito-cativante>. Acesso em 06 abr. 2018.

ROSSEAU, Dominique. O Direito Constitucional contínuo: instituições, garantias de direitos e utopias. *Revista de Estudos Constitucionais, Hermenêutica e Teoria do Direito (RECHTD)*, nº 8, p. 261-271, 2016.

SAAVEDRA, José Leyva. Autonomía Privada y Contrato. *Revista Oficial del Poder Judicial*. Nº6 e 7. 2010-2011, p. 267-290.

SALAMA, Bruno Meyerhof. *Direito e economia*: textos escolhidos. São Paulo: Saraiva, 2010.

SANTANA, Gustavo da Silva. *Administração pública em juízo*: o patrimonialismo como óbice ao princípio da eficiência. 2011. Dissertação (Mestrado em Direito) – Programa de Pós-Graduação em Direito, Universidade do Vale do Rio dos Sinos, São Leopoldo, 2011.

SANTOLIM, Cesar. Behavioral law and economics e a teoria dos contratos. *RJLB*, [S.l.], ano 1, n. 3, 2015.

SANTOS, Paulo Trindade. *Filosofia do Direito Processual*: fenômeno conflitológico de interesses como gênese do Direito. Tese Doutorado. Unisinos, PPGD, São Leopoldo, RS, 2018.

SÃO PAULO. Tribunal de Justiça (6. Vara Cível). *Apelação 1006695-45.2013.8. 26.0309*. Apelante: MR Avaliações e Pericias de Engenharia Sociedade Simples Ltda. Apelado: Saci Comércio de Tintas Ltda. Relator: Ruy Coppola, Órgão Julgador: 32ª Câmara de Direito Privado; Foro de Jundiaí - São Paulo, Julgamento: 13 de setembro de 2018.

_____. Tribunal de Justiça (9. Vara Cível). *Agravo de instrumento 2136057-64.2018.8.26.0000*. Relator: Ricardo Pessoa de Mello Belli; Órgão Julgador: 19ª Câmara de Direito Privado. São Paulo, Julgamento: 13 de agosto de 2018.

_____. Tribunal de Justiça. *Agravo de instrumento 2143515-35.2018. 8.26.0000*. Relator: Sá Moreira de Oliveira; Órgão Julgador: 33ª Câmara de Direito Privado; Foro Central Cível - 39ª Vara Cível, São Paulo, Julgamento: 13 de agosto de 2018.

_____. Tribunal de Justiça. Comarca: Guarulhos. *Agravo de Instrumento nº 2014.0000465877*. Relator: Luis Fernando Nishi, Órgão julgador: 32ª Câmara de Direito Privado; Data do julgamento: 22 de setembro 2016; Data de registro: 22 de setembro de 2016.

_____. Tribunal de Justiça. Comarca: São José dos Campos. *Agravo de instrumento nº 2017.0000737270*. Relator: Walter Cesar Exner, Órgão julgador: 36ª Câmara de Direito Privado; Data do julgamento: 19 de setembro de 2016; Data de registro: 19 de setembro 2016.

SCHREIBER, Anderson. *Equilíbrio contratual e dever de renegociar*. São Paulo: Saraiva Educação, 2018.

SCHUARTZ, Luis Fernando. Consequencialismo jurídico, racionalidade decisória e malandragem. *Revista de Direito Administrativo*, Rio de Janeiro, v. 248, p. 130-158, maio 2008. Disponível em: <http:// biblioteca Zdigital.fgv.br/ojs/index.php/ rda/article/view/41531>. Acesso em: 30 out. 2018.

SILVA, Clóvis do Couto e. *A obrigação como processo*. Rio de Janeiro: Editora FGV, 2006.

SILVA, Geocarlos Augusto Cavalcante da. Fundamentação como forma democrática de controle das decisões judiciais. *Revista de Processo*, Rio de Janeiro, v. 276, p. 21-43, fev. 2018.

SILVA, Ovídio Araújo Baptista da. *Curso de processo civil*: processo de conhecimento. 5. ed. São Paulo: Revista dos Tribunais, 2000. v. 1.

SILVA, José Afonso da. *Curso de direito constitucional positivo*. 9. ed. São Paulo: Malheiros, 1993.

SOARES, Lara Rafaelle Pinho. A vulnerabilidade na negociação processual atípica. In: MARCATO, Ana (Coord.). *Negócios processuais*. Salvador: JusPodivm, 2017.

SPENGLER, Fabiana Marion. *Da jurisdição à mediação*: por outra cultura no tratamento de conflitos. Ijuí: Unijui, 2010.

STRECK, Lenio Luiz. A crítica hermenêutica do direito e o novo código de processo civil: apontamentos sobre a coerência e integridade. In: STRECK, Lenio Luiz. *Constituição, sistemas sociais e hermenêutica*: anuário do programa de Pós-Graduação em Direito da UNISINOS. Porto Alegre: Livraria do Advogado; São Leopoldo: UNISINOS, 2014.

_____. *Constituição, sistemas sociais e hermenêutica*: anuário do programa de Pós-Graduação em Direito da UNISINOS. Porto Alegre: Livraria do Advogado; São Leopoldo: UNISINOS, 2014.

_____. *Dicionário de hermenêutica*: quarenta temas fundamentais da teoria do direito à luz da crítica hermenêutica do direito. Belo Horizonte: Letramento: Casa do Direito, 2017.

_____. *Hermenêutica e jurisdição*: diálogos com Lenio Streck. Porto Alegre: Livraria do Advogado, 2017.

_____. *Hermenêutica jurídica e(m) crise*: uma exploração hermenêutica da construção do direito. 11. ed. Porto Alegre: Livraria do Advogado, 2014.

_____. Jurisdição e ausência de uma teoria da decisão. *Revista de Derecho de la Pontificia Universidad Católica de Valparaíso*, [S.l.], v. 50, 2. Semestre, 2013.

_____. Livre apreciação da prova é melhor do que dar veneno ao pintinho? *Consultor Jurídico*, São Paulo, 13 jul. 2017. Disponível em:<https://www. conjur.com.br/2017-jul-13/senso-incomum-livre-apreciacao-prova-melhor-dar-veneno-pintinho>. Acesso em: 06 abr. 2018.

_____. O que é isso – a exigência de coerência e integridade no novo código de processo civil? In: STRECK, Lenio Luiz; ALVIM, Eduardo Arruda; SALOMÃO, George (Coord.). *Hermenêutica e jurisprudência no código de processo civil*: coerência e integridade. 2 ed. São Paulo: Saraiva Educação, 2018.

_____. *O que é isso*: decido conforme a minha consciência? 4. ed. Porto Alegre: Livraria do Advogado, 2013.

_____. Um ensaio sobre el problema de la discrecionalidad y la mala comprensión de los precedentes judiciales. *Revista Prolegómenos. Derecho y Valores*, v. 18, n. 35, enero/junio 2015.

_____. *Verdade e consenso*. 3. ed. Rio de Janeiro: Lumen Juris, 2009.

_____. *Verdade e consenso*. 6. ed. São Paulo: Saraiva, 2017.

──. *Hermenêutica e jurisdição*: diálogos com Lenio Streck. Porto Alegre: Livraria do Advogado, 2017.
──; ALVIM, Eduardo Arruda; LEITE George Salomão (Coord.). *Hermenêutica e jurisprudência no código de processo civil*: coerência e integridade 2. ed. São Paulo: Saraiva Educação, 2018.
SZTAJN, Rachel; ZYLBERSZTAJN, Decio; AZEVEDO, Paulo Furquim de. Economia dos contratos. In: ZYLBERSZTAJN, Decio; SZTAJN, Rachel. *Direito e economia*. Rio de Janeiro: Elsevier, 2005.
TARTUCE, Flávio. *Direito civil*. 12. ed. Rio de Janeiro: Forense, 2017. v.3: Teoria geral dos contratos e contratos em espécie.
TARUFFO, Michele. *Ensaio sobre o processo civil*: escritos sobre processo e justiça civil. Organizador e revisor das traduções Darci Guimarães Ribeiro. Porto Alegre: Livraria do Advogado, 2017.
──. Verdade Negociada? *Revista Eletrônica de Direito Processual – REDP*. Volume XIII, Periódicos de Pós-Graduação *Stricto Sensu* em Direito Processual da UERJ. p. 634-657.
TASSINARI, Clarissa. *Jurisdição e ativismo judicial*: limites da atuação do judiciário. Porto Alegre: Livraria do Advogado, 2013.
TEODORO, Viviane Rosalia. Princípios da arbitragem: o princípio kompetenz-kompetenz e suas consequências. *Revista de Arbitragem e Mediação*, São Paulo, v. 51, p. 221-248, out./dez. 2016.
THEODORO JÚNIOR, Humberto. As normas fundamentais do processo civil. In: THEODORO JÚNIOR, Humberto; RIBEIRO, Fernanda Alvim. *Primeiras lições sobre o novo direito processual civil brasileiro*. Rio de Janeiro: Forense, 2015.
TIMM, Luciano Benetti. *Artigos e ensaios de direito e economia*. Rio de Janeiro: Lumen Juris, 2018.
──. Direito e economia desmistificado. *Jota*, [S.l.], 11 set. 2018. Disponível em: <https://www.jota.info/opiniao-e-analise/colunas/coluna-da-abde/direito-e-economia-desmistificado-11092018>. Acesso em: 24 jun. 2018.
──; GUARISSE, João Francisco Menegol. Análise econômica dos contratos. In: TIMM, Luciano Benetti. *Direito e economia no Brasil*. 2. ed. São Paulo: Atlas, 2014.
──; TRINDADE, Manoel Gustavo Neubarth; MACHADO, Rafael Bicca. O problema da morosidade e do congestionamento judicial no âmbito do processo civil brasileiro: uma abordagem da law and economics. *Revista de Processo*. Rio de Janeiro, v. 290, p. 441-469, abril 2019.
TRINDADE, André Karam. O controle das decisões judiciais e a revolução hermenêutica no direito processual civil brasileiro. In: STRECK, Lenio Luiz ALVIM, Eduardo Arruda; SALOMÃO, George (Coord.). *Hermenêutica e jurisprudência no código de processo civil*: coerência e integridade. 2. ed. São Paulo: Saraiva Educação, 2018.
TRINDADE, Manoel Gustavo Neubarth. *Direito contratual como redutor das falhas de mercado*. 2013, f. 19. Dissertação (Mestrado em Direito) -- Universidade Federal do Rio Grande do Sul, Porto Alegre, 2013.
TUCCI, José Rogério Cruz e. Garantias constitucionais da publicidade dos atos processuais e da motivação das decisões no novo CPC. In: RIBEIRO, Darci Guimarães; JOBIM, Marco Félix (Org.). *Desvendando o novo CPC*. Porto Alegre: Livraria do Advogado, 2015.
ULEN, Thomas S. Direito e economia para todos. In: POMPEU, Ivan Guimarães; BENTO, Lucas Fulanete; POMPEU, Gonçalves Renata Guimarães (Coord.). *Estudos sobre negócios e contratos*: uma perspectiva internacional a partir da análise econômica do direito. São Paulo: Almedina, 2017.
VANOSSI, Jorge Reinaldo. La aplicación constitucional de "el enálisis económico del derecho (AED)": Nada menos y nada más que in "enfoque"? Buenos Aires: *Academia Nacional de Ciencias Morales y Políticas*, 2008.
VELLOSO, Adolfo Alvarado. *El juez sus deberes y facultades*. Buenos Aires: Ediciones Depalma, 1982.
VILANOVA, Lourival. *As estruturas lógicas e o sistema de direito positivo*. São Paulo: Max Limonad, 1997.
VITIRITTO, Benedito Mário. Reflexões sobre o negócio jurídico processual. In: VITIRITTO, Benedito Mário. *O julgamento antecipado da lide e outros estudos*. Belo Horizonte: Lemi, 1999.
WAMBIER, Teresa Arruda Alvim. Peculiaridades da fundamentação das decisões judiciais no Brasil – a nova regra nem é assim tão nova... GUIMARÃES, Darci; DIDIER, Fredie RIBEIRO, Marco Félix JOBIM (Org.). *Desvendando o novo CPC*. Porto Alegre: Livraria do Advogado, 2015.

WILD, Rodolfo. *O princípio do livre convencimento no CPC/2015*. Porto Alegre: Livraria do Advogado, 2018.

WYKROTA, Leonardo Martins; CRUZ, Alvaro Ricardo de Souza; OLIVERIA, André Matos de Almeida. Considerações sobre a AED de Richard Posner, seus antagonismos e críticas. *Economic Analysis of Law Review*, [S.l.], v. 9, n. 1, p. 306-318, jan./abr, 2018.

YASHELL, Flávio Luiz. Convenção das partes em matéria processual: rumo a uma nova era? In: CABRAL, Antonio do Passo; NOGUEIRA, Pedro Henrique (Coord.). *Negócios processuais*. Salvador: JusPodivm, 2015.

YEUNG, Luciana Luk-Tai. Análise econômica do direito do trabalho e da reforma trabalhista. *Revista Estudos Institucionais*, Rio de Janeiro, v. 3, n. 2, 2017.

——; AZEVEDO, Paulo Furquim de. Beyond conventional wisdom and anecdotal evidence: measuring efficiency of Brazilian Courts. In: ANNUAL CONFERENCE OF THE INTERNATIONAL SOCIETY FOR NEW INSTITUTIONAL ECONOMICS, Berkeley, 2009. *Anais eletrônicos...* Berkeley: University of California, 2009. Disponível em: <https://core.ac.uk/download/pdf/ 6228387.pdf>. Acesso em: 11 set. 2018.

——; AZEVEDO, Paulo Furquim de. Measuring the efficiency of brazilian courts form 2006 to 2008: what do the numbers tells us? *Insper Working Paper*, São Paulo, 2011. Disponível em: <https://www.insper.edu.br/wp-content/ uploads/2012/10/2011_wpe251.pdf>. Acesso em: 11 set. 2018.

ZANETI JR, Hermes. O modelo dos precedentes no código de processo civil brasileiro. In: *Precedentes judiciais*: diálogos transnacionais / organização Marco Félix Jobim, Ingo W. Sarlet. Florianópolis: Tirant lo Blanch, 2018.

ZYLBERSZTAJN, Decio; SZTAJN, Rachel. *Direito e economia*. Rio de Janeiro: Elsevier, 2005.

Impressão:
Evangraf
Rua Waldomiro Schapke, 77 - POA/RS
Fone: (51) 3336.2466 - (51) 3336.0422
E-mail: evangraf.adm@terra.com.br